영계에서 온 편지
지자경 • 편저

제5권

머 리 말

　일본에서 가장 유명한 코미디언인 에노껭씨는 내가 존경할 만한 대선배이며, 또한 친하게 지내는 선배이기도 했다.
　그 에노껭씨가 만년에 괴저(壞疽)가 생기는 질병에 걸려 한쪽 발목을 절단하는 큰 수술을 받았다. 그래도 그는 이런 크나큰 핸디캡에도 불구하고 코미디에 집념을 불태우고 있었다. 의족(義足)을 달고 영화와 무대에 출연하고 있었던 것이다.
　그 무렵의 일이다.
　방에서 잡담을 하고 있었는데, 에노껭씨가 갑자기 얼굴을 찡그렸다. 걱정이 되어 물어보았다.
　"왜 그러십니까?"
　"아파."
　"예?"
　"쑤셔."
　"어데가요?"
　"여기야, 이 발의 엄지발가락⋯⋯."
　에노껭씨가 가르켰다. 이 발이란 그때 수술로 발목이 잘린 쪽의 발이었다. 당연히 엄지발가락 같은 건 애초에 없어져 버린 것이다. 다시 말해서 육체적으로 이미 소멸되어서, 지금은 있지도 않은 발의 엄지발가락이 아프다는 것이었다.

　이야기 도중에 가끔 쿡쿡 쑤시는 듯 상을 찡그린다. 이미 없어진 발의 발가락이 틀림없이 아픈 것이다.

　이상한 일도 있는 법이다.

　바로 그거다! 하고 필자는 생각했다.

　엄지발가락이라는 육체는 이미 소멸되었다. 하지만 엄지발가락의 아픔은 분명히 존재하고 있다. 마치 육체가 살아 있을 때와 마찬가지로 감각만이 살아 남아 있던 것이다. 그것은 착각임이 틀림없지만 확실히 혼(魂)에 통증을 안겨 주는 착각인 것이다. 사람의 육체의 욕망과 혼의 관계는 바로 이런 것이라고 생각한다.

　애써 이해하기 쉽게 쓴 셈이나 문제에 따라서는 전문적인 방향으로 깊이 들어간 부분도 있는 것이다. 어렵게 여기지 말고 계속 읽어주시기 바란다.

　중요한 것은 죽음을 두려워하지 말고 영혼이 살아있다는 확신을 얻는 일이다. 그것이 당신께서 이승에서의 생활을 충실되게 해줄 게 틀림없으니까. 본서는 단바 데쯔로우씨의 저술을 참조로 하여 펴냈다.

편저자

차 례

제1부 영계와의 교류

영계로부터 보내온 통신 ──────── 11
영계와의 접점은 어디에 있는가? ──────── 11
미시마 유끼오(三島由紀夫)가 보낸 영계통신 ──── 15

제2부 죽은 뒤의 삶과 영혼

인간과 혼과의 관계 ──────── 25
재판소를 괴롭힌 다중인격자 ──────── 25
월버 박사의 단정 ──────── 28
전생의 기억이 되살아 난 농부의 아내 ──────── 29
최면으로 전생을 기억 ──────── 32
전생의 기억에 의해 정정된 역사 ──────── 35
어째서 물질주의는 잘못되었나? ──────── 36
인간의 주체는 혼이다 ──────── 40
재생의 프로세스 ──────── 41
왜 다시 태어 나는가? ──────── 45
재생의 메커니즘 ──────── 48

차 례

제3부 영과 천계와 지옥계

어째서 지옥으로 떨어지는가? ─── 55
죽으면 그만이란 생각은 무책임하다 ─── 60
지옥계의 모습은 어떤 것일까? ─── 63
지옥계의 모습은 어떠한가? ─── 66
영계층의 모습 ─── 67
천계층, 천상계, 신계층 ─── 81

제4부 수호령의 인도

수호령이란 누구인가? ─── 87
수호령의 역할 ─── 87
배후령·지도령이란 누구인가? ─── 89
어째서 보호령에는 조상령이 많은 것일까? ─── 91
필자 자신의 수호령 체험 ─── 96
수호령의 가호 ─── 98
수호령의 교체 ─── 99
신을 확신할 것 ─── 103
진정한 행복을 얻는 비결이란 무엇일까? ─── 110

차 례

제5부 영계로부터의 통신

영계에서 보내온 통신 ——————————— 117
백부 볼드윈의 죽음 ——————————— 123
저승에서의 만남 ——————————— 135
얼굴 없는 방문객의 메시지 ——————————— 139
영혼은 사랑하는 사람을 지켜 주는가? ——————————— 147
영계에서 전달된 이야기 ——————————— 151

제6부 영혼과의 대화

점술판 교신법 ——————————— 161
초능력 획득을 위한 공심법 ——————————— 169
경이로운 트랜스적 영매 ——————————— 177
영매의 암호문 ——————————— 189
아내의 사업을 지켜준 남편의 영혼 ——————————— 196

제7부 저승의 법칙

저승의 의사 ——————————— 201
저승은 어떻게 생겼는가? ——————————— 208
저승에서의 생활은 어떻게 하는가? ——————————— 219

차 례

제8부 저승에서의 영생을 위하여
  인간의 이원성 —————————————— 233
  정해진 죽음의 시간 ———————————— 240

제9부 영계에서 온 아내의 편지
  영혼과의 첫 담화 ————————————— 247
  제2의 만남 ————————————————— 265
  제3의 증명 ————————————————— 275
  영혼이 쓴 편지 —————————————— 289

제 *1* 부
영계와의 교류

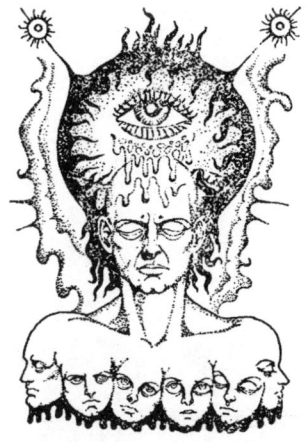

제 1 부

원제의 교육

영계로부터 보내온 통신

영계와의 접점은 어디에 있는가?

　우리는 평상시 생활하면서 느긋하게 영계에 대하여 생각해 보는 기회가 그다지 없는 것 같다. 오늘날의 일상생활이라는 것이 그토록 바쁘고 여유가 없는 때문이 아닌가 생각이 된다.
　사실 당신은 내일이라도 죽을지 모르는 것이다. 끔찍한 소리를 한다고 상을 찡그리지 말고 조금 더 들어주기 바란다.
　당신이 오늘 한 일, 하려고 하는 일을 생각하여 봅시다.
　당신이 만약 학생이라면, 수업 시간에 나갔을는지 모른다. 그것은 적어도 내일 이후의 생활에 대비하여 지식을 흡수하기 위해서이다.
　다방에서 합숙 예정표를 짰을지도 모른다. 그것도 내일 이후의 날을 보내기 위하여 준비하는 작업이다.
　당신이 회사원이라면 당연히 일을 하였을 것이다. 그것은 내일 이후의 생활을 하기에 필요한 양식을 얻기 위한 일이다. 급한 업무보고서 작성으로 하루를 보내고, 남은 작업을 집으로 가져 가서 마무리를 지었을지도 모른다. 그것은 내일 이후에 제출될 서류일테니 말이다.

당신이 주부라면 쇼핑을 하였을 것이다. 사들인 식료품은 오늘 다 써버릴 셈은 아니다. 내일 이후의 사용될 분량도 당연히 포함되어 있을 것이다. 은행에서 적금을 불입했을지도 모른다. 그것은 내일 이후에 이용될 자금일 것이다.

당신은 이렇듯 내일 아침 반드시 '살아서' 잠을 깰 것을 암암리에 전제로 한 생활을 보내고 있다. 하지만 오늘 밤 잠을 자는 동안에 죽고 말 가능성이 제로라고는 아무도 단언할 수 없는 일이다.

여늬 때에는 이렇듯 죽음을 전혀 도외시한 생활을 보내고 있는게 우리들의 실정이지만, 오늘 밤 잠자는 사이에 당신은 어쩌면 영계를 들여다보고 오는 일도 있을 수 있는 것이다.

죽지 않더라도 영계와의 접점으로 헤매어 들어가는 일은 충분히 있을 수 있는 일이다. 그래서 잠을 자고 있는 사이에 영계하고의 접점으로 들어가는 유체이탈에 대하여 알아보자.

흔히 유체이탈이라고 말하면 근사사(近似死) 체험자의 체험에만 관심을 돌리지만, 건강한 사람의 유체이탈 케이스도 굉장히 많은 것이다.

더욱이 사람에 따라서는 빈번히 유체이탈을 하고, 유령처럼 두둥실 공중산책을 한 뒤 다시 자기의 육체로 돌아오는 경우도 있다.

이 유체이탈, 다시 말해서 영혼이 몸에서 빠져 나간다는 현상을 과학적으로 측정하려고 하는 연구도 하고 있는 중이다.

제1부 영계와의 교류

만약 사람의 몸에서 영체만이 분리되어, 지상이나 공중을 자유롭게 이동할 수 있다는 게 증명된다면, 유체가 사는 영계의 존재가 증명될 수 있을 것이며, 무엇보다도 육체가 없어도 생존하는 영혼의 존재를 과학적으로 명백하게 할 수 있는 일이 되는 것이다.

그렇다면 어떤 방법으로 측정하는 것일까?

찰즈디아트가 시도한 유체이탈의 몇 가지 실험에서 중요한 점을 픽업하여 보기로 하자.

우선 '유체이탈'을 가장 빈번히 자유롭게 할 수 있다는 피험자를 선택하고, 그(또는 그녀)를 실험실 베드에 잠을 재운다.

물론 피험자의 몸에는 뇌파·안구운동(眼球運動)·맥박·혈압·피부 전기저항(皮膚電氣抵抗) 따위의 생리학적인 데이터를 낼 수 있는 전극, 그 밖의 장치를 설치한다.

또한 천정 가까이에 있는 높은 선반에는 두서없이 뽑은 다섯 자리 숫자 카드를 놓아둔다.(이것은 사실 '유체 이탈'하여 공중으로 부상할 수 있다면 부상했다는 증거가 되는 것. 물론 유체이탈을 하였다고 하여 반드시 부상하는 것일 수는 없다.)

어느 여성 피험자(被驗者)의 경우, 하룻밤 사이 여러 차례 잠을 깨고 유체이탈 체험을 보고하였다.

그 가운데 공중을 떠돈 체험은 한 차례 뿐. 하지만 그 공중에 부상했을 때 그녀는 친정 가까이 까지 올라가서 선반의 숫자를 기억하고 왔다고 한다.

그녀가 대답한 숫자는 '25132'로, 그것은 높은 선반에 놓인 숫자와 딱 일치하였다. 그녀가 유체이탈을 하여, 공중으로 부상한 것이 틀림이 없었다고 그 실험에서는 긍정적이었다.
 또한 그녀가 유체이탈을 하였을 때의 생리학적인 데이터를 분석해 보면 다음과 같은 것을 알 수 있었다.
 ① 유체이탈을 하였을 때의 육체의 뇌파는 꿈을 꾸는 상태의 파형〔波型─알파(α)波〕을 깨우치고 정신평정시(精神平靜時)의 파상이 다량으로 가해진 것 같은 파형을 보였다.
 ② 안구(眼球)의 운동은 랩 수면 상태가 아니라, 논랩 상태를 나타냈다. 다시 말해서, 꿈을 꾸고 있는 동안의 상태는 아니었다는 것을 뜻한다.
 다시 말해서 실제로는 본인이 꿈을 꾸고 꿈 속에서 실내를 산책하고 온 것을 유체이탈로 착착하고 보고하는 경우가 있기 때문에, 이같은 객관적인 데이터를 내는 것이나, 그녀의 경우 꿈을 꾼 상태가 아닌 것이 객관적인 데이터에서 증명된 셈이다.
 게다가 한 차례는 분명히 공중으로 부유했다는 걸 증명하는 다섯 자리 수의 숫자를 알아 맞춘 것이었다.
 다시 말해서 유체이탈은 실제로 있다는 것을 안 셈이다. 이같은 실험은 남성의 피험자에게도 실시되었는데 만족할 만한 결과를 얻을 수 있었다고 한다.

미시마 유끼오(三島由紀夫)가 보낸 영계통신

 영현상 가운데의 하나에 '자동서기(自動書記)'라는 현상이 있는 것은 유럽, 미국에서는 오래 전부터 확인된 사실이다.

여느 때는 영계에 인연이 없는 한 주부나 샐러리맨이 갑자기 자신의 의지와는 관계없이 훌륭하게 작곡하거나 시와 소설을 쓰기 시작하는 것이다.

유명한 예로서 미국의 한 공원(工員)인 T·제임즈가 어느날 갑자기 '자동서기'를 시작하여, 그 영계로부터의 통신문에는 반드시 '디켄즈'라는 영국의 유명한 작가의 서명이 나온다는 경우이다.

이 영계에서의 통신은 6개월 이상 계속되고, 통신문은 소설의 형태를 갖추고 있었다.

실은 그것이 '디켄즈'가 생전에 계속 쓰다가 죽음으로 중단된 《에드윈 두루우드의 신비》라는 소설의 나머지 부분이었던 것이다.

이 '자동서기'에 나타난 문장은, 생각하는 거나 문체는 고사하고 필적까지 '디켄즈'그대로였던 것이다. 이렇게 하여 완성된 소설은 지금에 와서는 전편이 디켄즈의 작품으로서 평론가들이 인정하고 있다.

그 밖에 영국의 영매사 로즈마리 브라운의 경우도 유명하다.

그녀는 베토벤의 영(靈)이 실려서 '제10 교향곡'을 완성시켰다. 이미 아는 바와 같이 베토벤이 생전에 작곡을 완성시킨 것은 '제9교양곡 합창이 있는 것'까지이다.

이렇듯 작고한 저명인사, 특히 예술가가 어느 날 예상도 못한 사람에게 영계에서 통신을 보내온다는 '자동서기' 현상은 외국에만 있는 일이 아니다. 한국과 일본에서도 일어나고 있는 것이다.

하지만 이 경우는 극히 최근의 일이다.

영계에서 통신을 보내온 것은 저 충격적인 마지막을 보낸 일본의 유명한 소설가인 미시마 유기오(三島由紀夫)의 영이었다.

통신을 받고 빙의된 것처럼 자동서기를 계속하고 있는 이는 카나가와현(神奈川縣) 요꼬스가시(横須賀市)에 살고 있는 평범한 주부인 오오다 지즈(太田 千壽)씨. 오오다씨는 37세로 1남 1녀의 어머니로서 극히 평범한 주부이다.

이 사건을 보고한 멋진 기사는, 필자로서도 대단히 수긍이 가는 내용이므로 일부를 인용하면서 소개하고자 한다.

ＰＨ : 언제부터 이런 것을 쓰기 시작했습니까?

오오다 : 1980년 무렵부터. 처음에는 색종이가 우연히 있었는데 손이 저절로 근질근질하고 오른손 새끼 손가락 있는 곳이 씰룩씰룩 움직이기 시작했어요. 손 가는 대로 움직이고 있으니까, 부처님 같은 그림이 되더군요. 스스로도 '이게 뭘까?' 하는 느낌이 들어서 깜짝 놀랐습니다.

ＰＨ : 미시마 유끼오라고 이름을 댔을 때의 최초의 통신은 어떤 내용이었습니까?

오오다 : 최초의 《마호로바쓰즈리기(眞秀呂場綴記)》부터 였습니다. 하지만 영감으로는 느꼈습니다만, 별로 미시마에 대하여 좋아하지 않았고, 스스로 목숨을 끊는다는 그런 것 따위는 성격상 좋지 않으니까 별로 마음을 쓰지 않았었습니다.

실제로 오오다씨의 경력을 보면 알겠지만, 미시마하고는 아무 상관도 없을 것 같은 사람이다.

오오다 지즈씨는 카나가와현 요꼬스가시에 살고 있는 주부로 아이는 1남 1녀. 공립 고교를 졸업, 가정 생활을 하다가 22세에 결혼. 미시마 유끼오의 작품에는 거의 흥미가 없었다. 10대였을때 미시마의 작품중 한 권만 손에 잡았었으나 도중에서 읽다가 그만 둔 기억이 있다.

1976년 남편과 이혼, 다음 해에 재혼하였으나 그 무렵부터 어렴풋이 자기에게 영능력이 있는 걸 알게 되어 무료로 이웃 사람들의 가까운 미래를 진단해 주곤 하였다고 한다.

미시마에게서 보내오는 메시지는 최초에는 그림이 중심이고, 마침내 와까(和歌) 문장도 더해졌으나 그녀로서는 이해가 잘 안되었다.

1982년 까지의 2년 동안은 미시마 말고도 작가인 고(故) 가와바다야스나리(川端康成), 가게야마 마사하루 같은 이들에게서도 통신이 보내 왔다. 그 뒤 약 2년 동안에 걸친 영매 활동에 지쳐서, 죽을 셈으로 50여일 동안의 단식으로 들어갔다. 하지만 죽지 못하고 오히려 영능력만 증가되어 미시마의 얼굴을 정확히 영시할 수 있게 되었다고 한다.

또한 오오다씨는, 미시마에 대하여 '이제 더 이상 내게 실리지 말아 줘!'하고 반항한 일도 자주 있었으나, 미시마 역시 그런 태도의 오오다씨를 꾸짖으며 질투 섞인 듯한 말을 하는 일도 있었다.

다음의 자동서기 문장은 오오다씨가 아직 그다지 수신하는

데 마음 내켜 하지 않았을 무렵의 통신문이다.

〈양파를 써는 그대의 손놀림에 화가 치민다. 그토록 칼질을 잘 하는 그대에게 우리들의 혼이 간절히 전하고저 하는 그 숱한 말들을 할 용기를 제대로 낼 수 없기 때문이다. 딸에게 다정하게 말하는 그 말투 조차도 밉다. 왜 우리들의 혼을 전달할 입을 가지고서……〉

헌데, 미시마 유끼오의 영은 어느 날〔8월 13일〕결연히 오오다씨에게 중요한 역할을 요구하기에 이른다.

〈………나를 비롯하여 야마또(大和)를 사랑하며, 살기 좋고 훌륭한 신세계를 현세에 이룩하려는 작업을 할 혼들 가운데서 결정된 계획적이고 비밀리에 시행된 교의(敎義)는 거의 완벽하게 오늘 바로 이루어졌다.
 수 없이 되풀이 된 윤회전생 가운데, 중책을 맡은 내가 이 일을 시행하는 역할을 다 하도다. 미시마 유끼오〉

그 이후로 그림과 문장이 계속하여 송신되고, 다음과 같은 기획(企劃)까지 보내 왔다.

〈우주 창조(宇宙創造), 점(點)과 바람부는 순간부터 신들의 왕국을 뮤지컬로 작성, 아름다움과 추악함의 근본세계를 화면으로 만들지어다. 그림을 그려 사람들에게 전하라. 소리와 빛

깔이 있는 세계에 진솔함의 숨결을 보내고, 종교와 싸우는 검(劍)의 정신을 기본으로 하는 야마또의 우아함, 기품을 대대로 사람들에게 이해시키기 바라노라〉

이윽고, 또한 같은 잡지에서는 몇 사람의 지식인의 의견도 구하고 있다.

비교문학(比較文學)의 입장에서, 미시마를 연구하고 있는 다께다 가쓰히고(와세다 대학 교수)씨가 자동서기에 의한 회화(繪畫)를 보았을 때의 첫 마디가 '미시마씨의 작품《새벽의 산사(山寺)》와 흡사하군요'였다.

또한 오랜 시간에 걸쳐 문장을 점검한 다음, 우선 문체의 유사성에 대하여 다음과 같은 분석을 덧붙였다.

《다와라와(手童)일기(日記)》에 '어머니의 사랑은 이 혼탁한 땅 전체에' '꽃은 시들어도 다음 계절에'라고 쓴 곳이 있지요. 여늬 사람 같으면 어머니의 사랑이라고 할 것을, 이렇게 쓰는게 미시마씨의 특징입니다. 《우주의 속삭임》에 나오는 '고독한 사나이의 혼의 속삭임'이라는 곳도 미시마씨 답다.

그의 작품에 나오는 남성은 《가면의 고백》《금각사(金閣寺)》에서도 《풍요의 바다》 4부작에서 보더라도 모두 고독합니다. 그와 같은 것이 미시마씨의 발상에 들어 있습니다.

하지만 '부활'이라는 말이 몇 차례나 사용되고 있으나, 이 말은 미시마의 어휘에는 없습니다. 그가 쓴다면 윤회전생이 될 겁니다. 부활은 기독교 관계의 말이기 때문에 저로서는 조금 의심스럽습니다. 또한 '마음과 물질과 생물의 세 가지'라는 곳

제1부 영계와의 교류 21

에서는 삼위일체의 사고방식이 느껴집니다.

 아직 다소의 의문점은 있는 듯 하였으나, 다께다 교수의 문서의 질이 높은데 몹시 감탄하고 있고, 다음과 같이 말하고 있다.

 "이와 같은 사상적인 내용이 담긴 문장을 계속적으로 쓰고 있는 사람도 하루에 4~5장 쓰는 게 고작일 겝니다.
 한 달에 150매 전후, 그것을 며칠 사이에 이만큼 쓰니까, 이 분은 작가 이상으로 장편소설을 쓸 수 있을 겁니다. 정말 영이 실렸구나 하는 기분이 강하게 드는 것은 그런 점에서입니다."

 다음의 의견은 '미시마의 그림'을 본 디자이너 출신의 요고오 다다노리씨의 말이다.

 "어쩐지 현실 세계의 그림이라기 보다는, 영계의 풍경처럼 보이는군요. 그런가 하면 매우 '성서'적인 테마도 있고……. 화법(畵法)으로서는 무의식이라기 보다는 또렷이 머리 속에 그려져 있는 영상을 베끼던가, 그것을 사생(寫生)하는 느낌이군요. 저는 명상에 잠길 때 역시 영상이 떠오릅니다만, 육안(肉眼)으로 보고 있는 것과 꼭 같이, 뚜렷이 카메라가 있다면 찍히는 게 아닐까 생각할 정도입니다. 상상을 초월한 것이죠."

 또한 미시마 문학에 조예가 깊은 전 학습원 대학 교수인 하세기와 이즈미씨는 미시마의 통신문을 보고 놀랐다고 말한다.

"갈겨 쓴 듯한 곳도 있지만, 이것은 결코 졸렬한 글씨나 문장은 아닙니다. 초현실적인 화상에 등장하는 인물이나 배경에, 뭐라고 할까 일종의 종교적인 것을 느낍니다.

내용에 대하여 말한다면, 미시마 문학을 생각할 경우, 저는 가와바다야스나리와의 연관성을 무시할 수 없다고 생각합니다. 《설국(雪國)》이라든가 《편완(片腕)》, 《잠자는 미녀》라든가, 아름다운 작품이라고 모두들 생각하고 있습니다만, 그것은 유령의 세계라고 가와바다씨 스스로가 말하고 있습니다.

이 사람 자신이 죽은 사람과 대화를 하고 있었습니다. 미시마의 작품 세계에도 종교적인 분위기라든가, 영계로부터의 통신, 죽은 사람과의 마음의 접촉과 같은 요소가 있습니다. 두 사람 모두 삶과 죽음의 경계선이 없는 겁니다."

이상과 같이 영적인 분위기를 충분히 느끼게 하는 '영계'에서 보내온 통신문인 것이다. 전문적인 감정도 당연히 하겠지만, 이와 같은 '영계'로부터의 접근은 언제 당신을 찾아올는지 알 수 없다.

그와 같은 뜻에서 당신의 탈 없는 일상생활을 여러 부분에서 '영계'와 집짐을 갖고 있다고 해도 지나친 말은 아니다.

여기에서는 특히 두드러진 대표적인 사례를 소개하였으나, 당신과 '영계'와의 거리는 의외로 가까운 것임을 느낄 수 있었을 것이다.

제2부
죽은 뒤의 삶과 영혼

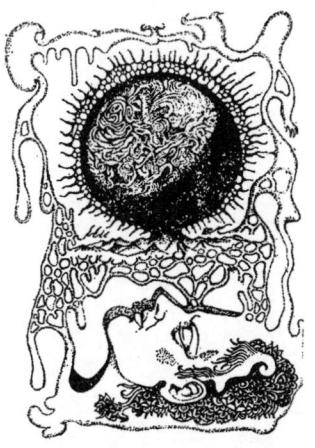

제3부

죽음 앞의 불가의 영혼

인간과 혼과의 관계

재판소를 괴롭힌 다중인격자(多重人格者)

 사실은 소설보다 기기괴괴 하다는 말은 흔히 말하는 속담이지만, 지금까지의 과학으로는 설명되지 않는 사실이 온 세계에 가득 보고되었다.
 그 보고들은 '영혼은 존재한다'라는 가설을 세우지 않고는 도저히 있을 수 없는 사실인 것이다.
 1978년 미국의 오하이오주에서 잇따라 4건의 부녀자 폭행 사건이 발생하였다.
 부녀자 폭행은 무거운 죄이다. 이 잇따른 부녀자 폭행사건의 범인은 어이없게 체포되었다. 이것으로 사건은 마무리 된 것처럼 생각되었으나 사실은 온 미국 안을 깜짝 놀라게 만든 사실이 판명된 것은 그로부터 얼마 후의 일이었다.
 오하이오주의 코롬부스 경찰이 체포한 것은 윌리엄 미리건이라는 23세의 청년이었다. 체포된 동기는, 부녀자 폭행의 사건 발생을 통보하는 한통의 전화였었다.

―주립대학의 캠퍼스에서 부녀자 폭행사건이 일어났습니다. 곧 범인을 체포하여 주십시오.―

코롬부스 경찰은 곧 순찰차를 현장으로 급히 보냈다. 현장에는 미리건이 멀건히 서 있었다. 그는 그 자리에서 체포된 것이다.

범인은 분명히 미리건이었다. 그 일은 미리건 자신도, 변호사도 인정하고 있다. 하지만 틀림없이 부녀자 폭행의 실행 행위자는 미리건이었으나 그 범죄의 주체, 다시 말해서 진범은 미리건이 아니었던 것이다.

좀 이야기가 어렵지만, 이 사건의 진상은 동성애의 여성 아드레나가 일으킨 사건으로 보는 것이었다. 이 아드레나는 사실 미리건 청년의 마음속에서 사는 다른 혼이였던 것이다.

아드레나 뿐만이 아니다. 미리건 속에서는 크리스틴이라는 세살 난 여자 애 데이빗이라는 열 살 가량의 남자 애, 아랜이라는 18세의 청년, 토미라는 전 해병대의 청년, 모건이라는 스라브 계통의 미국인 등 몇 사람이나 되는 인간이 살고 있는 것이었다.

이것은 이상심리학에서 말하는 다중인격자(多重人格者)이다. 지킬 박사와 하이드의 이중인격 정도가 아니고, 몇 사람이나 되는 인격을 한 사람의 육체 속에 품은 다중인격이었던 것이다.

이 상상을 초월한 다중인격자 행세에 취조하는 경찰도 골치를 앓아야만 했다.

처음에는 미리건이 죄를 모면하려고 연극을 하고 있는 것이

려니 생각하였다. 현대의 과학 경찰은 범죄인의 연극에 호락호락 속을 만큼 만만치 않다. 하물며 과학대국인 미국에 있어서랴!

하지만 온갖 방법으로 연극을 꿰뚫어 보려고 하였으나 불가능하였다. 검찰국은 당연히 기소를 하고, 공판이 시작되었으나 재판은 이상한 광경을 띄고 말았다. 미리건의 다중인격 행세가 보도되자 미국 안이 소란해졌다.

재판소는 미리건의 정신 감정을 의뢰하게 되었다. 의뢰를 받은 다중인격 연구의 전문가 도로시 박사를 비롯하여 7명의 박사 일행은 구치소에서 미리건의 정신 감정을 시작하였다.

"자네가 미리건인가?"

"아녜요. 미리건은 지금 자고 있어요. 나는 데이빗인데."

그 목소리는 20살이 넘은 성인 남자의 것으로는, 얼토당토않은 열 살 가량의 귀여운 소년의 목소리였다. 하지만 그 육체는 미리건 바로 그 사람인 것이다.

미리건의 몸속에는 이렇듯 몇 사람이나 되는 인격이 숨어 있어서, 한 사람이 표면에 나타나면 다른 인격은 들어가고 만다. 데이빗의 인격이 나타나고 있을 때는, 그 성격도 생각하는 것도 행동거지도 완전히 열 살짜리의 한 내성적인 소년이라는 것을 나타냈다.

또한 앞서 말했듯이 세살짜리 여자 아이에서 아랍 계통 미국인 남성에 이르기까지, 몇 사람이나 되는 인격이 함께 생활하고 있음이 판명된 것이다.

윌버 박사의 단정

한때 16중(重)인격의 여성을 조사 연구한 윌버 박사도 이 정신 감정 멤버 가운데 참가하고 있었으나, 윌버 박사는 '미리건은 진짜 다중인격자(多重人格者)로 틀림없이 다중인격의 기본 요소를 갖추고 있다'고 단언하였다.

"미리건의 다른 인격 가운데에는 예술적 재능을 지닌 사람도 셋이나 있었고, 매우 지능이 높은 인격도 따로 있었다."

심리학적으로 보아, 미리건과 다른 여러 인격과의 사이에는 공통된 특징을 전혀 볼 수 없었고, 개개의 다른 인격 상호간에도 공통된 성격이 분석되어 나올 수 없다는 결론에 이른 것이다.

또한 미리건이 부녀자 폭행 사건을 일으킨 때의 정신 상태는 배후에서 항상 별개의 인격에 감정이 끌려 다니는 바람에 정신이 분열 상태에 빠져서, 선악의 판단이 서지 않게 되었다고 판단되었다.

그 범행 시점에서 미리건 본인의 감정을 흐트러뜨릴 만한 영향력을 끼친 것은 동서하고 있는 별개의 인격인 여성의 아드레나였을 거라고 추정되었다.

물론 인격이 완전히 뒤바뀌면 그는 그 인격 나름대로의 선악의 판단을 할 수 있었으나 부녀자 폭행 사건을 일으켰을 때는 이른바 '인격의 혼란상태'였다고 판단된 것이다.

그 결과 재판소는 미리건의 당시 정신 분열 상태로 선악이 판단이 서지 않았었다고 하여 '무죄'의 판결을 내렸다.

이 미리건의 경우는 아무리 생각해도 혼의 혼재상태로 밖에 생각할 수 없다. 일반적으로 이 같은 다중인격이 생기는 원인은 빙의령이나 재생, 혹은 그 둘이 확실치 않으나 만약 재생이라면 미리건의 전생 및 과거세의 기억이 어떤 동기로 한꺼번에 나타난 것이라고 생각된다. 다만 그럴 경우, 당시〔전생〕의 체험을 말하는게 예사이지만, 그런 것이 없다는 것은 당시의 성격만 부활됐다는 것이 된다.

이 미리건과 같은 경우, 심리학자 뿐만 아니라 영능력자에게도 판정을 바랄 필요가 있을 것이다. 그렇게 되면 과거세의 성격적 복수동시부활(複數同時復活)인가, 아니면 복수의 빙의령에 의한 것인지 분명해질 것으로 생각이 된다.

전생의 기억이 되살아 난 농부의 아내

헌데, 전생의 기억을 정확하게 생생히 기억해 낸 여성이 있다. 더욱이 이 여성은 역사 지식은 말할 것도 없고, 교양이라고 할 만한 것은 아무 것도 지니지 못한 한 농부의 무식한 아내였었다.

그 사람은 엄청나게도 남자로서의 전생이 23, 여자로서의 전생이 24, 합계 47이나 되는 과거세(過去世)를 생각해 낸 것이었다.

이것은 과학자들도 분명히 '재생'을 인정하게 되었다.

미국의 지나 사미나라 여사는 그녀의 저서《초능력의 비밀》에서 수많은 재생의 사례들을 보고하는 것과 함께 이 농부

아내의 경우를 소개하고 있다.
 이 농부의 아내에게서 전생의 기억을 들은 것은 정신 치료 의사인 베이커 박사였다.
 당시 미국에서는 어느 재생에 대한 보고가 공표된 이후 최면술에 의한 환자의 기억을 역행시켜 15세, 10세, 7세, 5세, 3세, 2세, 1세, 0세, 또한 출생하기 1년전, 10년전 100년전………이런 식으로 기억의 심층에서 전생의 기억을 캐내려는 시도가 정신과 의사나 심리요법 치료사들에 의하여 행해졌었으나 이 베이커 박사의 경우 최면요법에 의한 것은 아니었다.
 최면에 의한 기억 역행에는, 일부 과학자로부터의 비판도 있어서 설득력이 약하다고 한다. 필자는 반드시 그렇다고는 생각하지 않으나 베이커 박사가 시도한 경우는 그런 뜻에서도 놀랄만한 설득력을 지니고 있었다.
 그는 마침 어느 여성 환자 교육을 받지 못한 농부의 아내의 정신요법을 할때 자유연상법(自由聯想法)을 쓰고 있었다.
 환자가 긴 의자에 누워서 자유스럽게 연상하며 마음에 떠오르는 것을 말하는 것이다.
 그 농부의 아내는 베이커 박사가 치료하는 도중, 앞서 말한 엄청난 수의 선생을 생각해 낸 것이었다. 그도 그럴 것이 47이나 되는 전생의 경험이니까 그 기억 데이터는 수천에 이른다.
 또한 놀랄만한 일은 각각의 전생의 기억은 상세하며 또한 광범위하게 걸쳐 있고, 역사책 같은 곳에서 당시의 역사적 사실을 확인하여 보면 모조리 옳다는게 실증되었다는 것이다.

물론 전문적인 역사학자 조차도 알지 못하는 상세한 사실까지 그녀는 생각해 내고 있다.

베이커 박사의 보고를 듣고 《초능력의 비밀》의 저자인 사미나라 박사〔여사〕는, 이 환자를 치료하는데 입회한 것이다. 그때 환자는 남자였을 때의 전생의 기억을 생각해 냈다.

환자〔농부의 아내〕는 이콘이라는 희랍인의 '파발꾼'으로 되어 있다. 때는 서기 870년으로 이콘은 마르타섬에 살고 있었다. 어느 날 이콘은 어느 호족(豪族)에게 불려가 파발꾼 노릇을 하게 되었다. 호족은 메시지를 이콘의 등에 썼다. 메시지를 전할 곳은 아랍사람.

이콘은 마르타 섬의 험한 바위산이 많은 곳을 달렸다. '이 지방은 기후가 온화하고, 혼혈 종족이 사는 곳이다'라고 말했다.

또한 달리면서, '이 메시지가 도착되면 많은 사람이 죽기 때문에 걱정이 되어 견딜 수 없다'라고도 말했다. 메시지를 아랍사람 있는 곳에 전하자, 아랍인은 이콘의 등에 적힌 메시지를 다 읽은 뒤, 그의 등에 불에 달군 인두를 대고 피부를 지져 글씨를 지웠다.

그렇게 말할 때의 농부의 아내는, 등을 지지는 고통을 느꼈음인지 긴 의자 위에서 괴로운 듯이 몸부림을 친다.

이 날의 자유 연상을 근거로 하여, 훗날 역사를 상세히 조사하였다. 그녀의 전생의 기억이 역사적 사실에 비쳐 보아 합당한 건가 어떤가를 확인하기 위해서였다. 그러나 서기 870년에는 분명히 아랍인이 희랍에 침입하여, 그 공격으로 3천 명이나 되는 희랍인이 살해된 사실이 있음을 알게 되었다. '이 메시지가 전해지면 많은 사람이 죽는다'고 말한 이콘의 말은 사실이었던 것이다.

이것은 그녀가 생각해 낸 기억의 극히 작은 한 보기에 지나지 않는다. 그 밖에도 1820년에 파리의 마리 보아뵈이라는 여의사에게 목숨을 건진 이야기라든가 쓰자면 한이 없다.

이를 테면 이 같은 파리의 여의사의 이야기 따위는 역사학자일지라도 알 까닭이 없으나 의학 관계의 옛날 기록을 조사하여 보니, 사실 그 당시 그런 이름의 여의사가 파리에서 개업하고 있었다는 걸 알아내기도 하였다. 누가 보아도 그 농부의 아내가 그 당시 '살아 있었다'고 생각할 수 밖에 없는 일이었다.

최면으로 전생을 기억

그런 이야기는 많이 보고되어 있다. 내친 김에 최면술을 쓴 유명한 사례를 한가지 더 소개하려고 한다. 최면술을 쓴 기억의 역행〔이것을 거꾸로 나이 먹기라고 함〕은, 시술자(施術者)의 암시가 강하게 작용하므로 신뢰성이 희박하다는 비판이 일부에 있으나 필자는 그렇게 생각하지 않는다. 피시술자─ 전생을 생각해 내는 사람의 기억이, 시술자·피시술자는 물론 다른 누구도 알 못하는 사실을 말하였다고 한다면, 또한 조사한 결과 그것이 역사적 사실에 합치되고 있었다면, 그곳에는 아무런 트릭도 없는 셈이니까, 충분이 재생된 증거 능력을 지닌 것이라고 생각된다.

가령 시술자가 강력한 암시를 주고, 일정한 시대의 일을 생각나게 하려고 하여도〔만일 그곳에서 유도 심문을 하여 자기가 기대하는 기억을 끌어내려고 하여도〕그곳에서 나오는 것은, 기껏 시술자의 지식의 범위 안의, 역사적 사실이나 아니면 피시술자의 그것 이외의 아무 것도 아니다.

하지만 실제로 재생하였다고 인정되고 있는 기억의 역행—거꾸로 나이 먹기—의 실험 결과는, 시술자·피시술자는 말할 것도 없고, 역사학자 조차 알지 못했던 전혀 새로운 사실을 생각해낸 경우가 많다.

미국의 타이 부인의 경우가 그랬었다. 이것도 미국과 영국에서 대단한 반응을 일으킨 '재생'의 이야기이다.

타이 부인은 최면술사인 번스타인 최면에 걸려서, 나이를 점점 거꾸로 먹어 갔다.

"당신은 지금 열 두살입니다. 집안의 형편은 어떻습니까?"
하는 투로 당시의 기억을 되살아나게 하면, 꽤 생생한 추억을 말하기 시작한다.

"지금 일곱살입니다. 가족은 누구와 누가 있습니까?"
또한,

"세살이 되었습니다. 엄마는 어데 계시지?"
이윽고,

"0살, 갓 태어난 아기예요. 무엇이 보입니까?"
하고 거슬로 올라 간다. 물론 0살부터 세살 까지는 누구나 기억이 없다. 하지만 '거꾸로 나이 먹기' 최면에 의하여 당시를 생생하게 생각해 낼 수 있는 것이다.

이 정도 까지는 뇌생리학(腦生理學)이나 심층심리학(深層心

理學)에서 설명할 수 있을는지 모르나 번스타인은 또한 그 이전의 기억을 끌어내기 위해 시간을 거슬러 올라 갔다. 다시 말해서 0살 이전, 출생하기 이전의 기억을 타이 부인에게서 끌어내려고 하였던 것이었다.

그러자, 그녀는 태어나기 이전의 전생의 기억을 이야기하기 시작한 것이다.

그녀는 18세기의 말엽, 1798년 아일랜드에서 태어난 브라이디 머어피라는 이름을 들춰냈다. 자라서 변호사와 결혼하고, 벨파스트 같은 곳에서 생활을 하였다고 한다.

그녀는 18세기의 말엽에서 19세기에 걸쳐 산 머어피의 생애에 대한 기억을, 유년시절부터 죽을 때까지를 자세히 이야기 하였던 것이다.

그녀의 이야기를 토대로, 영국의 신문사, 도서관, 역사학자에게 사실을 조회해 보니, 부인이 말한 이야기가 정확하다는 게 입증되었다.

헌데, 재생을 인정하지 않는 사람들로 부터의 반론도 쏟아졌다. 그 모든 것을 소개할 수는 없으나, 중요한 것을 한 두가지 살펴보기로 하자.

하나는 타이 부인의 전생의 기억은, 그녀가 여러 사람들로부터 늘은 아일랜드의 이야기를 최면 상태에 있는 동안에 생각해 낸 것뿐이 아닌가 하는 것과 그것을 번스타인이 일정한 방향으로 암시를 걸어서, 이른바 두 사람이 공통으로 만들어 낸 거짓 이야기, 더욱이 사전에 미리 알고 있는 사실을 조립해서 만든 한낱 거짓 이야기가 아닐까 하는 것이었다.

다른 하나는 타이 부인의 전생의 기억 속에, 역사적인 사실에 반(反)하는 것이 있다고 하는 것. 구체적으로 말하면 아일랜드에서 금속제의 침대를 쓰고 있었다는 이야기와 쌀을 먹은 일이 있다는 이야기는 역사적으로 사실과 반대된다는 것이었다. 이것은 전문적인 역사학자가 지적한 것이었다.

하지만 이 심령계의 엄연한 존재를 믿는 것으로, 우리 인간은 죽은 뒤 안심하고 영계로 인도되어 갈 수 있는 것이다.

전생의 기억에 의해 정정된 역사

틀림없이 역사책에는 그렇게 기록되어 있다.

만약 타이 부인이나 번스타인이 미리 역사책을 조사하였더라면, 금속제와 침대나 쌀 이야기와 같은 '잘못'은 말하지 않았을 것이다. 하지만, 그 후 조사가 진행되자, 실은 그 당시의 아이랜드에서 철제 침대가 사용되고 있었다는 게 판명되었고, 쌀에 대해서도 그다지 일반적인 식량은 아니었지만 쌀이 수입되어 있었다는 사실을 알게 된 것이었다.

그녀의 전생에서의 기억 덕분에 역사책도 정정하지 않으면 안되게 된 셈이다. 그러므로 후자의 역사적인 사실에 반대된다는 반론은 오히려 역사학자의 잘못임이 판명되게 된 것이었다.

그와 함께 전자의 사람들로부터 들은 이야기나 미리 알고 있는 사실을 조립시킨 거짓 이야기라는 반론에 대하여 타이 부인과 번스타인이 역사책을 조사하여 만들어 낸 것이 아니라는 것만은 확실했다.

그렇다면 인편으로 들었다는 가능성은? 조사한 결과 그럴 가능성도 없게 되었다는 게 판명되었다. 도대체 일반적인 사실이라면 몰라도 머어피라는 한 개인의 생활사를 그 주위의 생활 환경과 함께 상세히 이야기 한다는 것 따위는 거의 불가능한 일이기 때문이다.

역사상의 유명한 사람이라면 몰라도 1세기 이상이나 옛날에 살던 일개 변호사 부인의 생활 체험을 잘못 날조한다는 것 등, 일생동안 걸려서 역사적 사실에 관련된 기록 같은 걸 조사한 뒤에도, 이토록 정확하게 재구성(再構成)하는 일이 가능할지 어떨지 생각해 보는 게 좋으리라고 생각한다. 더욱이 신문사, 도서관, 역사학자가 추궁하는 것에 100% 대답할 수 있고, 마지막으로 사실임이 입증되는 것 같은 거짓 이야기가 막힘없이 간단한 수다로 만들 수 있을 것일까? 말할 것도 없이 불가능한 일이라고 생각이 된다.

그렇기 때문에, 가령 최면술에 의해 끌어낸 전생의 기억일지도, 이만큼 조건을 갖추고 있다면, 이미 의심할 여지 없이 그 것은 사실이라고 공언(公言)하여도 지장이 없다고 필자는 생각한다.

어째서 물실수의는 살못되었나?

다시 태어난다는 게 이렇듯 실제 존재한다는 것은 앞서도 말했듯이 '영혼은 존재한다'는 가설(假設), 즉 전제를 세우지 않고는 설명이 되지 않는다.

인간은 육체와 정신을 지니고 있다. 하지만 현재의 물질주의적인 과학인 마음과 몸의 이원론(二元論)을 인정하려고 하지 않는다.

물론, 심령과학적인 연구가 왕성해진 것은 사실이고, 필자는 그것을 바람직한 경향이라고 생각하고 있으나, 여전히 물질을 주체로 삼는 과학이 주류를 이루고 있는게 현실이다.

이 물질 주체의 과학은, 인간의 정신 활동이나 심령현상을 어디까지나 물질에다 제일의적(第一義的)인 가치를 두고 해명하려고 한다.

물론 오해가 있어서는 안되지만, 과학 자체의 발전을 필자는 크게 환영하고 있다. 과학이 진보되면 될수록 영계의 존재가 명백해진다고 필자는 믿고 있기 때문이다.

하지만 심령현상을 비과학적이라고 하여 배척하거나, 인간의 정신 활동, 심리현상을 어디까지나 뇌내 물질의 변화에만 원인이 있다고 생각하는 물질주의에 필자는 이의를 제기하고 싶다.

인간의 육체를 구성하고 있는 모든 세포는, 몇 년동안에 전부 교체된다고 하지만 우리 자신이라는 인격은 세포가 몇 번 교체되더라도 어디까지나 같은 인격을 계속 유지하고 있다. '그것은 뇌세포가 여지껏의 기억이나 성격을 계승하기 때문이다.' 이런 의견도 있을 줄로 생각한다. 틀림없이 그렇다.

그렇다면, 태어나기 전의 세포 정자와 난자도 여지껏의 기억을 계승하고 있는 것일까?

뇌세포를 비롯하여 온갖 세포의 근원이 되는 어버이의 정자

나 난자도 당연히 이제까지의 기억을 계승할 능력을 가지고 있지 않으면 안될 것이다.

바꿔 말한다면, 세포라는 물질적인 관점에서만 사물을 본다면 우리들은 모두 아버지와 어머니가 결혼하기 전의 그들의 기억을 이어받지 않으면 안된다는 뜻이 된다.

"당신은 아버지의 어린 시절을 기억을 할 수 있습니까?"

"당신은 어머니의 어린 시절을 기억을 할 수 있습니까?"

아니다, 그런 것만이 아니다.

"당신은 할아버지, 할머니, 또 그들의 조상들의……이런 말은 실로 불손하기 짝이 없지만.— 정자와 난자가 결합되기 이전에 가지고 있던 온갖 기억을 이어받고 있습니까?"

또한 진화론에 따른다면, 당신은 사람이 생겨나기 이전의 유인원시대, 다시 더 그 이전의 야수시대, 파충류시대, 아메바시대까지 거슬로 올라가서, 그 당시의 기억을 지니고 있지 않으면 안된다는 뜻이 된다.

이것은 인간의 정신을 단지 세포의 작용이라는 물질적인 면에서만 보려고 하기 때문에 생기는 어려운 문제인 것이다.

필자 아무개라는 한 사람의 인격은 설령, 뇌세포・체세포의 모두가 몇 차례 교체되건, 어디까지나 같은 인격을 유지하고 변하는 일이 없다.

사실은 여기에 영혼의 비밀이 깃들여 있는 것이라고 생각한다.

인간의 주체(主體)는 혼이다

오오사까(大阪)대학의 명예 교수로 공학박사였던 오까베 긴지로오 박사는, 과학자이면서 혼의 존재를 인정하고, 추리학과적(推理學科的)인 입장에서 혼과 사후의 세계에 대하여 논한 사람이다.

박사는 그의 저서 《사후의 세계》에서 다음과 같이 간결하게 논하고 있다.

인간을 포함한 온갖 동물의 혼이라는 것에 대해서는 다음과 같다고 생각한다.

즉, 동물이 발휘하는 감각 · 감정 · 기억 · 의지 따위의 정신적인 기능은, 그 성질에 있어서 물질이나 에너지가 제공하는 어떤 성질과도 차원이 전혀 다른 신비스러운 것이며, 따라서 이와같은 신비스로운 것이리라.

다음에 인체를 구성하는 세포 따위에 대하여 말한다면, 이것은 신진대사에 의하여 몇 년 사이에 거의 전부가 교체되고 마는 것이다.

방사성 원소를 이용한 실험 결과에 의하면, 1년 동안에 인체를 구성하는 원자 가운데 98%가 교체되고, 나머지 2%도 다른 부위로 이동하고 있는 것 같다.

또한 뇌와 같은 형질(形質)도 해를 거듭할수록 많이 변화되고, 특히 성장기에는 이 변화가 큰 모양이다. 더욱이 인체는 1 미리미터의 몇분의 1이라는 작은 지름의 수정란에서 출발하여 구성된 것이고, 그곳에는 혼의 핵— 중심—이 깃들고 있다고 보므로, 인간의 주체는 혼이고 그 밖의 육체는 주위에서 잠입한 타국인과 같은 것이다.

필자가 앞에서 말한 세포의 교체에 대한 이야기는, 이 오까베 박사의 문장에서 본을 딴 것이다.

하지만, 뇌세포가 기억을 계승하니까 인격의 동일성이 유지된다는 물질주의적인 생각은 필자가 앞서 물어 본 난문(難問)에서 벗어 날 수 없으며 가령 앞서의 난문에 교묘히 아귀를 맞춰서 대답을 하였다고 하더라도 재생이라는 엄염한 사실은 부정할 수가 없다고 생각한다.

오까베 박사도 말하고 있듯이, '인간의 주체는 혼이다'라는 것을 전제로 하는 수 밖에 없을 것이다.

그렇다면, 이 혼은 어째서 재생을 하는 걸까? 그 메커니즘은 어떻게 되어 있는 걸까?

다음에 이 일에 대하여 말하겠다.

재생의 프로세스

인간이 실제로 다시 태어나는 것이라는 것— 이것에 대해서는 앞에서 쓴 보기 이외에도 '업'시리즈 각권에서 개괄적으로 설명되고 있으므로 이것을 참고하기 바란다.

그렇다면, 다시 태어나는 것은 어떤 과정을 겪고, 어떤 메카니즘으로 생기는 것일까 생각해 보기로 한다.

이것을 알려면, 실제로 한번 죽은 사람이나 저 세상을 보고 온 영능력자나 재생의 기억을 가지고 있는 사람 따위의 보고를 바탕으로 하는 수 밖에 없다.

특히 '업'시리즈에서 상세하게 쓴 근사사(近似死) 체험자의 보고는 사람이 죽은 뒤 어떠한 과정을 밟는가 하는 것에 대한 귀중한 자료가 되고 있다.

여기서는 죽음의 순간부터 저 세상으로 이행하는 과정을 더 듬어 가며, 어떠한 메커니즘으로 다시 태어나는 건가를 알아보기로 한다.

물론, 이곳에서 소개하는 죽음의 과정은 필자 자신의 체험에 바탕을 둔 것은 아니다. 필자가 영계에 관한 연구를 시작하면서 지금까지 숙독한 천 권을 넘는 서적, 수많은 영능력자들에게서 들은 증언들, 그 밖에 근사사(近似死) 체험자와 영능력자와의 대화를 통하여 얻은 계시 같은 것에 의하여, 필자 자신이 납득이 간 결론을 소개하는 바이다.

우리는 수정란이 발생된 순간에 영계에서 이 세상으로 보내진다. 우리의 영혼은 수정란의 '주체'가 되어 영적, 정신적 활동을 개시하는 것이다.

이윽고 수정란이 성장하여 10개월 후 어머니의 태내에서 외계로 탄생된다. 그리하여 인간으로서 성장하고, 인간 사회 속에서 일정한 역할을 다하고 어느 날 죽음을 맞는다.

문장으로 쓴나면 인간의 일생은 불과 한 두 줄로 끝나고 말 것 같은 것이나, 이 한 두 줄의 줄과 줄 사이에 그야말로 인간의 고뇌도 기쁨도, 사랑도, 미움도 응축되어 있는 것이며, 인생이라는 것이 이토록 간단한 것이 아니라는 것은 필자 스스로도 너무나 잘 알고 있는 셈이다.

헌데 죽음의 순간 우리는 어떠한 것을 경험하는 것일까?
 '죽는다'고 하는 것은 육체가 허무러지는 것에 지나지 않는다. 혼에 있어서는 단순한 이행인 것이다. 하지만 육체에 있어서는 물론 허무러진다는 것은 고통스러울 것이다.
 그 고통이 절정에 달하면, 사람은 어덴가 어두운 곳에 몰려드는 듯한 느낌을 받는다. 만약 그 죽음의 장소가 병원의 침대일 경우, 어두워진 순간에 의사의 사망선고가 들려올 게 틀림없다.
 이윽고, 갑자기 어디선지 귀에 거슬리는 불쾌한 소리가 들리기 시작하고, 길고 어두운 통 모양의 터널 같은 곳을 무서운 속력으로 2천~3천 미터 가량 급상승 하는 듯한 감각에 휩싸인다. 이것이 유체이탈의 감각인 것이다.
 하지만, 문득 아래를 보니 실은 방안의 중공(中空)이고, 기껏 2~3미터 높이의 천정께에 자기가 떠올라 있음을 알게 된다. 또한 조감(鳥瞰)하듯 자기의 사체를 내려다 볼 수 있다.
 자기의 가족들이 사체에 매달려 울고 있는 모습이 보이고, 의사와 간호사의 말 소리가 들리기도 한다. 하지만 이쪽의 말소리는 상대방에게 들리지 않는다.
 이런 상태에서는 아직 자기가 죽은 것을 자신도 믿을 수 없고, 속히 자기의 육체[육체=사체]로 돌아가고 싶다고 생각하게 된다.
 그런 것을 생각하며 고민하는 상태가 잠시 계속되나 어느덧 저 세상에서 마중 나온 사람이 온다. 그것은 꽤 많은 인원이다. 그들과 열띠게 토론을 한다. 그러는 사이에 갑자기 눈 부신 '백광체(白光體)'에 휩싸인다. 그것은 몹시 그리운 어머니의 품 속 같기도 하고, 말할 수 없이 황홀한 기분으로 자신을 감싼다. 이젠 시체로 돌아가고 싶다는 그런 생각은 사라지고 만다. 그 상태는 일종의 감동이요, 황홀감과도 비슷하다.

그러는 사이에 또다시 어디선가 마중 오는 사람이 나타나, 이번에는 자기도 납득이 되어 그 사람에게 이끌려 간다. 사이좋게 같이 걷기 시작하는 것이다. 이곳은 이미 '유계(幽界)'인 것이다.

자기와 마중 나온 사람의 이 두 사람은 인간계 자연계의 온갖 물질을 아무런 저항 없이 투과하고, 이미 자신이 물질적인 육체를 넘어선 존재가 되어 있다는 것을 깨닫는다. 이미 물질적인 세계는 관심 밖에 있는 것이다.

또한 이 유계를 지나서 이윽고 다다르는 곳이 정령계이다.

그곳은 터무니 없이 큰 분지(盆地)이나 아득히 먼 곳에는 눈에 덮인 산들이 보이고, 분지 안에는 언덕과 계곡과 평야가 펼쳐 있고, 전원·호수·하천·샘·공원·정원·꽃·숲·숲의 짐승들·새들·물고기들에 이르기 까지 인간계와 조금도 다르지 않은 자연의 풍물이 있다.

더욱이 그 세계에 있는 인간들조차도 겉으로 보기에 인간계의 사람들과 같은 모습을 하고 있는 것이다. 하지만 그들은 [또한 자기도] 모두 정령들인 것이다.

이 정령계에서 우리는 영혼을 정화시키는 것이다. 정화시킨다고 하여도 모두가 깨끗해지는 것은 아니다.

정화한다고 하기 보다는 오히려 순화시킨다는 말이 더 옳을

지도 모른다. 또한 순화시키는 것 보다도 간소화 시키는 것이다.

영혼을 깨끗하게 하여 인간계에서 낀 때를 벗기고 그 본성을 표면으로 내놓은 것이다.

이른바 혼을 벌거벗기는 작업이 이 세계에서 행해지는 셈이다. 그러므로 본성이 악한 영혼[이른바 악령]은 악령 그대로, 또한 본성이 선한 영혼[이른바 선령(善靈)]은 선령 그대로, 완전히 순화되고 벌거 벗겨지는 것이다.

그래서 이곳이 재생되는 첫 단계이다.

이 정령계에서 지옥으로 가는 악령과 영계로 가는 선령과 다시금 인간계로 재생되는 영혼이 선별되는 것이다.

이상 말한 것이 죽음의 순간부터 유계를 지나 재생하는 첫 단계이다. 정령계에 이르기까지의 과정이다.

왜 다시 태어 나는가?

이 정령계에서 영혼이 선별되어, 어떤 사람은 지옥으로, 어떤 사람은 영계로, 또한 어떤 사람은 다시금 인간계로, 이렇게 분류되는 것은 어째서 일까?

여기서 아무래도 영혼이 존재하는 이유와 인간계로 영혼이 보내지는 까닭을 말하지 않으면 안될줄로 생각한다.

영혼은 본래 영계에 소속되어 있는 존재인 것이다. 영혼은 원래 영계에 있고서야 평안히 살 수 있는 것이고, 인간계는 이른바 수양(修養)의 장소인 것이다. 인간에게 인격이 있듯이 영혼에도 영격(靈格)이 있다.〔본래는 반대로 영혼에 영격이 있으니까 인간에게도 인격이 있는 것이다.〕이 영격을 높이고, 영계를 보다 더 좋은 세계로 만들기 위해 영혼에게는 수양이 필요한 것이다.

 그러므로 영혼이 영계로부터 인간계로 보내진다는 것, 다시 말해서 인간으로서 태어난다는 것은 적어도 개인의 영격을 높인다는 사명이 주어졌다는 뜻이다.

 달리 필자가 배우니까 이런 비유를 쓰는 건 아니지만, 실제 인생과 무대극과를 비교해 보기 바란다. 실제 인생을 영계라고 생각하고 무대 위의 연극을 인간계라고 생각하는 것이다.

 우리가 무대 위에서 A라는 인물의 역할을 연기할 때, 그 A라는 인물이 되어서 박진감 있는 연기를 하려고 노력한다.

 필자의 연기가 멋지면 멋질수록 필자는 관객에게 감명을 줄 수가 있고, 필자의 인기는 올라가고 속된 표현이지만 필자의 수입은 나아진다. 그것은 필자의 실제 인생에서 즉시 반영되어, 필자는 여유있는 풍족한 생활을 보낼 수 있다. 대 스타가 되면, 일년에 한번 무대에 서는 것만으로도 충분히 윤택한 생활을 할 수 있게 될 것이다. 헌데, 연기가 엉망이거나 게으름만 피우고 대사도 제대로 외우지 못하는 형편이면 서투른 배우라는 낙인이 찍혀서 난역밖에 놀아오지 못한다. 당연히 수입도 적으니까, 생활을 유지하기 위하여, 일년 내내 어딘가의 무대에 서지 않으면 밥을 먹지 못하게 된다.

 그 결과 배우 부적격으로 보고, 무대 밑의 나락에서 도구나 나르는 잡일을 시킬지도 모른다. 나락(奈落)이란 연극 용어로

'무대 아래'를 말함인데, 야릇하게도 불교 용어로 지옥을 뜻하는 말이다.

이와 같이 무대 위〔인간계〕에서 어떻게 수업을 쌓고 노력하느냐에 따라 실제 인생〔영계〕에서의 생활이 향상되느냐, 아니 되느냐 하는게 결정된다.

다시 말하여 연극 속에는 설령 아무리 대부호의 역을 맡았더라도 실제 인생이 있어서, 그 배우는 연극 속의 배역과는 정반대의 가난한 생활이고, 부부싸움이나 친척과의 끊임없는 불화로 비참한 인생을 보낼 수 밖에 없는 사람일지도 모른다.

반대로, 무대 위〔인간계〕에서는 비참하고 불우한 청년의 역을 맡았어도, 그것은 주역이고 그의 연기력과 노력이 높이 평가되어, 실제 인생〔영계〕에서는 윤택하고 행복한 생활을 보낼 수 있게 될지도 모른다.

이렇듯 무대 위에서의 역할과 실제 인생에서의 행복도는 직접적인 관계는 없다.

오히려 무대 위에서 주어진 역할을 어떻게 진지하게 관객을 감동시킬 만큼 연기를 할 수 있을까 하는 점이 실제 인생에서의 행복을 결정하는 키이 포인트가 되는 것이다.

다시 말해서, 배우가 무대 위에서 연기를 닦는 것과 마찬가지로 인간은 인간계에서 혼의 향상을 위해 노력하도록 사명을 받은 것이다.

배우가 무대 의상을 벗고 실생활 터전으로 돌아 왔을 때 '아! 나는 행복한 사람이다!' 이렇게 생각할 수 있도록, 인간의 혼도 영계로 돌아갔을 때, 자기의 행복함을 진심으로 곱씹을 수 있게 되지 않으면 안되는 것이다.

그러므로 우리의 혼이 본래의 주거지인 영계에서 인간계로 보내진다는 것은 배우가 하나의 역할을 받고 무대 위로 올라가는 것과 같은 일인 것이다. 관객에서 감동과 기쁨을 주기 위해, 성심성의를 다한 연기를 하고서야 실제 인생에서 보상을 받는다.

그것은 영혼이 인간계에서 성심성의껏 남에게 봉사하고, 인격을 향상시키고, 혼을 향상시키기에 노력하고서만이 영계로 돌아가서 높은 영격(靈格)을 받고, 보상을 받는 것과 마찬가지이기도 하다.

필자가 지난 날 여러 저서에서 '인간계에 태어난 것은, 전생의 업장을 소멸시키기 위함이다'라고 말한 것은, 비유해서 말한다면 앞에서 말한 것과 흡사하다.

그러므로 어째서 다시 태어나는 건가 하는 것은 한마디로 말하면, 영혼을 닦고 보다 높은 영격을 몸에 갖추고 영계로 돌아가기 위함이다 하고 말할 수 있을 것이다.

재생의 메커니즘

앞에서 필자는 '정령계(精靈界)는 재상하기 위한 첫번째 단계이다'라고 말했는데, 혼이 재생하는 단계라는 것은 여러 가지 존재하기 때문이다.

우선, 첫번째 단계인 정령계(精靈界)에서의 재생―이것은 혼이 영계에서 인간계로 보내져서, 일정한 기간[목숨이 있는 동안) 인간계에서 수업을 쌓은 결과 죽음에 이르러 죽음의 순간을 거친 뒤 정령계라는 첫번째 관문에서 심사를 받는 것을 뜻한다. 정령계에서 혼이 깨끗하게 씻겨지고, 벌거숭이가 된 혼이 영계로 돌아가도 괜찮을 만큼 향상되었으면[다시 말해서 전생에서 지은 업장(業障)이 당초의 예정대로 소멸되었으면] 당연히 영계로 돌아갈 수 있는 것이다.

하지만 전생의 업장이 좀처럼 소멸되지 않았거나, 예정된 것의 반 정도 밖에 업장이 소멸이 되지 않았거나 하면 다시 한번 인간계로 되돌려 보내야 된다는 결정이 내려진다.

이 판단은 우선 수호령(守護靈)이 한다. 영계로 돌려보내도 된다는 경우는 시기를 보아 영계에서 불러들이게 된다.

하지만 거듭 인간계에서 수양을 다시 쌓을 필요가 있다고 판단되는 경우 수호령은 '수호신'의 허락을 받아야 된다.

수호신이란 직령(直靈)을 말함이며, 천계층(天界層)이상의 상층계에 살고 있는 천사와 같은 존재로, 신계층(神界層)의 지령에 따르는 매우 영격(靈格)이 높은 영이다.

수호령은 자기의 위에 위치하는 이 수호신의 결정에 따라서, 자기가 보호한 혼을 영계로 떠나보내느냐 또는 인간계로 다시 한번 재생시키느냐 하는 방향잡이를 하는 중요한 역할을 맡고 있는 것이다.

인간계에서의 업장소멸이 부족하다고 판단된 경우, 혼은 다시금 정령계에서 인간계로 재생하게 된다. 이것이 재생의 첫번째 단계이다.

그런데, 다시 태어나는 두번째 단계란 무엇일까?

그것은 인간계에서의 업장소멸이 당초의 예정대로 성과를 올리고, 정령계에서 영계로 돌아갈 수 있게 된 혼의 경우이다.

영계(靈界)는 나중에 자세히 말하지만 멋지고 좋은 세계이다. 영혼은 이 영계로 돌아오는 것으로, 영원한 행복을 얻을 수 있다. 하지만 그곳에 만족하고 있어서는 안된다.

보다 더 다른 사람들을 위하여 일하는 것도 필요하고, 더욱 높은 영격을 몸에 지닐 힘 있는 영도 필요하다.

그럴 경우에, 영계는 수양을 쌓기 힘든 곳이다. 그 이유는 영계에서는 원하는 것은 즉시 나타나고, 원치 않는 것은 순식간에 소멸되기 때문이다.

이와 같은 상태에서는 수양을 쌓는 게 힘든다. 인간계는 물질계이므로 물질의 힘이 강하게 작용하고 있다. 따라서 물질계의 근본인 3대 욕망이 크게 뿌리를 내리고 있다.

이른바 식욕·성욕·자기보존욕의 3대 본능이다. 그런 본능의 한가운데서 자신의 욕망을 죽이고, 남을 돕고, 사랑하는 수양은 예사일이 아니다. 이와 같은 장소야말로 영격을 향상시키기에는 가장 적당한 곳이다. 그러므로 다시 한번 인간계로 나오는 것이다.

또한 한 곳의 영계 마을에 지나치게 오래 있게 되면 스스로 자진하여 다시금 수양을 쌓고 싶다고 신청하는 영도 있다.

이 같은 이들에게 보다 높은 과제를 주고, 다시 인간계에서 절차탁마(切磋琢磨)를 시키기 위한 재생—이것이 두번째 재생인 것이다. 또한 필자가 《영인의 증명》이라는 책에 쓴 장남 연혜(長男年惠)같은 게 거기에 해당된다.

그것은 '신계'〔영계의 최상층인 신계층〕에서부터 직접 사명을 띠고, 매우 높은 영격의 영이 인간계 전체의 타락을 구제하고 정신적으로 일정한 위치까지 인간계를 끌어올리기 위해 파견되는 재생이다.

이를테면 석가의 탄생, 그리스도의 탄생, 마호메드의 탄생 같은 예가 여기에 해당된다.

그들은 자기 개인의 업장을 소멸시키기 위해서가 아니라, 인간계 전체를 구제하기 위하여 재생한 것이다.

그것은 인간계가 악령들에게 석권 당하고, 타락과 퇴폐의 깊은 수렁에 빠지고 자칫 잘못하면 수복(修復)이 불가능해 질 수도 있다고 판단되었을 때다.

그런 상태 속에서 본래 선령(善靈)이었던 혼 까지가 인간계 속에서 악을 물들기 시작했을 때, 균형을 회복하고 파멸을 막는다는 목적으로 구세주나 예언자로서 경고를 하기 위하여 파견된 것이다.

이 세번째 단계에서의 재생이라는 것은 물론 숫자적으로는 매우 적다.

인간이 재생된다는 것은 크게 본다면 이상과 같은 원리로 작동하는 것이다.

당신은 현재 이 세상에 어떤 목적을 가지고 보내져 온 것일까?

제3부
영과 천계와 지옥계

어째서 지옥으로 떨어지는가?

정령계(精靈界)에서 영계로

 인간의 영혼이 죽음의 순간을 거쳐 유계를 지나 정령계로 이행하고 또 다시 영계로 상승하는 모습에 대하여는 앞장에서 대충 말한 그대로이나, 그렇다면 영계 그 자체는 도대체 어떤 상태일까?
 죽은 자는 정령계에서 인간계의 갖가지 더러운 때를 씻고 근본 상태가 된다. 마치 잠수부가 깊은 바다의 물 속에서 수면으로 올라오는 도중에 한번 쉬고, 수압의 조정을 하는 것과 마찬가지로, 죽은 자의 혼도 정령계에서 일단 제자리 걸음을 하고 혼의 조정을 하는 셈이다. 이 조정 기간은 개인차가 꽤 있어서 불과 얼마 안되는 시간에 근본의 상태가 되는 사람도 있는가 하면, 장기간에 걸쳐 이 정령계에 머무르는 사람도 있다. 하지만 아무리 길어도 30년이 한도라고 한다.
 또한 이 근본적이 된 상태[이것을 제2의적 상태(第二義的狀態)라고도 한다]가 완성되면, 마침내 영계로 이행하는 기회가 온다. 이 본질의 상태가 완성된다는 것은 죽은 사람의 성격·성정(性情)·성벽이 완전히 씻겨서 거짓말이나 허위나 꾸밈이 제거되고 혼의 알맹이가 이른바 벌거숭이가 되고 마는 것을 뜻한다.

다시 말하면 가장 진솔한 상태로 되는 것이다.

그렇게 되면 어느 날 갑자기 거대한, 하늘에라도 닿을 듯이 높은 산들이 해일보다 더 빠른 속도로 죽은 사람의 눈 앞에 밀려온다. 멀건이 서있는 죽은 사람 바로 앞에 까지 밀어닥친 깎아 세운 듯한 산들이, 순간 죽은 사람을 깔아뭉갤 듯한 요란한 소리를 내고 산꼭대기에서 밑바닥 까지 세로로 두 쪽이 나고 만다.

죽은 사람의 혼은 마치 무엇엔가에 빨려드는 것처럼 이 거대한 산의 갈라진 틈으로 들어가 버린다.

이것이야 말로 아득히 먼 영계로 부터의 초청인 것이다. 이 영계로 건너가는 모습은 서양에서도 동양에서도 마찬가지인 듯 하다.

이렇게 하여 영계에서 실로 당겨지듯이 산의 협곡을 빠져 나가면, 드넓은 물가가 나온다. 이것이 잘 아는 황천(黃泉)이다.

저 세상에 강이 있다는 것은 이 또한 서양에서도 동양에서도 고대로부터 일컬어지고 있는 것으로, 아마 영능력자들이 보는 저 세상은 고금동서를 막론하고 변함이 없는 것인가 보다.

내친 김에 말하겠거니와 일본에서는 이 황천을 배로 건넌다는 속설(俗說)이 일반 사람에게 널리 퍼져 있으나, 조사한 바에 의하면, 이같은 관념이 생긴 것은 에도(江戶)시대 부터인

듯 하고, 그 이전에는 '배로 건넌다'고 하는 생각은 없었던 것 같다. 죽은 사람은 '몸'만으로 강을 건넜던 것이다.

헌데 하늘을 닿을 듯이 거대한 산의 틈바구니를 지나, 황천의 물가에 나온 죽은 사람의 혼은 다음에 어떻게 되는 걸까?

황천이라고 하지만, 이것은 강이라기 보다는 오히려 바다이다. 양자강이나 아마존 강처럼 건너편 기슭이 보이지 않는 드넓은 수면인 것이다.

본바탕 상태가 된 죽은 사람은, 이 수면 위를 걷기 시작한다. 눈에 보이는 것은 물 뿐인 수면 위를 아득히 먼 영계에서 잡아당기는 듯 걷기 시작하는 것이다.

그 모습은 마치 부활된 예수 그리스도가 수면 위를 걷고 있는 모습과 흡사할는지 모른다.

혹은 십만억토(十萬億土)의 저 쪽에 있는 극락세계로 길 떠나는 '저승의 나그네'와 같을지도 모른다.

하여튼 수면 위를 걷기 시작한 죽은 사람은 이윽고 수면으로부터 발이 뜨고, 마치 비행기가 이륙하는 것처럼 날기 시작한다. 속도가 차츰 더해지고, 어느덧 물 위를 UFO도 따르지 못할 속력으로 일직선으로 날아간다.

이렇게 하여 '본바탕'의 상태가 된 죽은 사람의 영혼은 정령계에서 영계에 이르는 것이다.

영계의 계층—선령계와 악령계

동서양을 막론하고, 세계의 심령학계가 공통적으로 인정하고 있는 사후의 세계 즉, 심령계(心靈界)에 대하여 일반적으로 7가지의 계층 구별이 보편화 되고 있다.

흔히 필자가 영계라고 하는 것은, 낮은 계층에서부터 올라가면 영계층·천계층·천상계(天上界)의 셋이다.

또한 이 위에 신계층이 엄연히 눈이 부실 듯이 높은 곳에 존재한다. 신계층도 영계라고 부르지 못할 것은 없으나 이곳은 아무튼 인간적인 영을 초월한 크나큰 존재가 계신 세계여서 도저히 흔히 일컫는 영계와 똑같이 다룰 수 없다.

이른바 우주 전체를 포함하는 초월적인 세계이다.

석가나 그리스도 조차도 천상계에 살고 있다고 생각되므로 신계층은 별격이라고 생각하는 편이 좋으리라고 생각한다.

헌데, 영계층보다 밑에 있는 죽은 뒤의 세계는 어떻게 되어 있는 것일까? 우선 정령계— 이것은 이미 말했듯이 죽은 뒤 대부분의 사람이 영혼을 깨끗하게 닦는 세계이다. 또, 그 아래에 두 개의 지옥계가 있다. 보다 정확히 말하면, 그것은 두 개의 악령계로 하나는 부유계(浮遊界)로 불리는 세계고 또 하나는 가장 아래층의 독자 여러분도 잘 아는 지옥계(地獄界)인 것이다.

인간은 죽은 뒤 유계를 거쳐 정령계로 들어가나, 생전의 이 세상에 집착과 원념을 깅하게 남기고 있는 영혼은 정령계로 가는 일조차 거절하고 이 세상에 되돌아가서 유계를 방황한다.

자기를 죽었다고 생각하고 싶지 않은 것이다. 이것이 이른바 유령으로 부유령이 되었다가 지박령(地縛靈)이 되었다가 하면서 사람에게 빙의된다. 그러므로 빙의령이라고도 부른다.

이와 같이 성불되지 못한 악령이 떠돌아다니는 세계를 부유계(浮遊界)라고 말한다.

그것은 유계의 일부이지만, 근사사(近似死)체험자 따위가 통과하는 유계와 달리 결코 이 세상으로 돌아 올 수 없는 세계이며 이 세상과 저 세상의 중간에서 악령이 방황하는 세계라는 뜻으로 부유계(浮遊界)라고 하는 것이다.

또한 악령계의 최하층이 이른바 지옥계이다.

지옥계는 자세히 보면 셋으로 나눌 수 있다. 엠마뉴엘 스웨덴보그도 지옥계를 삼계층(三界層)으로 구별하고 있다. 대과학자이며 대영능력자이기도 했던 스웨덴보그의 지옥의 견문 보고는 매우 신빙성이 높다. 그의 영계 체험이 얼마나 확실하며 믿을 수 있느냐 하는 것은 지금까지의 저서에서 자주 언급하여 왔으므로 여기서는 상세히 설명하지 않으나 필자 자신의 연구와 대조하여 보아도 스웨덴보그의 지옥관은 지지할 수 있다고 생각한다.

다음으로 영계 곧 죽은 뒤의 세계의 각각에 대하여 설명할 셈이나, 그러기에 앞서 다시 한번의 영계의 죽은 뒤의 세계의 계층에 대하여 정리를 해 보기로 하자.

넓은 뜻에서 영계〔죽은 뒤의 세계〕는 일곱 개의 계층으로 구분될 수 있다.

신계층(神界層), 천상계(天上界), 천계층(天界層), 영계층(靈界層), 정령계(精靈界), 부유계(浮遊界), 지옥계(地獄界)이다. 그 가운데 정령계를 정령(淨靈)하는 과도기적인 세계라고 한다면, '영계층', '천계층', '천상계'의 셋을 흔히 '영계'라고 부르고, 여기에 '신계층'을 더한 넷을 '선령계'라고 부를 수 있다.

이에 대하여 '부유계(浮遊界)' '지옥계(地獄界)'의 둘을 '악령계'라고 부른다.

'부유계(浮遊界)'는 이 세상에 원한이나 집착을 남기고 유계에서 떠나려고 하지 않는 방황하는 악령들의 세계이며, 지옥계는 정령계에서 영혼에 매달린 앙금이나 군더더기를 떨쳐버리고, 드러낸 알몸의 혼이 된 것이 자기의 본성, 이른바 근본적인 악령 정신에 따라서 스스로 자진하여 떨어지는 세계인 것이다.

죽으면 그만이란 생각은 무책임하다

'죽으면 그만이지' 그 다음은 없어' 이렇게 말하는 사람이 흔히 있다. 필자의 친구 중에도 그와 같은 사람이 있었다. 이 일은 여기저기서 이야기하기도 하고 쓰기도 하였으나 그 친구는 자기가 불치의 병이라는 걸 알자 실로 보기 싫을 정도로 이성을 잃었다.

입원한 뒤에도 '무서워, 무서워'란 말이 입에 올랐고, 처음에는 화장실에서 변기의 물을 쏴—내리면서 흐느껴 울곤 하였으나 그러는 사이에 죽음의 공포에 견디지 못하고, 방 밖의 사람에게도 들릴 만큼 큰 소리로 통곡하기에 이르렀다.

'죽으면 그만' 그 뒤는 재가 되어 사라질 뿐'이라고 생각한다면, '사라질' 준비와 신변 정리를 하면 되는게 아닐까 하고 생각될 터인데, 몹시 보기 흉하게 마음의 갈피를 잡지 못하고 있었다.

 필자가 죽은 뒤의 세계니, 영혼에 대하여 관심을 갖게 된 동기의 하나는, 이 친구의 죽음을 앞에 두고 당황해 하는 꼴을 보고서였다. '나는 이렇게 비참하게 당황해 하고 싶지 않다'고 생각했기 때문이다.

 헌데 '죽은 뒤에는 재가 되어 사라질 따름'이라고 생각하는 사람이 죽음을 '무섭다'고 두려워하는 건 어째서일까? 한가지 이유는, 이 세상에 아직도 할 것이 있다. 미련이 있다라고 집착하고 있기 때문일지도 모르나, 또 한가지의 이유는 만약 자기가 품었던 신념과는 달리 죽은 뒤에도 자기의 영혼이 생존한다고 하면, 자기는 도대체 어떻게 되는 걸까? 어떻게 하면 좋단 말인가, 하고 마음의 준비가 되어 있지 않은 탓도 있을 것이다.

 진정으로 '죽으면 그만'이라는 각오가 되어 있다면 이 세상과 자기의 관계는, 어느 순간[이른바 죽음의 순간]을 경계로 일체 사라지고 마는 것으로, 조금도 당황해 할 게 없다. 좋다, 나쁘다하는 건 별 문제로 치고, 에페크로스와 같이 '내가 지금 존재하고 있는 한 죽음은 존재하지 않고 있고, 죽음이 바로 왔을 때는 나는 이미 존재하지 않는다.' 그러므로 죽음은 무서워할 필요가 없다. 이렇게 단언하고 각오를 단단히 한다면, 그것은 그것 나름대로 훌륭한 것이다. '죽고 말면 그 뒤는 소멸될 뿐' 이같은 생각 방식에 철저해지면 '나중에는 산수갑산을 가건 말건' 이런 무책임한 생각이 드는 건 뻔하고, 그렇게 생각한다면 조금도 당황해 할 필요도 없고 죽는 것을 걱정할 필요도 없어질 것이다.

'아냐 그렇지가 않아. 인생에서 하다가 미처 못다한 것이 있다는 게 원통한 거지.' 이렇게 말하는 사람에게는 이런 비유가 온당할 것이다. 인생이란 초대 받아서 참석한 파아티와 같은 것이다. 당신은 결코 스스로 회비를 지불하고 난 뒤에, 이 파아티에 참가한 게 아니다. 말하자면, 공짜로 주최자가 준비한 자동차로 영접을 받고, 더욱이 호화스러운 파아티 자리에 참석한 것이다.

그와 같은 파아티 석상에서 '못다한 일이 남아 있다.' 이렇게 말하여도 그것은 맛있는 요리가 남아 있는 걸 모두 다 먹기 전에 배가 부른 것과 비슷하여 어쨌든 남은 요리는 버려질 운명에 있는 것이다. 설령 남이 먹는 것의 3분의 1도 미처 못 먹었는데 중간에 복통이 났다고 하여 파아티 주최자에게 '이 요리를 가져 가도 되겠습니까?' 이렇게 말하는 어리석은 참석자는 아마도 없을 것이다.

파아티의 취지〔인생의 의의〕는, 요리를 먹을 것〔자기의 욕망만을 채울 것〕에 있는 게 아니라 파아티를 통하여 무엇인가를 축하한다, 혹은 참석자끼리의 친분을 두텁게 한다.〔남의 행복에 기여(其餘)한다〕는 데 있기 때문이다.

인생에 미처 못나한 일이 남아 있는네 벌써 죽음이 가까이 다가 왔다고 하여 비탄에 젖어 슬퍼하는 사람은 이 파아티의 요리를 남기고 억울해 하는 사람과 흡사하다. 꼴불견이다.

또한 '죽으면 그만'이라는 생각에 대하여도, 진정한 의미에서 각오가 되어 있지 않은 것이다.

현실로서 죽음을 눈앞에 두면 누구나 마음이 흔들린다. 그 흔들린 마음의 틈을 타고 '만약 죽은 뒤에도 혼이 남는다면……'하는 지금까지의 생각조차 하지 않았던 의문이 생긴다. 그렇게 되면 아무런 마음의 준비가 되어 있지 않으므로, 어떻게 하면 좋을지 몰라서 더더욱 마음의 갈피를 잡지 못한다.

죽음에 임한 살인범 같은 게 그 좋은 본보기라고 할 수 있다.

이야기가 잠시 옆길로 샛으나, 생전에 살인같은 범죄를 저지르고, 죽은 뒤 지옥으로 떨어진다는 경우 어째서 지옥으로 떨어지는 건지 생각해 보기로 하자.

어째서 지옥으로 떨어지는가?

그리스도교나 불교같은 종교에서는 죽은 뒤에 심판을 받고 생전의 소행에 따라 천국(혹은 극락)이나 지옥으로 간다고 가르치고 있다.

불교의 언어로 말한다면 '선인선과(善因善果)' '악인악과(惡因惡果)'의 '인과응보(因果應報)'라는 것이 될 것이다.

물론 그리스도교와 불교와는 생각하는 방법에 차이가 있어서, 그리스도교에서는 어디까지나 '신의 심판'이 마지막으로 천국과 지옥을 결정한다.

하지만 불교에서는 원래 심판자를 필요로 하지 않는다. 염라대왕은 어디까지나 후세의 속설에서 생긴 심판자이지, 본래의 불교에서 생각하는 방식으로 본다면, 자업자득—다시 말해서

자기가 저지른 소행이 그대로 내세를 결정한다고 하는 일종의 객관적인 인과율에 따르고 있는 것이다.
　그와 같은 차이는 있더라도, 생전의 행동이 죽은 뒤의 방향을 결정한다고 하는 것이 지금까지의 종래의 사고방식이었다.
　하지만 스웨덴보그는 그렇지 않다고 말한다. 정령이 된 죽은 사람은, 스스로 선택하여 지옥으로 떨어지는 것이라고 한다.
　억지로 가는 게 아니라, 오히려 기꺼이 지옥으로 간다는 것이다.
　또한 필자도 이 생각이 사실에 가까운 것이 아닌가 하고 생각한다.
　사람의 마음은 선도 악도, 그리고 갖가지 앙금이나 군더더기도, 가득 몸에 붙이고 있어서 자기로서도 스스로의 본심을 잘 모를때가 있을 정도이다. 하지만, 죽은 뒤 유계를 거쳐 정령계로 가고, 혼이 벌거숭이가 되고 말면, 그 본성이 나타난다. 그 본성이 악이었던 악령은, 영계=선령계로 가기를 싫어하고 기꺼이 지옥계로 떨어지는 것이다.
　물론, 이 세상에서도 이와 같은 악령은 살인같은 흉악한 소행을 저지른다.
　그 결과 정령계에서 영혼을 순화시키면, 악령의 본성을 자각하고 스스로 자진하여 지옥계로 가고 싶어 한다는 것이다.
　그것은 이 세상에서 지옥으로 가고 싶다고 생각하느냐 아니하느냐 보다는 가공할 만한 악업 속에 그 본성이 숨어 있다는 점이 중요한 것이다.
　물론 본의 아니게 살인을 저지르는 사람도 있을 것이다. 본성이 선이었어도 이 세상에서 그와 같은 본의 아닌 소행으로 몰리게 된 사람도 아주 없는 건 아닐 것이다. 하지만, 그것도 정령에게서 정령을 하면 분명해질 것이다. 다음 세상에서 진심으로 뉘우치고 남을 위해 봉사하기 위하여 전생에서의 잘못을 무(無)로 돌릴만한 본래의 선량함을 갖추고 있는지 어쩐지 하는 게, 정령계에서 여실히 씻겨져 나오는 것이다.

또한 반대로, 물질적으로 남에게 위해를 가하지 않았어도, 정신적으로 악을 충동질하는 사람도 있을 것이다.

이와 같은 사람의 혼도 정령계에서 벌거숭이가 되는 것으로서 자기의 본성을 스스로 깨닫고, 스스로 악령계나 또는 선령계를 선택하게 된다.

그러므로 지옥계로 떨어지는 영혼은, 자기의 본성(本性)에 따라서 스스로 선택해서 떨어져 가는 것이라는 무서운 사실을 명심해 주기 바란다.

하지만, 자기의 본성이 선일까? 아니면 악일까? 정령계에서 정화되어 악의 본성이 나타나면 어떻게 하나 하고 두려워 할 일은 아니다. 적어도 영계의 존재를 믿고 높은 영계로 올라가기 위하여 항상 노력하는 사람에게 악령의 본성이 숨어 있을 리는 없으니까 100% 안심하여도 된다고 생각한다.

지옥계의 모습은 어떤 것일까?

그렇다면 지옥계란 도대체 어떤 곳일까?
앞에서도 말했듯이 지옥계는 또 다시 3개의 계층으로 나눠

진다. 위로부터 일계층(一界層), 이계층(二界層), 삼계층(三界層)으로 3층을 이루고 있다.

물론 아래로 가면 갈수록 영계의 태양으로부터 멀어지는 셈이니까 차츰 빛을 잃고 어둡고 축축하고 악취가 코를 찌르는 추잡하고 무서운 세계로 되어가는 것이다.

일계층(一界層) 지옥

이 지옥층에서는 아득히 먼 곳이지만 영계에서 태양의 희미한 빛이 엷게 비친다. 하지만 그 빛은 너무도 먼 하늘 위에 있고, 머리 위에는 늘 어두운 검은 구름이 항상 끼고 있어서, 숨겨지고 보이지 않을 때가 많다.

황혼이라기보다 해가 지기 직전의 엷은 어둠이라는 느낌이 훨씬 가까운 표현일 것이다.

그런 속에서 풍경을 바라다보면, 마치 전쟁 직후의 황량한 초토와 같은 모습을 띄우고 있다.

여기 저기에 자갈산이 있고, 그 사이에 길 같은 것이 보이나, 마치 그대로 유령 도시이다.

그곳에는 사람의 생기나 활기라곤 전혀 찾아볼 수 없다. 하지만 금방이라도 무너질 듯한 벽돌과 썩은 냄새를 풍기는 오막살이에 영들은 살고 있다.

영들의 추한 꼴이란 구역질이 날 정도다. 검푸른 얼굴, 때와 기름으로 범벅이 되어 달라붙은 머리, 고름이 터진 부스럼 투성이의 피부, 어둡고 날카로운 눈빛, 흉하게 일그러진 입가,

온몸에서 내뿜는 악취……하지만 영들은 자기의 그 같은 추악함을 전혀 마음에 두지 않을 뿐만 아니라, 오히려 만족하고 있는 듯한 느낌조차 든다.

그들의 어떤 자는 잔악한 투쟁욕에 불타 있고 또 어떤 자는 썩은 육욕에 몸을 내맡기고 지칠줄을 모른다. 더러운 영끼리 적의를 드러내 놓고 서로 상처를 입히고, 잔인한 행위를 한없이 계속한다.

A는 B에게 강탈당하고, B는 C에게 찔리고, C는 D에게……이러한 끝없는 연쇄적이고 비통한 난투가 끊임없이 되풀이 된다.

한편, 서로 도깨비처럼 무서운 남녀의 영이, 열정을 드러내 놓고 썩은 살을 뒤엉키게 하듯이 한도 없는 섹스를 계속하고 있다. 그것은 남자에게 있어서나, 여자에게 있어서나 쾌락이 아니라 일종의 고문이다.

그 한심한 모습은 짐승만도 못하다. 인간계에서는 신사·숙녀의 가면을 쓰고 있었던 색정광(色情狂)들이, 지옥계에서 본성을 마음껏 만족하려고 할 때, 고름 투성이의 불결한 육체를 겹쳐서 한도 끝도 없는 난교지옥(亂交地獄)으로 빠지고 마는 것이다. 영들이 스스로 바랬다고는 하나, 그 처절하게 끝없이 육을 혹사하는 꼴이란 그저 허망하기만 할 따름이다.

이계층(二界層) 지옥

이곳은 보다 더 어둡고 축축한 지옥층이다. 이 세상에 대해 말한다면 기껏 별빛 정도의 밝기 밖에 없고 거의 빛이 닿지 않는 세계이다. 그래도 악령들에게는 환한 듯 밖에 나가면 눈이 부신듯하며 조금이라도 빛만 있으면 피하고 어둠을 찾는다. 그러므로 주거도 동굴뿐인 보잘 것 없는 곳이다.

 이 세계의 공기 자체도 진득거리는 습기를 띄고 있는데, 그들은 더욱 질척한 동굴 주거에서 살고 있다. 이 세계 전체에 심한 악취가 있어서 보통 사람이라면 1분도 못되어 토할 지경이 될 것이다.

 악령의 모습은 인간이라기 보다는 일종의 파충류와 같다. 그 침침한 눈초리만이 간신이 인간의 흔적을 남기고 있다. 야릇한 냄새를 풍기고, 생리적인 혐오감을 자아내게 하는 그 모습은, 그들의 더러운 인격이라기 보다는 영격(靈格)을 반영한 것으로 시기심과 질투심과 증오하는 마음, 또는 교활함과 비겁함과 기만성이 만들어 놓은 소행이다.

 그들은 서로 접촉할 일이 없다. 전혀 자기의 껍질 속에 쳐박혀서 아무하고도 교섭을 하지 않는 듯하다. 하지만 조금 떨어져 있으면서도, 이웃을 함정에 빠뜨릴 기회를 노리고 있다. 그 사이 파충류처럼 음습한 마음속으로 상대를 더할 수 없이 미워하고, 의심에 가득 차 경계하고, 또한 사소한 일에도 질투를 한다. 그것은 자학함으로서 자기의 혼을 불태우는 행위이다.

 이런 쓸데없고, 막대한 시간의 낭비와 무의미한 자학 행위야말로 그들의 혼의 본성이며, 또한 스스로 선택한 숙명인 것이다.

어느 한 순간, 어떤 악령이 여느 때에 시기하던 상대방의 틈을 노리고 있다가 번개처럼 덤빈다. 둘은 진흙 늪속에서 떴다 가라 앉았다 하며 악귀와 같은 형상으로 사투를 되풀이 한다.

그들의 비굴하고 열악한 혼은 바닥이 없는 늪의 진흙을 꿀꺽 꿀꺽 삼키며 그야말로 끝없는 자학의 늪으로 가라 앉고 만다.

삼계층(三界層) 지옥

칠흑같은 암흑의 세계이다. 이 어둠의 세계는 살에 찰싹 들러붙을 정도로 칙근거리는 습기로 덮혀 있다. 더욱이 그 습기는 살 썩는 냄새보다도 더 지독한 악취를 포함하고 있고, 언제나 소리없이 안개처럼 위에서 흘러내리고 있다.

이 세계의 어디를 가도, 바로 앞이 보이지 않는 칠흑의 어둠과 칙근칙근한 습기와 코를 찌르는 악취에서는 절대로 도망칠 수 없다.

더욱이 완전히 격리된 고독한 지옥계이다. 불교에도 고독지옥(孤獨地獄)또는 고독옥(孤獨獄)이라고 불리우는 지옥이 있으나 여기가 바로 그렇다.

이와 같은 바닥이 없는 늪의 진흙 속에 혼자 남겨진 듯한 세계에서는 자기가 존재하고 있는 건지 어쩐지 조치도 확실치 못하게 느껴진다. 그곳에서 손 끝으로 혹은 손으로, 자기의 몸을 만져보거나 소리를 내보거나 한다. 하지만 그것도 몇 번이고 몇 번이고 되풀이 되는 가운데, 확실한 것은 아니라고 하는 불안에 싸여, 자기가 존재한다는 감각이 차츰 흐려져 있다.

고독지옥 속에서 '누군가 대답좀 해라!' '누군가 나 좀 만져 봐라!'하고 소리치고 있지만 물론 대답을 할 까닭도 없다.

마지막에는 미친 듯이, 암흑의 어둠 속을 헤매며 걷는다. 그 것은 기절할 정도로 오랜 시간 동안 계속된다.

하지만, 이 어둠의 고독에서 탈출할 방법은 없다.

마음속에서 '죽고 싶다'고 원한다. 하지만 지옥계에는 죽음이 라는 것이 없다. 죽는 것조차 허용되지 않는 세계인 것이다.

죽음의 충동에서 자기의 몸을 상하게 하기 시작한다. 그것은 동시에 존재하고 있다는 확증을 얻기 위한 행위인 것이다.

자기에게 상처를 입히고, 살을 물어뜯고, 뼈조차 부숴버리 고, 자기가 틀림없이 존재하고 있다는 것을 확인하려고 한다. 결국에는 괴로워 신음하면서 자기의 살을 먹고 뼈를 씹는다.

그것은 '죽고 싶다'고 하는 충동과 '자기는 틀림없이 존재하 고 있다'고 하는 기쁨이 표리일체가 된 그로테스크하면서 기묘 한 행위이지만, 어떠한 고통과 고뇌에 몸부림을 쳐봐도 결코 죽음에 이르지는 못한다.

자기가 흘린 피바다 속에서 신음을 하는 그야말로 지옥이다.

악령의 가장 비참하고 가장 한심한 모습이 바로 이것이다. 그것은 영의 본성이 아집, 지나친 자기 사랑의 극한적 잔혹무 비한 베타성, 다시 말해서 '자기 한 사람의 욕망을 만족시키기 위해서는 남 또는 남들을 말살해도 좋다'고 하는 망녕된 고집 이 있기 때문에, 영 스스로가 자기의 본성에 걸맞다고 자초하 고 있는 것이다.

분명히 잔혹하기 까지 한 배타성을 지닌 영에게 있어서는 고

독만큼 가장 합당한 상태는 없을 것이다. 하지만 그 실태야말로 이와 같은 것이다.

부유계(浮遊界)의 모습은 어떠한가?

지옥계를 영계의 제1층이라고 한다면 제2층은 부유계이다.
이것은 지옥계와 마찬가지로 악령계에 속하지만, 어느 의미에서는 지옥계보다도 처치가 곤란한 영계이다.

까닭인즉, 부유계라는 사후의 세계는 우리가 사는 이 세상과 접해 있기 때문이다.

접해 있다기 보다는 오히려 이 세상 그 자체 속에 있기 때문이다. 엄밀히 따지면, 이 세상과 저 세상과의 중간 세계, 이른바 유계를 방황하는 악령의 세계가 부유계(浮遊界)라고도 할 수 있으나 유계란 본래 이 세상에서 정령계로 가는 통로 비슷한 곳으로 원래는 영이 사는 세계가 아니다. 그것이 성불이 되지 못한 악령〔길 잃은 영〕에게는, 이 세상에 대한 집착과 미련을 이어 주고, 저 세상에서 이 세상으로 역류하기 위한 안성맞춤의 통로가 된 것이다.

유계에서는 죽은 뒤의 인간은 아직 인간계에 있었을 때와 같은 모습을 하고 있다.

다시 말해서 5체(五體)를 다 갖추고 있다. 그러므로 사고나 살인을 당하여 갑자기 죽은 사람은, 좀처럼 자기가 죽은 것을 납득할 수 없다. 이 세상에 대한 집착도 미련도 상당히 강하게 남아 있다.

그 탓으로 마중 나온 영이 와도, 그 영을 따라서 가려고 하지 않는 것이다.

정령계로 가는 것조차도 거부하고, 자기가 죽은〔살해 당한〕장소에 달라붙는 것을 흔히 지박령(地縛靈)이라고 한다.

마찬가지로 정령계로 가기를 거부하고, 유계에서 이 세상으로 자주 나타나, 이곳 저곳을 헤매 다니는 길 잃은 영을 부유령이라고 한다.

어느 것이나 이 세상의 공간을 부유하며 산 사람에게 붙어, 자기와 꼭 같은 꼴을 당하게 해주려고 호시탐탐 노리고 있는 것이다.

가까운 사람에게 누를 끼치는 것도 대단하지만, 이렇게 산 사람에게 실리는 영은 자기의 집착심과 원한에 눈이 뒤집혀, 남을 불행하게 하려고 하는 악령이니까 산 사람으로서도 대책을 세울 필요가 있다. 거기에 대한 첫번째 대비책은, 평상시부터 이같은 악령에게 빙의되지 않도록 항상 수호령(守護靈)과 대화를 가질 것, 마음가짐이 좋으면 수호령님도 강력하고 영격(靈格)이 높은 분이, 한편이 되어 주시게 된다.

차선책은 빙의가 되었으면 영능력자의 힘을 빌어서 제령을 받는 일이다.

이와 같은 악령에게 빙의가 되는 것은, 피해자인 인간 측에도, 어떠한 약점이나 결점이 있는 경우가 많으므로 충분히 주의해야 될 것이다.

정령계의 모습

이 정령계는 영계 가운데에서도 특수한 자리를 차지하고 있다. 지금까지 자주 말해 왔듯이 사람은 죽으면 우선 유체이탈을 하고 유계로 들어간다.

이 유계에서 마중 나온 영에게 안내되어 정령계로 올라 간다. 하지만 이 정령계는 영이 사는 곳이 되는 게 아니라 어디까지나 정령, 이른바 영혼의 순화를 하기 위한 과도기적인 세계이다. 그러므로 정령계를 이 세상과 영계의 중간 역할을 하는 세계로 부르는 사람도 있다.

필자 자신도 이따금 그렇게 말하는 경우가 있다. 하지만 정령계도 죽은 뒤의 세계, 이른바 넓은 뜻에서의 영계임에 변함은 없다. 그래서 여기서는 죽은 뒤의 세계 가운데에도 특수한 성격을 지닌 영계라는 뜻에서 정령계의 역할과 그 모습을 묘사하기로 한다.

인간의 영혼〔영체(靈體)〕이 정령계에 머무르고 있는 동안은 정령이라고 부른다.

정령계는 인간계와 꼭 같다. 자연의 풍물도, 동물·식물도 거의 모든 것이 인간계와 꼭 같은 모습으로 존재하고 있다. 이곳이 죽은 뒤의 세상이리고는 도저히 생각할 수 없을 정도이다. 정령계에 있는 다른 사람〔정령〕들 조차도 겉으로 보기에는 인간계에서 본 그대로의 모습으로 존재한다.

이곳까지 안내하여 준 마중 나온 영은 어느덧 사라지고 없다.

이 정령계는 일본으로 친다면, 상공 400~500키로 되는 곳에 있고 넓이는 인간계에 비할 수 없을 만큼 넓고, 전체가 높은 산들에 에워싸인 분지의 모양을 띠우고 있다.

인간의 영혼이 정령계로 가서 잠시 동안 정령으로서 생활하는 것은 영혼에 들러붙어 있는 가지가지의 때와 군더더기를 씻어내고, 본질 상태로 돌아가기 위해서다. 정령계는 아무 억압도 규제도 없는 세계이므로, 인간〔정령〕의 혼은 속임수가 없는 본래의 모습을 나타낼 수 있게 되는 것이다.

그렇다면 선은 선, 악은 악의 본성이 저절로 씻겨져서 나타나게 된다. 이 본질 상태로 되는 빠른 사람은 2,3일, 늦은 사람은 30년 동안이라는, 사람에 따라 많은 격차가 있으나 물론 빠른 게 좋다는 건 정한 이치이다. 본질 상태는 제2의적(第二義的)인 상태라고도 부르며 바람직한 상태라고도 한다.

그러는 사이에 어떤 중대한 행사를 치러야 한다. 이것은 죽은 사람 누구나가 거치지 않으면 안되는 문으로, 정령은 자기 머리위에 예전에 자기가 인간계에 태어나서 죽는 순간까지의 온갖 행동과 상념—소망과 사고의 모든 것을 포함함—이 조금도 빠짐없이 선명하게 비쳐지는 것이다. 이것은 본인의 영격(靈格)—인간계에서 말하는 인격—을 정확하게 종류별로 나누고 앞으로의 방향 설정을 결정하기 위한 행사인 것이다.

우리가 인간계에 태어난 근본적인 이유는 전생의 악업과 상념을 고치고, 성격의 비뚜러진 면을 바로 잡을 것, 다시 말해서 전생에서 지은 업장을 소멸시키기 위해서이다. 그러므로 죽기 전 까지의 인생의 모든 행적을 남김없이 비쳐 주고, 만약 인간계에 태어난 목적을 반도 이루지 못하였으면 멋진 영계로 갈 수 없고, 이 정령계에서 다시 인간계로 보내지게 되는 것이다.

헌데, 근본 상태가 완성되기까지의 과정에서 흥미 깊은 일이 한가지 있다. 그것은 잔존 성욕의 문제이다.

앞에서도 말했듯이, 영혼 그 자체는 원래 완전무결한 것이나, 인간으로 태어나 육체와 동거하므로서 그 육체가 가지고 있던 갖가지의 소망을, 마치 영혼 자신의 욕망으로 착각한 육체에서 떠나면 성욕도 함께 영계로 가지고 간다. 정령계에서는 모든 것이 자유스럽고 아무런 구속도 법률도 없다. 인간 사회에서의 도덕관 윤리관도 없다. 당연히 섹스를 즐겨했던 사람은 간단히 상대를 만날 수 있고, 아무리 그 속에 빠져도 상관이 없다.

하지만 너무도 간간히 욕망이 채워지는 바람에, 일시적으로 빠져들어도, 대개의 사람들은 곧 실증을 내고 만다. 그래도 상대방이 놓아주지 않으므로, 아무리 육욕만 밝혔던 사람일지라도 섹스에 혐오감을 갖게 되고 권태롭게 되고 만다. 이렇게 하여 잔존 성욕을 완전히 벗어버리게 되는 것이다.

이와 같은 경과를 거쳐서 마침내 본바탕의 상태가 완성되면 마침내 영계로의 여행길이 시작된다.

영계층의 모습

정령계에서 본바탕의 상태가 완성되고 영계층으로 떠나는 모습은 이미 말했다. 그러므로 여기서는 영계층에 도착한 다음의 상황을 보기로 한다.

 영계층은 하늘도 땅도 새빨갛다. 또한 정적의 세계, 장엄한 세계가 널리 펼쳐져 있다. 천리 앞 먼 곳에 바늘이 떨어져도 그 소리가 들릴듯한 고요함이다. 생명의 불꽃이 꺼진 듯한 세계이다.

 적적하다. 망막하다. 이것이 영원한 죽음의 세계이다……… 누구나 그렇게 느낄 것이다.

 하지만 이 영계층의 한 모퉁이에 서 있는 영인[영혼]의 마음에 문득 희미한, 아련한 따스함이 깃든다. 그것은 아득한 옛날 어머니의 품에 안겼을 때에 느낀 것 같은 아득한 그리운 감정이다.

 그러자……붉고 광대한 세계의 아득히 먼 저쪽, 붉게 물든 하늘과 구름과 산의 능선이 하나로 녹아버린 머나먼 곳에서 희미하게 약한 빛을 내는 하나의 작은 광원(光源)이 모습을 나타냈다.

 태양이다!

 영인의 마음에 반갑고 그리운 따스함이 펼쳐진다. 태양—영원한 생명을 키우는 사랑의 원천이 지금 자기를 향하여 빛나기 시작한 것이다.

 구원! 이것이 구원인 것이다. 아! 나의 영혼을 구원을 받은 것이다.

 이 순간, 누구나 감동으로 몸을 떨게 틀림없다. 죽은 뒤 영혼이 되어, 몇 몇의 세계를 거쳐 도달한 이 영계에서 하염없이 큰 감동에 쌓여 목소리를 떨며, 진심으로 흐느껴 울 수 있는 것은 바로 이 순간인 것이다. 영계의 태양은 마치 이렇게 말하는 것 같다 —그래, 그래 울어라. 그대는 이제야 구원을 얻었느니라. 그대의 혼은 이제야 내게 안겨 영원한 구원의 세계로 돌아온 것이니라, 하고.

영계의 태양은 기묘하게도 늘 자기의 가슴 높이에서 빛나고 있다. 더욱이 자기가 어느 방향으로 얼굴을 돌리건 항상 정면에 자리하고 있는 것이다.

영계의 태양을 향하여 감동에 젖어 있자니, 그것에 응답이라도 하듯 자기의 이름을 부르는 소리가 들린다. 그것은 아득히 먼 곳에서 들려왔다고 생각했으나, 문득 정신을 차려보니 누군가 옆에 서 있다. 그 망망하고 한적하기 그지없는 고독한 천지에 마치 하늘에서 내려온 듯이 누군가 나타난 것이다. 그것이 마중 나온 영인이다.

이렇게 하여 마중 나온 영인과 함께 영계의 태양을 향하여 걷기 시작한다. 이윽고 큰 산의 꼭대기에 서니 눈 아래 장대한 경치가 펼쳐진다. 어디까지나 펼쳐져 있다. 인간계에는 지평선이 있고 수평선이 있었으나 이 장대한 경치에는 한계가 없다. 잃어버린 지평선이며 잃어버린 수평선이다.

이 영계층(靈界層)은 실로 광대무변이라고 밖에 달리 표현할 방도가 없는 세계이다. 억지로 말한다면, 전체가 하나의 큰 분지를 이루고 있다. 왼쪽의 아득히 먼 곳에, 몇만 미터인지 알 수 없는 높이의 얼음을 머리에 인 연산(連山)이 하늘을 뚫을 듯이 높이 솟아 있다. 어디까지나, 어디까지나…….

분지의 중앙 가까이에는 반짝 반짝 빛나는 바다와 같은 빛이 펼쳐져 있다. 그 오른 쪽에는 자연 그대로의 짙은 초록빛과 붉은색이 도는 사막에서의 바위산이 아름다운 무늬를 만들고 무한히 뻗어 있다. 맑게 흐르는 냇물이 있고, 골짜기가 있고, 높고 낮은 언덕이 있다. 그 사이에 인간계에서의 촌락처럼 무수한[글자 그대로 수없이 많은] 마을들이 있다. 몇 천, 몇 만, 아니 몇 억이나 되는 마을들이 자리하고 있는 것이다.

하나의 마을에는 50호에서 500호 정도의 단위로 영인이 살고 있다.

그 마을들의 하나 하나 마다 마중 나온 영인이 안내를 해 준다. 그 마을이야말로 자기의 혼이 인간계에 태어난 이래, 잠재의식속에서 한결같이 돌아가기를 원하고 있던 영계마을인 것이다.

또한 그 마을의 주인이 한 사람도 빠짐없이 기쁨에 찬 소리를 내며 마중을 나와 있었다.

더욱이 이 마을 사람들을 둘러보니, 모두가 자기와 같은 성격·취미·기호를 갖고 있고, 진정 아무런 부담없는 자기의 분신과도 같았다.

마을 사람끼리의 친밀함은, 그러니까 인간계의 부모 형제간의 사이보다 훨씬 다정한 것이고, 인간계에서는 상상도 할 수 없을 것이다. 이것이야말로 진정한 친구, 진정한 가족이라는 것이다.

이렇듯 마음 쓸 필요가 없는 친구끼리, 자기의 재능을 충분히 발휘할 즐거운 일이나 취미에 몰두하여 실증을 느낄 줄 모른다.

예술가는 예술가 끼리, 기술자는 기술자들 끼리, 스포츠맨은 스포츠맨 끼리, 각각의 마을을 만들고 있는 경우가 많으므로, 모두의 의견은 곧 일치된다.

가까운 예로, 인간계에 나타나는 천재들은 반드시 라고 해도 좋을 만큼 영계에 그 뿌리를 내리고 있다. 설령 음악가이건 화가이건 시인이건 과학자이건 모두가 그렇다.

그들이 영계에서 닦은 재능이 어떤 사명을 띄고 인간계로 태어났을 때 표면으로 나타난 것에 지나지 않는 것이다.

영계의 마을에는 반드시 촌장이 있어서, 마을은 촌장의 집을 중심으로 원형으로 배치되어 있다. 이 촌장에게는 몇가지 역할이 있으나, 그 중의 하나는 지옥계로 떨어진 악령들이 영계의 땅 밑에서 기어나와 대거하여 밀려드는 경우―이따금 그런 일도 있다― 각 촌장들이 그 강한 영력(靈力)으로 그들을 쫓아 보내고 마는 일이다.

또 한가지 역할은, 자기 마을의 영인이 또다시 인간계로 태어나게 된 경우 함께 배웅을 해 주는 일이다.

그 때 촌장은 그의 의식을 모조리 잠재의식으로 떨어뜨리고, 영인으로서의 기억을 잊게 하여 주는 것이다. 그렇게 함으로써 태어날 때의 고통을 덜어줄 수 있고, 동시에 인간계에서 수양을 쌓을 목적에 적합하도록 해주는 것이다.

헌데, 인간계로 재생하는 김에 언급해 둘 일은, 이것은 반드시 영계층의 일은 아니나 보다 상위 영계의 영인이 최고로 높은 신계층에서 사명을 받고 인간계 전체를 구제하기 위하여 인간계로 재생하는 경우 영계에서의 기억을 지닌 채로 인간계로 보내지는 수가 있다. 이때에는 태어나는 고통을 정통으로 받으나, 그것을 견디고 태어나는 것은, 자기의 사명을 잊어서는 안 되기 때문이며 그리스도와 석가가 그랬었다. 이 점에 있어 영계층의 일반 영인이 개인적인 수업을 쌓기 위한 목적으로 보내지는 것과는 큰 차이가 있다고 할 것이다.

천계층(天界層), 천상계(天上界), 신계층(神界層)

지금까지 말한 영계층의 모습은 우리들 보통 사람들에게는 가장 가까운 영계로 생각되었으므로, 꽤 상세하게 설명을 하였으나 그 위의 천계층(天界層)에 있는 신계층(神界層)에 대하여는 다른 저서에서도 여러 곳에서 말하였으므로, 이곳에서는 요점만을 말하고 싶다.

우선 천계층인데 이곳은 영계층의 더 높은 상공에 있고, 그곳에는 엷은 황금빛의 공기의 막 같은 것이 둘러쳐 있다. 또한 영계층과 마찬가지로 개울이니 계곡, 언덕이 펼쳐져 있는 걸 볼 수 있다.

천계층은 다른 이름으로 천사요원층(天使要員層)이라고도 부른다.

이 천계층으로 올라가는 길은 정령계에서 영계층으로 거쳐 천계층이라는 게 아니라, 정령계에서 곧바로 천계층으로 직행하는 것 같다.

그런 뜻에서도 정령계는 진로를 결정하기 위한 대기 장소와 같은 것으로, 한편에서 지옥계로 가기를 결정하는 사람이 있는

가 하면, 그대로 인간계로 되돌아 갈 수 밖에 없는 사람도 있고, 다른곳에서, 영계층으로 갈 것이 정해지는 사람도 있고, 보다 높은 천상계로 가게 되는 사람도 있다.

 천계층의 태양과 영류(靈流)는, 영계층의 주민일지라도 견딜 수 없을 만큼 밝고 강하다. 이 세계로 갈 수 있는 사람은, 인간계에 있을 때부터 사랑의 마음을 가지고 사랑을 행하고, 사랑을 세상에 넓히기 위하여 헌신적인 노력을 한 사람이며, 남의 행복을 위하여 자기를 희생시킨 사람인 것이다. 이와 같은 사람은 당연히 질투나 증오의 감정과는 무관하다.

 이 천계층에도 수 없이 많은 마을들이 있다. 하지만 그 규모는 영계층에 비하여 굉장히 크고, 작은 마을일지라도 5천명, 큰 마을이면 10만명이라는 스케일이다.

 이 세계에는 가지각색 크고 작은 갖가지 꽃들이 피고, 꽃밭에서는 황홀할 정도로 달콤한 향내가 흘러나온다. 더욱이 이들 꽃밭 건너에는 이루 표현할 수 없을 만큼 호화찬란한 큰 궁전이 세워져 있다. 그 아름다움, 찬란함은 인간계의 그 무엇에도 비유할 수 없는 것이다.

 천계층의 영인들은 이 같은 형태나 색깔의 아름다움 뿐만 아니라, 그것을 통하여 영의 마음을 즐기고 있는 것이다.

 헌데, 이 천계층의 보다 더 위의 상공에는 천상계가 있다. 이 세계에는 생전에 깨달음을 얻은 사람만이 갈 수 있다.

 이 천상계의 태양은 천계층의 주민도 눈을 뜨고 있을 수 없을 만큼 빛나고, 또한 영류(靈流)는 홍수와 같이 콸콸 넘치고 있는 것이다.

석가나 그리스도는 이 천상계에 살고 있다고 한다.
　마지막으로, 지극히 높은 세계인 신계층(神界層)이 있다. 이 세계는 이른바 우주 전체를 다스리는 크나큰 존재가 전영계(全靈界)를 포괄하는 형태로 솟아 있는 세계여서, 이미 우리들이 인간계에서 엿볼 수 있는 수준을 훨씬 넘어서고 있다.

제 4부
수호령의 인도

수호령이란 누구인가?

수호령(守護靈)의 역할

 사람은 누구나 수호령에게 보호되고 있다. 당신이 별로 부탁한것도 아닌데 당신에게는 수호령이 딸려 있는 것이다.
 수호령에 관해서는 갖가지 설이 있다. 수호령에게 보호를 받고 있는 사람과 그렇지 못한 사람이 있으니까 '수호령을 모셔라' 이렇게 말하는 사람도 있다.
 또한 수호령은 자기가 선택할 수 있다고 말하는 사람도 있다.
 하지만 수호령이라는 것은, 영계에 있는 당신의 조상의 영이, 이른바 영계에서의 일의 하나로, 어떤 가까운 관계에 있던 영혼[다시 말해서 당신의 영혼]을 지켜보고 있는 상태를 말하는 것이다.
 따라서 혼을 지닌 인간에게는 모두 수호령이 딸려 있고, 인간 쪽에서 그것을 선택하거나 버리거나 할 수는 없다.
 수호령이란, 인간 쪽에서 말한다면 일종의 보호신이어서, 들고나고 앉고 눕고 하는 일거수 일투족을 항상 지켜 주고 있는 영이다.

하지만 반대로, 영계쪽에서 본 수호령이란 이런 역할을 하는 존재이다. 다시 말해서 원래 영이었던 당신은 어떤 사명〔또는 과제〕를 받고 인간계로 태어났다. 흔히 그 사명이란 영혼에 남아있는 업장(業障)을 소멸시키는 일이다.

이 업장을 소멸시키고 당신의 영혼이 보다 높은 영격을 갖출 수 있도록 노력하는 일이 당신이 인간계에서 할 사명이고, 그것은 당신이 태어나기 전 영이었을 때 부터의 '약속된 일'인 것이다.

하지만 당신은 태어나기 전에 전생의 기억이나 영이었을 때의 기억이 지워버려진 것이다. 그런 기억은 혼의 심층부분에 봉인되고 있으므로 당신은 완전히 잊어버린 것이다.

그와 같은 상태에서 당신은 이 인간계라는 시련의 장소, 수양의 장소로 보내진 것이다.

이 인간계에는 혼이 더러워진 저급(低級)한 인간이 있는가 하면, 인류를 구제하기 위하여 파견된 고도의 정신〔혼〕을 지닌 인간도 있게 마련이다.

다시 말해서, 모두 갖가지 단계의 시련을 받고 있는 것이다. 더욱이 인간계에는 지박령(地縛靈)이니 부유령(浮遊靈)이니 하는 악령(惡靈)이나 저급령(低級靈)도 득실거리고 있다.

유혹도 많다. 병도 많다, 번뇌도 끝이 없다. 이와 같이 상하의 격차가 심한, 다양한 영혼이 들끓는 마음〔영혼〕의 도가니와 같은 세계에서 당신은 시련당하고 있는 것이다.

그런 당신을 영계에 있으면서도 항상 주시하고, 당신이 사명을 완수할 수 있도록 도와주고 지켜 주는 게 바로 수호령의 역할인 것이다.

수호령도 영계의 주민이다.

그러므로 영계에서는 앞에서 설명하였듯이 좋은 생활을 보내고 있다.

그리고 개개인의 상황에 따라 일정한 기간[대략 2~3년에서 70~80년 정도] 수호령과 인연이 있는 인간의 일생을 수호하는 역할을 맡고 있는데, 이 시간이란 길고 긴 영겁의 영계 생활에서 본다면 짧은 기간에 불과한 것이다.

영계쪽에서 본다면, 혹은 수호령의 입장에서 보면, 이와 같이 인간계에서 특정한 인간의 혼을 지켜보는 일이 사소한 일이고, 수호신 자신도 영계에 있어서는 영격을 향상시키기 위해 노력하고 있는 중이다. 그러므로 보호령의 역할이란, 비유하여 본다면 자기 자신도 밤 낮 연구에 몰두하고 있는 대학 교수가 어느 시기, 특정한 학생의 졸업 논문의 지도 교수가 되는 것과 같은 것으로, 지도하는 일이 끝나면 다시금 자기의 전공을 연구하는데 몰두하는 것과 흡사하다고 생각하면 좋을줄 안다.

배후령(背後靈)·지도령(指導靈)이란 누구인가?

필자는 흔히 부탁을 받고 '영계에 대한 강연'을 하러 간다. 그러면 이런 질문을 받는 일이 있다.

"인간에게는 수호령 말고도, 배후령과 지도령이라는 영도 딸려 있다고 하는데, 그것은 어떤 것입니까? 어떤 역할을 지니고 있는 겁니까? 수호령하고는 어떻게 다릅니까?"

이와 같은 질문에는 지금까지 대략 다음과 같이 대답하여 왔다.

"수호령이란 자기를 지켜 주는 중심이 되는 영입니다. 그러므로 매우 중요한 존재입니다. 영능력자 같은 이들의 보고에 의하면, 자기의 2대조 즉, 할아버지 정도의 조상부터 7백년 정도 위의 조상이 수호령이 되는 수가 많은 것 같습니다. 영계에서는 혈연관계(血緣關係)라는 것이 해소되고, 영은 각기 자기의 영격에 따른 영계 마을로 가는 셈이지만, 어찌된 일인지 수호령이 되는 것은 영계에서는 타인이었던 조상령이 많은 듯 합니다.

이 수호령은 일정한 기간 영계에서 이 세상에 와서 이렇게 말해도 물론 '영의 세계'에 있는 일에 변함은 없는 것이지만, 당신을 주시하고 착 달라붙듯이 지켜 주고 있다고 생각하면 될 것입니다.

헌데 배후령입니다만 이 쪽은 영계에 있는 편이 많은 영으로서, 이따금 당신의 곁에 다가오는 일도 있습니다. 하지만 대체로 영계에서 당신을 지켜보고 있는 영입니다. 이른바 수호령의 조수(助手)라고 생각하면 좋을 겁니다.

지도령(指導靈)이라는 것은 당신의 직업이라든가 취미라든가 하는 것을 주관하는 영입니다. 특히 당신의 일에 관여하고 있습니다."

필자는 항상 이런 식으로 대답하고 있지만 조금 전의 대학

교수를 비유해서 말한다면 이렇게 될 것이다. 당신이라는 인간을 '졸업논문 연구 중인 학생'이라고 한다. 그렇게 되면―수호령이라는 것은, 조금 전에도 말했듯이 졸업 논문의 지도교수이고, 당신이 대학을 졸업하기 위해선 불가결한 중심적인 존재이다. 졸업 논문을 작성하기 위해서는 여러 모로 충고하여 주기도 하고 고민을 들어 주기도 한다.

배후령(背後靈)이라는 것은 '조수(助手)'이다. 보통 때에는 교수의 연구실에 박혀 있으나 필요에 따라서 당신에게 전문적인 지식을 가르쳐 주기도 하고, 연구를 지시하기도 한다.

지도령이라는 것은 당신에게 아르바이트의 알선을 하여 주는 학생과의 직원이나 당신이 참가하고 있는 써클이나 동호회의 담당 교관 비슷한 존재라고 생각하면 좋으리라.

하여튼 간에 당신이 인생이라는 졸업 논문을 완성시키기 위해서는 졸업 논문의 지도교수[수호령]를 중심으로 삼고, 연구실의 조수[배후령]나 학생과의 직원, 써클 담당 교관[지도령] 따위가 당신을 음으로 양으로 지켜 주고 있음을 알아야 한다.

어째서 보호령에는 조상령이 많은 것일까?

헌데, 믿을 만한 영능력자들의 보고에 의하면 보호령은 압도적으로 조상의 영이 많다.

하지만, 앞의 장을 읽으면 알겠거니와 인간은 죽은 뒤, 정령계에서 영계로 건너가고 영계에서는 자기의 영격에 합당한 '영계의 마을'에 가서 산다. 그 곳에서 공동생활을 하는 영들은 인간계에서 육친이나 친척 관계도 아니고 오직 자기의 성격이나 성정에 가장 가까운 마음이 통하는 사람들인 것이다.

그 '영계의 마을'에서 다시금 수양을 쌓기 위해 인간계로 보내진 영혼의 경우 같은 '마을'의 영이 수호령이 되는 편이 좋을 것 같다고 생각되는데, 어째서 인간계에서의 육친이나 조상의 영이 당신의 수호령이 되는 것일까?

필자는 이 문제에 대해 다른 책에서 다음과 같이 서술한 바가 있다.

대략 요점만을 간추리면 다음과 같다.

"분명히 육친의 정은 인간계와 정령계 사이에서는 강하게 농도 짙게 연결되어 있다. 하지만 영계로 가면, 친자(親子) 관계의 인연은 급속히 엷어지는 것도 또한 사실이다. 그리고 이번에는 의무로서의 연결이 남는다. 다시 말해서 정(情)으로서가 아니라 '역할'로서 이를테면 할아버지의 영이 손자를 지키게 되는 것이다.

인간계에 있어서는 할아버지와 손자와의 관계였으나 영계에서는 완전히 남이 되는 것이고, 영계에서 본다면 인간계의 육친 관계라는 것은 대수로운 것이 아니다. 하지만, 역시 누군가 수호령으로서 지켜 주지 않으면 안되는 이상, 가장 간단한 것은 혈족 관계 사람의 영이 붙는 일이다. 그것이 가장 편하고 쉽기 때문이다.

보다 이상적인 형태는 영계의 마을 주민이 수호령이 되는 일이다. 그렇게 되면 죽은 뒤 영계로 건너 갈 때에도 수호령이 곧바로 자기의 마을로 안내해 줄 수도 있어서 가장 좋은 셈이다.
　사실, 그와 같은 경우도 많이 있고 필자 자신도 그러는 쪽이 영의 세계의 일로서는 생각하기 쉬운 것이나, 여러 사람의 책을 읽어 보면 육친의 영이 수호령이 되어 있는 경우가 많은 것 같다."

　앞서 저술한 책에서는 이렇게 대답하였으나, 지금은 약간 다른 뉴앙스로 생각하고 있다. 까닭인즉 육친의 영, 조상의 영이 수호령이 되는 수가 많다는 것은 하나는, 영계의 기억을 잊고 이 세상에 보내진 인간들에게 영계의 존재를 알리려면[생각나게 하려면] 인간계에 있어서 가까운 사이의 사람, 즉 육친이나 조상의 영 쪽이 알아차리기 쉽고 알아듣기 쉬운 탓이다. 이렇게 생각되기 때문이다.
　그러므로 그 인간의 영격에 따라서 보다 가깝고 알아보기 쉬운 육친, 이른바 할아버지, 할머니가 수호령이 되기도 하고, 자기가 본 일도 만난 일도 없는 4백~5백년 전의 조상의 영이 수호령이 되거나 하는 것이다. 그 중에는 필자와 같이 영능력자의 영시(靈視)에 의하면 1천 2백년 전 가량 옛날 조상의 영으로 이미 눈 부실만큼의 백광체(白光體)가 된 영이 깃드는 일도 있다.
　또한 인간계에서는 남이어야 할 영계 마을의 주민이 수호령이 되는 경우도 있다.
　그런 차이는 수호령에게 보호를 받는 당사자의 영격의 차이

유채찬란한 저승세계의 광경

에 의한 것이리라.

또한 인간계에서 조상의 영이 수호령이 되는 일이 많은 또 하나의 이유로서 다음과 같은 일도 생각할 수 있다.

이미 '영계'의 마을에서 실컷 행복한 생활을 보내고 있는 영에게 있어서, 분명히 인간계에서의 육친은 완전한 남이다. 하지만 일로서 역할로서 일정한 기간 인간계의 누군가를 수호령으로서 지킬 수 있게 되었다면 누구를 선택하려고 생각할 것일까?

물론 상층계(上層界)로부터의 지령(指令)은 있겠지만, 일정한 범위 안에서 누군가를 선택하라고 한다면, 영은 자기 자신도 한때 생활하였던 인간계에서 자기의 후예, 자손이 되어 태어난 인간의 사는 모습을 보고 싶다고 생각하는 것은 아닐까?

물론 자기가 지켜봐 주고 싶다고 생각하는 자손의 영격이 매우 자기와 동떨어져 있을 경우에 그것은 무리한 의논이고 상층계로부터 '잠깐만 기다리도록'하는 지시가 있을 것이나, 그렇지 않을 경우 자기의 영격에 걸 맞는 자손의 영혼을 지켜보는 쪽이 일을 하는 입장으로서는 틀림없이 즐거울 게 분명하다. 그도 그럴 것이 영계에서 하는 일에 고통스럽다는 것은 없으니까 말이다.

게다가 영계에서 같은 마을에 살던 주민이 재생한 뒤의 인간생활을 지켜보는 것 보다는 다른 종류의 영격을 지켜보는 편이 영인[수호령]에게 있어서도 공부가 될 것이고 영인 또한 영계에 있어서는 유구한 시간 속에서 영격을 향상시키기 위하여 노력하는 존재이기 때문이다.

같은 영계 마을의 주민이 수호령이 되는 경우, 이것은 인간계에 재생한 영혼이 어떠한 특정한[영계의 마을 전체에 관계될만한]사명을 띠고 있었기 때문이 아닌가 하고 생각된다.
   그런 까닭에 최근 필자는 조상의 영이 보호령이 되는 경우가 많은 이유를 납득하고 있는 것이다.

   필자 자신의 수호령 체험

   필자는 자신을 영능력자라고 생각한 일은 없었고 또한 사실 그와 같은 특수 능력을 발휘한 일 같은 건 단 한번도 없다. 그런 뜻에서 극히 평범한 보통 사람이다.
   그러나 이런 말을 들은 일이 있다. 필자가 소아마비에 걸린 아내를 '심경치료'로 유명한 구마모또 아끼라씨에게 데리고 갔을 때의 일이다.
   "단바씨, 내가 영시(靈視)해 보건데, 당신에게는 어머어마하게 영격이 높은 수호령이 따라 있소. 만약 내가 갖고 있는 영치료의 방법을 가르쳐 준다면 나와 같은 정도의 일은 할 수 있을 거요."
   이렇게 말하는 것이었다. 필자는 바로 말해서 깜짝 놀랐다. 또한 매우 영광스럽게 생각하고 감사도 하였던게 사실이다.
   그런 지적을 받고 자기가 지금까지 살아온 반평생을 되돌아 보니, 분명히 강력한 수호령님이 지켜 주시지 않았었다면, 필자는 몇 차례 목숨을 잃었을는지 모르고, 얼마나 고뇌에 찬 쓰라린 인생을 걷지 않으면 안 되었을는지 모를 일이었다.

필자는 어렸을 때부터 응석받이로 자라, 군대에서도 게으름 뱅이, 셀러리맨을 하여도 제 멋대로, 배우가 되고서도 유아독존(唯我獨尊)이어서 이치대로라면 고난의 길을 괴로워하며 걷지 않을 수 없을 짓만 했는데도 이상하게 잘만 살아온 것이다.

또한 지금도 이렇게 영계의 존재를 여러분에게 열심히 알리는 일을 할 수 있게까지 되었다. 정말 감사하기 그지없다고 생각한다.

어렸을 때에는 유서 깊은 단바 가문에서도 예외의 엉뚱한 도련님이었다. 대궐 같은 큰 저택이었으므로 동네 아이들을 모아놓고 임금님처럼 행세하며 놀았다.

초등학교 때도 시간에 맞춰 등교한 일이 없었다. 지각대장으로, 아침마다 의례껏 궁둥이를 맞곤 하였다. 그래도 선생님들은 이 '꾸러기'를 '구질구질하지 않은 성격'이라고 평가해 주셨다.

헌데, 어렸을 때 필자는 몹시 말을 더듬었으나, 중학교에 들어가서는 어느덧 말더듬이가 나았고, 반대로 수다쟁이가 되어있었다. 지금 생각하니, 그 무렵에 필자의 '수호령님'이 교체되었던 게 아니었을까 하는 생각이 든다. 그 뒤, 필자는 집안의 체면도 있어서 대학에 진학하지 않으면 안 되었다. 실은 센다이(仙臺)의 2고[지금의 도오로꾸(東北)대학]를 두 번 시험 치뤘으나 두 번 모두 낙방하였다. 명문 2고 같은 곳에 합격할 까닭이 없는 것을 그냥 시험을 치른 것 뿐이다. 그토록 공부를 하지 않았었고 따라서 학력도 시원치 않았었다. 하지만 중학생활은 정말 쾌적하고 즐거웠다. 별로 공부도 하지 않고 놀고만 있었으니 당연하다면 너무나 당연하지만…….

수호령의 가호

이제와서 뒤돌아 보고 아, 그건 수호령님의 덕분이었구나 하고 생각되는 것이 필자 자신에게는 얼마든지 있다.

중앙대학에 재학 중, 제1차 학도 출진(出陣)으로 학도병의 한사람으로서 군대에 들어갔으나 그 성적이 너무 좋지 않아서 본래 들어갈 예정이었던 마에바시 예비 사관학교에 제11기생에서 제외되어 다찌까와의 항공대로 이동되었다. 헌데, 이 마에바시 예비 사관학교의 11기생은 5~6개월 뒤에는 필리핀에서 거의 전원(90%)이 전사하고 말았다.

마찬가지의 일은 다찌까와의 정비학교에서도 일어났다. 이 곳에서 낙제한 10%의 학생을 제외한 전원이 역시 외지에서 전사한 것이다.

필자는 게으름뱅이였던 덕분에, 이 육군 항공학교에서도 낙제를 하여, 두 번이나 목숨을 건지고 말았다. 이 시절의 경험은 필자 스스로도 너무 창피하여 더 이상 붓이 나가지 않는다.

전쟁 뒤 필자는 GHQ〔진주군(進駐軍)사령부〕에서 통역 일을 하였다. 사실은 영어 회화 같은 건 전혀 할 줄 몰랐었는데, 중앙대학에서 열쇄 달린 책장을 차지할 욕심으로 들어간 영어 회화반의 의장이라는 경력을 외무성에서 인정한 것이다. 물론 그것은 '오해'에서 빚어진 것이었으나 급료가 많으니까 학생인데도 촉탁으로서 GHQ에서 일하게 되었다.

일을 하였다고 하지만 실제로는 영어 회화에 자신이 없으므로, 일을 부탁 받으면 GHQ의 건물 안을 도망 다니고 하사관을 상대로 종일 놀음만 하고 있었을 뿐이다.

그 후 월급쟁이가 되었으나 아무 쓸모가 없는 엉터리 월급쟁이여서 마침내 실직하고 배우가 되고만 셈이다.

배우가 된 뒤 부터는 정말 운이 좋았다고 밖에 말할 수 없다. 필자의 성격은 사물에 집착하지 않는다. 편견이 없다. 있는 그대로의 행동밖에 할 수 없다. 그것이 결국 충동은 있었겠지만 좋은 방향으로, 좋은 방향으로 이렇게 작용하여 일단 세상에서 인정하는 배우가 될 수 있었던 것이다. 이것도 오로지 보호령님의 인도하심, 도우심이라고 밖에 생각할 수 없다.

구마모또씨에게 지적받은 것처럼 필자에게는 어마어마하게 영격이 높은 수호령님이 따라 계셔서, 그 덕분에 여기까지 무사히 올 수 있었던 것이 아닌가 생각된다.

수호령의 교체

그렇다면 훌륭한 수호령에게 보호를 받게 하려면 어떻게 하면 좋은 것일까?

앞에서도 말했듯이, 인간은 자기의 수호령을 선택할 수는 없다. 필자의 경우도 그렇지만 필자는 지금의 자기의 수호령님을 스스로 선택한 건 아니다. 어느 틈엔가 따라 와 주신 거다.

다만, 필자가 체험한 속에서도 말했듯이 인간의 일생 중에는 수호령이 교체되는 일이 있는 것 같다. 사람에 따라 다르겠으나 생애에 두 세번쯤 바뀌는 게 아닌가 생각된다.

그러므로 인간 쪽에서 할 수 있는 일이라고 한다면, 수호령이 교체될 때 보다 높은 영격을 지닌 영보다 강력한 힘을 가진 영이 새로이 와 주시도록 기도하는 수 밖에 없다. 실수로도 저급한 영이 교체되지 않도록 늘 수호령님과 통신을 하는 일이 중요하다.

이 보호령과 통신이라는 것은, 필자가 항상 권하고 있는 일이나[필자가 쓴 몇 권이나 되는 책에도 이것을 기록하여 왔으나] 이를테면 아침에 눈을 뜨면,

"수호령님, 안녕히 주무셨습니까? 오늘도 잘 부탁 드립니다."

밤에 잘 때에는,

"수호령님, 안녕히 주무십시오. 오늘 하루도 무사히 잘 지냈습니다. 정말 감사합니다."

이렇게 거르지 말고 인사를 여쭙는 것이다. 항상 수호령님이 자기를 지켜 주고 계시다는 자각과 수호령님에 대한 감사하는 마음을 나타내는 일이 수호령님과 친해지는 첫걸음이다.

자기가 뭔가 나쁜 짓을 하면 참회하고 반성하고 다시는 그러지 않는다는 반성하는 마음을 표시한다.

기쁜 일, 즐거운 일이 있으면 곧 보고하고 감사하는 마음을 바친다.

이와 같은 대화를 통하여 수호령과 친근하게 지낸다는 것은 자기의 영혼 속에 수호령의 영력(靈力)을 부어 넣어 주게 되는 결과가 되므로 자기의 영혼이 그만큼 악령에 대하여 반발력과

반격력이 강해지는 일과 통하는 셈이다. 그렇게 되면 나쁜 병이나 사고나 불운을 물리칠 수 있고, 자기의 마음도 닦이고 영격을 보다 한층 높이는 일도 될 수 있다.

그렇게 하는 사이에 어느 순간 수호령이 교체되게 된다. 그것이 언제인지 예측할 수는 없고, 인간의 이성적인 판단을 초월한 현상이므로 스스로가 알아차릴 수 있다고는 할 수 없다. 아니 알아차릴 수 없는 사람의 경우가 압도적으로 많을 것이다.

하지만 영계에서는 틀림없이 보호령의 바톤 터치[교체]가 이루어지고 있는 것이다.

앞의 수호령이 새로운 수호령에게 '이 인간은 이러이러한 성격이며, 영격이 이만저만하게 향상되고 있다. 나보다 더 강한 힘으로 도와주기 바란다. 이 인간이라면 반드시 남에게 도움을 줄 수 있는 높은 영격을 갖출 수 있을 것이다. 이번에 영계로 돌아올 때에는 보다 상층(上層)의 마을로 갈 수 있을지도 모른다. 영계를 위해서도 본인을 위해서도 잘 부탁합니다.'하고 이렇게 부탁을 하게 되면, 당신은 이 세상에서도 저 세상에서도 틀림없이 행복해 질 수 있을 것이다.

그러나 반대로 '사람은 죽으면 그만이지'하고 자포자기 하거나 나쁜 짓만 하거나 추한 생각만 하고 있거나, 수호령을 무시하거나, 헐뜯거나, 거꾸로 원망하거나……이와 같은 일만 하고 있으면, 당연히 조금 전의 수호령은 새로운 수호령에 대하여 호의적인 부탁을 하지 않을뿐더러, '저 인간은 가망이 없으니까, 일찌감치 철수하는 편이 나을 겁니다'라든가, '저 인간이 보호를 맡으려면 보다 영격이 낮은 영으로도 충분하다'든가, '곁들이 일로도 충분합니다'라는 식으로 점점 영격이 떨어져 가는 것도 생각할 수 있다.

조금 전에도 말했듯이 보호령이라는 것도 영계에 있어서의 영들처럼 일정한 일이 있고, 영들도 싫어지는 일을 하기 싫어하고 또한 할 필요도 없다. 오히려 영 스스로도 만족하고 감동할 수 있을만한 일을 하려고 하는 것은 당연한 이치이다.

그렇기 때문에 평상시의 수호령과 통신화[교신·회화]가 수호령이 교체될 때에 큰 영향을 끼치는 것이라고 생각이 된다.

당신의 현재의 수호령도 언제고 반드시 교체된다. 그것이 10년 뒤인지 1년 뒤인지 혹은 내일 일런지 또는 지금 이 책을 읽고 있는 이 순간 일런지 그것은 아무도 모른다.

당신은 지금 이 순간부터 '보호령님, 지금까지 인사도 못 드리고 죄송합니다. 앞으로 잘 부탁합니다' 이렇게 마음속으로 생각해야 한다. 그 생각은 반드시 수호령에게 통한다.

또한 밝고 명랑하게 살아가면 좋은 것이다. 걱정하지 말고, 마음에 걸리는 일이 있으면 수호령님께 기도하고, 그 도움을 믿고 바르게 살아갑시다.

수호령에게 진심을 송신하고 대화를 거듭하는 것으로서, 당신의 혼은 한겹 한겹 얇은 껍질이 벗겨지듯 정화되어 갈 것이다.

그렇게 되면, 보다 영격이 높은 수호령으로 교체될지도 모르고 혹은 아직 바뀌지 않더라도 보다 강력하게 보호를 하여 주시게 될 것이다. 그것은 당신의 마음가짐에 달려 있는 것임을 알아야 한다.

신을 확신할 것

수호령을 믿고 그의 존재에 감사하는 것—이것은 자기라는 인간 존재의 핵심인 영혼이 존재하는 것을 믿는 것과 같은 의미라고 할 수 있다.

과학자 같은 이들이 하는 이론적인 것에 의하면, 인간 영혼의 존재와 수호령의 존재를 설명하는 순서는 대략 다음과 같이 될 것이다.

① 여러 가지 심령 현상을 분석해 보면, 지금까지의 자연과학이나 심리학에서는 해석할 수 없는 현상이 사실 존재한다.

② 그래서 영혼이라는 초자연적인 존재를 가정하고 '영혼은 살아있다'고 하는 가설—전제아래 심령 현상을 해석하면 분명히 설명이 된다.

③ 그렇다면, 가정에 의하여 영혼은 초자연적 존재이므로 자연물과 달리 붕괴도 소멸도 하지 않는 셈이다. 그렇다면 사람이 죽은 뒤 영혼은 어디로 가는 건가? 하는 물음에 대답하지 않으면 안된다.

④ 그래서 영계라고 하는 육체에서 떠난 '영혼'이 모이는 집합 장소를 가정하게 된다. 그리고 역시 '영혼은 살아 있다'고 하는 가설아래 영계 그 자체의 존재를 설명, 전개하게 된다.

⑤ 이 영계 그 자체의 존재를 이론상으로 결정하는 재료가 되는 것은 영혼이나 영계를 감지할 수 있는 능력자의 증언이다.
⑥ 이 증언들이 서로 엇갈린다거나 다른 점이 있을 경우, 그것들은 통일적으로 설명할 수 있는 가설 체계가 필요하다.
⑦ 이 영혼이니 영계라는 영적인 존재에 대한 가설 체계는 영혼 그 자체, 영계 그 자체가 어떠한 구조를 가지고, 어떠한 기능을 지니고, 어떠한 역할을 다 하는가 따위의 내용을 그 공간적인 규모와 시간적인 변화 따위와 함께 합쳐서 설명할 수 있는 것이어야 한다.
⑧ 이 같은 영적 존재에 대한 가설 체계는 체계 안에서 모순점이 없어야 한다.
⑨ 이 가설 체계는 검증되어야 한다. 또는 실험에 의하여 증명되어야 한다.
⑩ 이 실험 결과가 가설 체계를 지지하는 것일 때, 이 가설 체계는 자연과학과 동등한 가치와 설득력을 지닌다. 다시 말하여 일반에게 공인(公認)된다.

대략 이상과 같은 순서로, 영혼과 영계의 존재가 학문적[과학적]으로 인정될 수 있게 될 것이다.
수호령은 앞서의 가설 체계의 내용의 일부로서 당연히 포함되게 될 것이다.
하지만 필자는 '영혼은 살아 있다'라고 하는 것을 학문적으로 명백하게 할 것을 목표로 삼고 있는 것은 아니다. 학문적으로 말하면, 가설 체계가 완성된 후 실험을 되풀이 하여, 이 가설 체계가 옳다는 것을 입증하게 되지만, 필자가 생각하건데 그와 같은 실험을 할 수 있을 만큼 현재의 과학은 발달되어 있지 않다고 생각한다.

이를 테면 비(非)유크리드 기하학의 가설 체계가 완성된 시점에서는, 공간의 비뚤어짐과 빛의 진로가 휘는 것을 계측하는 것이 과학적으로 불가능했다. 아니 현대에 있어서 조차도, 우리는 우주 공간 위의 공간이 휜 것과 빛의 직진 아닌 굴곡(屈曲)을 실감나게 안다는 것이 일상생활에서는 불가능한 것이다. 하지만 그래도 비유크리드 기하학이나 상대성이론은 엄연히 공인되고 있다.

우리들 보통 사람인 범인(凡人)은 '저 이론은 옳은 겁니다'이렇게 말하는 전문적인 과학자의 말을 믿고 있는 것에 지나지 않는다.

그래도 우주 로케트가 그와 같은 궤도의 계산에 따라서 정확하게 날을 수 있으니까 역시 '저 이론은 옳은 것이다'하고 생각하는 사람도 있을 것이다.

이제 본론에 들어가기로 한다.

그렇다면 그 우주 로케트를 타고 달에 갔다 온 우주 비행사들은 무엇을 실감하고 왔을까?

그것은 바로 신의 존재를 실감한 것이다.

보통 사람 이상으로 강인한 육체와 과학적인 판단력을 지닌 두뇌와 돌발 사고에도 끄떡도 하지 않는 정신력을 아울러 갖춘

우주 비행사들은 우주 공간과 달 표면에서,
"신의 존재를 몸 가까이 느끼고 있었다."
이렇게 말하고 있다.

이는 나의 저서 《사후 세계의 증명》에서도 인용하였으나 다찌바나 다까시씨의 《우주로부터의 귀환》이라는 책에서, 미국의 아폴로 계획으로 우주를 향하여 비행한 우주 비행사들에게 다찌바나씨 자신이 인터뷰한 멋진 결과가 자세히 해설되어 있다.

그 중의 한 사람인 어윈은 아폴로 15호로 달 표면의 암석을 co집한 사람이지만, 지구로 돌아온 뒤 NASA를 그만두고 전도사가 되고 말았다. 원래 종교에 특별한 관심을 가졌던 사람이 아닌 만큼 그가 말하는 것에는 설득력이 있었다.

물론 어윈 뿐만 아니다. 아폴로 14호의 밋첼 비행사도 역시 그렇다. 그는 돌아온 뒤 ESP〔초능력〕연구소를 설립하였다.

다른 우주 비행사들은 우주 공간과 달 표면에서 몇 가지의 신비적인 체험을 하고 있다.

아폴로 11호의 올드린과 암스트롱 두 사람은 우주 비행중에, 어둠 속에서 번쩍 빛나는 섬광을 몇 번인가 보았고, 다음의 아폴로 12호의 비행사들도 전원이 같은 섬광을 보았다. 또한 앞서 적은 어윈 일행도 같은 것을 보았다.

하지만 이 섬광이 무엇인지는 가지가지의 연구를 하였으나 아직까지 수수께끼로 남아있다고 한다.

또한 우주에서 돌아온 후, 전도사가 된 어윈의 말을 요약하여 다시 여기에 인용하고자 한다.

"상공을 비행하면서 달의 표면을 보니, 그곳에는 생명이 흔적도 없으며, 움직이는 것도 일체 없다. 소리조차 완전히 없다는 게 우주선 속에서조차 알 수 있었다. 생명이라는 관점에서 본다면 완벽한 무(無)이다. 그럼에도 불구하고 사람을 압도할 만한 장엄함과 아름다움이 있었다.
 그 광경을 숨소리조차 내지 못하고 바라다보며 이곳에는 신이 있다고 느꼈다. 달 위에서가 아니라 자기의 바로 옆에 신의 존재를 느꼈던 것이다. 손을 내밀면 신의 얼굴이 손에 닿을 것 같이 여겨지는 가까운 곳이었다.
 달 표면에 착륙하고도 신은 항상 바로 곁에 있다고 계속 느꼈다. 지구는 청(靑)과 백(白)의 무늬가 있는 큰 비취알처럼 보이는 암흑의 중천(中天)에 걸려 있었다.
 우주 비행을 하기 전까지는 신의 존재를 의심한 일도 있었다. 하지만 우주에서 지구를 보는 것으로서 얻은 통찰력 앞에서 온갖 회의(懷疑)가 날아가 버렸다. 신이 그곳에 계시다는 것을 여실히 알 수 있었다."
 또한, 다찌바나씨는 '그것은 순간적으로 얻은 직관적인 통찰력 때문이었나?' 하는 물음에 답하여,
 "아니, 그것은 다르다. 그런 통찰력과 달에 있을 때에 얻은 신이 그곳에 있다고 하는 심감하고도 또 다른 것이다. 신이 그곳에 있다는 느낌은 지적인 인식을 매개로 삼은 게 아니다. 보다 직접적인 실감 그 자체인 것이다. 내가 이곳에 있고, 당신이 그곳에 있다. 그때 서로 상대가 그곳에 있다는 느낌을 가진 것이다. 그것과 같다.

바로 그곳에 있으니까 말을 걸면 곧 대답해 준다. 당신과 내가 이렇게 말을 주고받을 수 있도록 신과 이야기를 나눈다.

사람은 모두 신에게 기도를 드린다. 하지만 신에게 기도하였을 때 신이 직접 대답해 주었다는 경험을 가진 사람이 얼마나 있을까? 아무리 기도를 드려도 신은 말이 없다. 직접적으로는 아무것도 답해 주지 않는다. 신과 인간의 관계는 그와 같은 것이라고 나도 생각했었다.

허지만 달에서는 그렇지 않았다.

기도에, 신이 직접적으로 즉석에서 대답해 주는 것이다. 신에게 무엇인가 묻는다. 그러면 곧 답이 돌아온다.

신의 음성이 음성으로서 들려온다는 건 아니다. 하지만 신이 지금 자기에게 이렇게 말하고 있다는 걸 안다. 그것을 구체적으로 표현하기는 어렵다.

초능력자 끼리의 회화라는 것은 틀림없이 이런 것이라고 생각되는 것 같은 대화인 것이다.

신의 모습을 본 건 아니다. 신의 음성을 들은 것도 아니다. 하지만 내 곁에 살아있는 신이 있음을 안다."

이 아름다운 문장을 필자는 몇 번이고 되풀이 하여 읽고 신음소리를 냈다. 다시금 인용할 만큼 감탄하고 있으나 이 어원의 말 가운데 잠재된 뜻을 다시 한번 음미해 주기 바란다.

'그 신이 그곳에 있다는 느낌은, 지적인 인식을 매개로 한 것은 아니다. 보다 직접적인 실감 그 자체인 것이다.'

여기서 필자가 말하고 싶은 것도 바로 이 점이다.

되풀이 하지만, 필자는 '영혼은 살아 있다' '수호령은 존재한다 '영계는 존재한다.' '신은 존재한다.' 이런 것을 학문적으로 명백하게 할 것을 목표로 삼고 있는 것은 아니다.

그와 같은 학문적인 검증은 앞에서도 말한 것 같은 순서로, 이론적으로 완성되겠지만 그것은 언젠가 될지 모른다. 필자 자신은 극히 가까운 미래로 예상하고 있으나 5년 뒤일지 50년 뒤가 되는지 알 수 없다.

하지만, 그렇다고 하여 그때까지는 믿을 필요가 없는 것일까? 검증되지 않으면 믿지 않아도 좋다든가 하는 것과는 성질이 다르다.

'실감으로 안다'는 것이야 말로 중요한 것이다.

마치 우주 비행사가 '신의 존재를 실감하였다'라는 것과 마찬가지로.

사람에 따라서는 쓸데없는 간섭, 참견이라고 생각하는 분도 있을 것이다. 필자도 싫다는 사람에게 까지 강요하려고는 하지 않는다.

하지만 자기가 존재하는 핵인 영혼의 존재를 믿고, 수호령의 도움을 믿는 일은 매우 중요한 일이라고 생각한다.

가령 백보, 아니 천보를 양보하고 그와 같은 영적인 존재가 실재로는 존재하지 않는다고 가정한다 치더라도 영혼과 수호령, 신을 믿고 자기의 마음을 닦는 편이 얼마나 당신에게 보탬이 되는 것인지 모른다.

다음에 그것에 대하여 말하겠다.

진정한 행복을 얻는 비결이란 무엇일까?

자기의 인생에 불평과 불만만을 품는 사람이 있다.

좀더 좋은 가정에 태어났더라면, 좀더 부자라면, 좀더 미인이었다면, 좀더 머리가 좋았다면, 좀더……이렇게 자기의 현재의 경우에 불만을 품기 시작하면 한이 없다.

그 중에는 이런 사람도 있다.

"저는 수호령에 대해서는 믿고 있습니다만 별로 도움이 없어서……. 좀더 좋은 수호령으로 바꿔 주면 좋은데요."

마찬가지 이야기다.

자기의 마음에 들지 않는 것, 불만으로 생각하는 것은 모두 주위와 남의 탓으로 돌린다. 당치도 않게 수호령의 탓으로 한다는건 천만의 말씀이다.

다께무라 겡이찌씨가 쓴 《초상식 육아론(超常識育兒論)》이라는 책에는 다음과 같은 신념이 쓰여 있다.

요약해서 말하면, 다께무라씨는 자기의 인생에 있어서 어떤 경우나 주변 사람에 대하여 불평이나 불만을 품은 일이 없다.

남이 보기에 지금의 자기가 얼마나 비참하게 보이건, 괴롭게 보이건, 나는 이보다 나은 인생은 없다고 생각하고 항상 '하나님 감사합니다' 하고 자기만의 하나님께 감사하고 있었다고 한다.

그는 이같이 남을 원망하지 않고, 항상 신에게 감사한다는 신념과 모르는 일에도 과감히 뛰어드는 실천적인 정신으로 현재 자기의 지위를 만들었다고 한다.

제4부 수호령의 인도 111

다께무라씨가 '하나님 감사합니다'하고 감사하는 마음을 품었던 자기만의 하나님—이것은 다께무라씨의 수호령일 것이다.
한낱 이름없는 가난뱅이 학생이었던 다께무라씨가 가난 속에서도 비굴하지 않고, 남과 신께 감사하면서 일하는 동안, 유명한 탈렌트가 무색할 정도로 바쁘고 유명한 평론가가 된 이면에는 이런 강력한 수호령이 존재하고 있었다고 밖에는 생각할 수 없다.
필자가 말하고 싶은 것도 그런 것이다.
자기의 힘으로 향상하려고 노력하지 않고, 올바른 마음을 가지려고 스스로가 힘쓰지 않는 사람— 그런 사람이 자기의 처지를 슬퍼하고, 남을 부러워하고, '좀 더 좋은 곳에 태어났더라면……' '아름다웠더라면' '머리가 좋았더라면' 하며 비굴해하거나 '저 사나이가 훼방만 놓지 않았더라면' 하고 남을 원망하거나 '그날 큰 비가 오지 않았던들'하고 자연을 탓하거나 하는 것은 천만 부당한 생각이다.
가령 훌륭한 수호령에게 도움을 받고 있다고 하더라도, 이래 가지고야 수호령으로서도 온 힘을 기울여 이 인간을 원조하여 주려고는 생각하지 않을 것이다.
자기의 영혼이나 수호령의 존재를 믿건, 아니 믿건, 그것은 당신의 자유인 것이다.
앞에서도 말했듯이 가령 천만 걸음을 양보하여 실제로는 수호령이 존재하지 않는다고 가정할 때, 자기를 지키는 신[수호령]이 있다고 제멋대로 생각하고, 정신적 향상을 위해 노력하면서 남에게 봉사하려는 생각을 마음속에 새긴다면 이 세상으로만 한정하여 생각해도 당신은 반드시 보답을 받을 것이다. 이 세상에는 폐쇄적인 사람뿐만 아니라 도리(道理)에 밝은 사람도 있는 것이다.

허지만 이 책에서 지금까지 말하였듯이 실제로는 영혼도 수호령도 따라서 신도 존재한다.

그것은 언제고 가까운 미래에 학문적〔과학적〕으로도 공인(公認)되게 될 것으로 생각된다.

당신이 그것을 믿고, 자기의 마음〔혼〕을 닦고, 남의 행복을 위해 이바지하려고 노력한다면, 수호령은 반드시 당신을 지켜줄 것임에 틀림없다.

또한 당신이 수호령과의 대화를 아침 저녁 거르지 않고 한다면 수호령은 당신에게 크나큰 도움을 가져다 주실 것이다.

어윈이 우주에서 실감하였듯이 실은 당신의 수호령도 당신의 바로 곁에 있는 것이다. 항상 대화를 할 수 있는 근처에서 당신을 지키고 있는 것이다. 다만 차원이 다르기 때문에 수호령을 손으로 만지거나 할 수 없을 뿐이다.

그러므로 필자가 되풀이 하여 말했듯이 수호령의 도움이 실감할 수 있게 되도록 대화를 거르지 말 일이다.

당신은 결코 고독하지 않다.

수호령을 비롯하여 배후령과 지도령, 게다가 저 아름다운 영계의 마을에는 혼이 성장된 당신을 진정으로 맞아줄 동료들이 기다리고 있는 것임을 알아야 한다.

당신은 그와 같은 많은 영들에게 보호되어 행복해질 의무를 부여받고 있는 것이다. 행복하게 되는 것은 당신의 의무인 것이다.

당신은 그러기 위해서 이 인간계로 보내진 것임을 알아야 한다.

당신이 사랑의 마음을 갖고 수호령에게 감사하고 주위 사람들께 감사하고 남에게 봉사하고 밝고 쾌활하게 산다는 것은 이 세상까지도 또한 영계까지도 높이는 일이 되는 것이다.

또한 그것이, 당신의 영혼이, 진정한 행복을 얻는 최대의 비결인 것이다.

지금 당신의 곁에서 당신의 보호령이 싱긋 미소짓고 있을런지도 모른다.

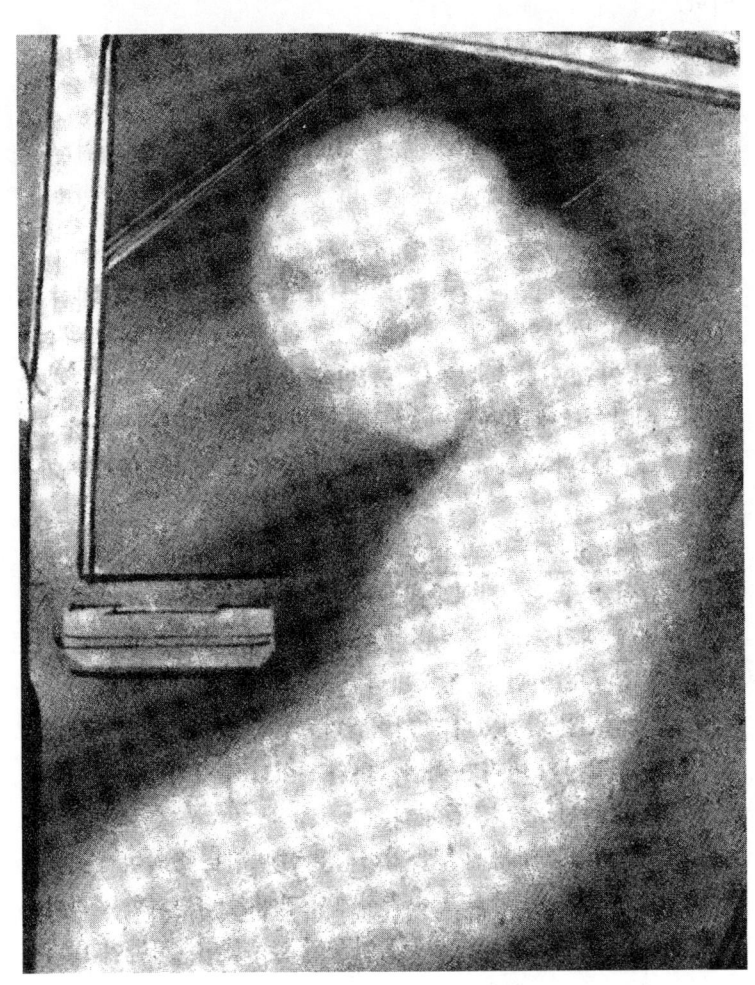

차 뒷좌석에 나타난 유령의 모습 사진

제 5부
영계로부터의 통신

제3부

상대로부터의 도전

영계에서 보내온 통신

1929년, 우리는 뉴욕시의 어느 아파트에서 살고 있었다.
 그때 같은 층에 살고 있던 찰스 맥카리스터라는 이름의 부부와 알게 되었다. 맥카리스터는 훤칠한 키에 군인다운 당당한 체구의 소유자였다. 그는 제1차 세계대전 중에 이름을 떨쳤던 레인보우사단에 소속되어 전쟁 참전했었다. 또한 그는 포화(砲火)속에서 보여 준 혁혁한 공로로 해서 훈장을 수여받았다.
 몸은 중상을 입고 있었지만 지금은 겉으로 보아서는 완쾌한 것 같았다. 나와 아내는 맥카리스터씨 집안 사람들이 고독하다는 것을 한눈에 알 수 있었다.
 몇몇 되지 않은 가족 중에는 전처 소생인 10대의 아들이 둘이 있었다. 그 아이들은 휴가 때면 언제나 아버지에게 와서 지내곤 했다.
 나는 그 무렵에 스포오츠에 관한 책을 집필하고 있었다. 그리고 내가 맥이라고 부르고 있는 맥카리스터씨는 내가 싸인한 책을 구입해서 아들에게 선물을 했다.
 어느 날 맥은 싸움터에서 입은 옛 상처로 인해 방광암에 걸려 병원으로 옮겨졌다. 몇 일간에 걸쳐 수술을 받은 그는 병색이 완연한 모습이 되어 집으로 돌아왔다. 초라해져 버린 그에게 이전의 건강하고 생기발랄했던 모습은 찾을 길 없었고, 지팡이에 의지한 채 겨우 걷는 것을 본 나는 놀라지 않을 수 없었다. 그는,

"이 병에는 완전히 졌소. 이젠 시간 문제요."

라고 기분이 언짢은 투로 말했다. 나는 그에게 용기를 북돋워주기 위해서 철학적인 이야기를 해주려고 했다. 그러나 맥은 현실주의자였기 때문에 그같은 이야기는 조금도 받아들이려고 하지 않았다.

"전쟁 중에는 최후까지 싸우면 승리할 수 있다는 희망때문에 어떻게든 난관을 타개해 나갔었지만 그러나 암에 시달리게 되면 불이 꺼지는 신호만 기다릴 뿐이죠."

라고 말했다.

맥은 잠시 나를 뚫어지게 보더니 다음과 같이 말했다.

"셔어먼씨, 우리 둘은 몇 번이나 사후의 생존 가능성에 대해서 이야기 했지요. 나는 교회에 다니지는 않습니다. 그리고 내세에서의 생이 있는지 없는지 솔직히 말해서 알 수 없습니다. 아마도 내가 내 한 발 앞서서 죽을 것 같으니까, 무엇인가 영적인 형태로 살아 남는다면 당신과의 통신방법에 대해서 협정을 맺어 두고 싶습니다."

이 말에 나는,

"맥씨, 아직도 더 사실 것 같습니다. 그리고 또 내가 내일이라도 자동차 사고로 죽을지도 모르지 않습니까? 그러니까 쌍

방이 모두 적용될 수 있는 협정을 맺기로 합시다."
라고 하자, 맥은 미소를 보였다.
"네 좋습니다. 그렇지만 내가 먼저 성공한다는 것은 알고 있지요."
라고 했다. 그러나 이런 화제는 어쩐지 피하고 싶었다. 그래서 이야기를 더 이상 하지 않고 끝내고 말았다. 그로부터 몇 주일이 지난 어느 날 맥카리스터 부인으로부터 맥의 용태가 갑자기 악화되어 병원으로 옮겼다는 연락이 왔다.
그리고 며칠 후 새벽 4시 경에 부인에게서 전화가 걸려 왔다. 맥이 임종 직전이라고 하는 통지를 지금 막 받았는데, 혹시 병원에 함께 갈 수 없느냐는 내용의 전화였다.
우리들이 아베뉴 5번가에 위치한 병원에 맥이 입원해 있는 병실이 있는 층계에 도착하여 막 엘리베이터에서 내리려는 순간 그의 신음소리가 들려 왔다.
문 쪽에서 병실을 들여다 보았더니 맥은 아직도 의식이 남아 있었고, 받침대에 몸을 기댄 채 침대 위에 앉아 있었으며, 두 손을 머리 위로 올려 에나멜을 칠한 손잡이를 쥐고 있다. 그리고, 맥은 간호부가 불붙여 준 담배를 입가에 비스듬히 물고 있었다.
담배를 한 모금 길게 빨아들이자 담배 끝이 뺨에 닿아 휘어졌다. 그리고 신음 소리를 억제하려고 눈을 들었을 때 내가 와 있음을 깨달았다.
맥카리스터 부인은 등을 돌리며 손으로 얼굴을 감싸 쥐었다. 이때 맥의 입술이 움직이더니 나직한 목소리로,

"안녕하십니까, 셔어먼씨!"
라고 했다.
"안녕하셨습니까? 맥!"
나는 인사를 하고 맥카리스터 부인의 팔을 잡고 그의 베개 맡에 다가섰다.
시시각각 다가오는 죽음을 눈앞에 두고 부인은 두려움과 비통함이 뒤섞인 기분을 억누르지 못하고 있었다. 맥은 재빨리 그러한 부인의 태도를 눈치 채고는 부인을 보고 있던 눈을 나에게로 돌려 뚫어지게 보았다. 그러면서 소리를 낮추어,
"이제는 기진맥진해졌습니다.……기진맥진해졌습니다."
라고 말했다.
맥카리스터 부인은 침대 머리 맡에 몸이 굳은 채 말도 못하고 서 있다가 그의 말을 듣고 울음을 터뜨렸다. 맥은 부인이 울고 있는 모습을 보더니 자유롭게 움직일 수 없게 된 오른팔을 가까스로 들어 흔들어 보였다.
말을 할 기운이 없었으므로 손을 들어 마지막 작별 인사를 하려는 것이라고 생각되었다. 그러나 나는 팔을 흔들어 그에게 대답하려던 기분을 억제했다.
"여보!"
맥카리스터 부인은 흐느끼면서 손을 들어 남편의 어깨 위에 올려 놓았다.
맥은 자기 용태를 걱정하는 것 이상으로 아내가 기력을 상실하는 것을 걱정하고 있는 듯 했다. 애원하는 듯한 얼굴을 들어 나를 쳐다보고, 마지막 남은 힘을 다해 오른팔을 다시 한번 들

어 문쪽을 향해 겨우 흔드는 시늉을 했다.
 임종을 보지 않게 맥카리스터 부인을 방에서 데리고 나가 달라고 하는 몸짓이라는 생각이 갑자기 머리에 떠 올랐다.
 나는 부인의 팔을 가볍게 잡고 입구 쪽을 가리키면서 고개를 끄덕여 보였다. 그러자 부인은 눈물을 흘리며 침대에서 얼굴을 돌리고 앞장서서 밖으로 나갔다.
 나는 입구에서 멈추고는 병실을 뒤돌아 보았다.
 맥은 나에게 눈길을 주고 있었다. 그리고 서로 얼굴을 마주 보고 있는 사이에 마지막 숨을 거두었다. 세상을 떠나는 마지막 순간까지 군인다운 매우 근엄한 사람이었다.
 그런데 그가 죽는 순간에 극적인 사건이 벌어졌다. 맥카리스터 부인이 나에게 숨김없이 이야기한 바에 의하면 그녀는 아직 맥과 정식으로 결혼을 하지 않았었다. 다시 말해서 내연의 처로서 동거하고 있었던 것이다.
 아들이 둘씩이나 있는 전처는 이혼하는 것은 반대 했으나 별거와 동시에 맥이 다른 여자와 동거하는 것만은 반대하지 않았다.
 그는 전처의 종교적 신념을 존경하고 있었다. 지금의 맥카리스터 부인은 이 관계를 기꺼이 인정하고 있었다. 그러나 맥이 죽은 지금에 와서는, 그녀의 설명에 의하면, 여러 가지 뒷처리라든가 장례식의 준비까지도 그녀에게는 법률상의 권리나 발언권이 없었다.
 이같은 여건하에 있다는 것을 이해하게 된 나는 법률상의 부인에게 전화로 사실을 밝히고, 어떻게 조처했으면 좋겠는가하고 상의했다.

 나는 이틀 후에 교회에서 거행된 맥카리스터의 장례식에 참석했다. 나의 옆에 두 사람의 부인과 두 아들이 참석하고 있었다.

 장례식이 끝난 후 몇 주일이 지나자 우리들이 알고 있는 내연관계에 있던 맥카리스터 부인은 서부지방으로 여행을 떠나 버렸고, 우리들 앞에서 그 모습을 감춰 버렸다.

 그런데 이것이 수개월 후에 1,600킬로 미터나 떨어진 곳에서 일어난 아주 기묘한 심령적 사건의 온갖 준비가 된 배경이 되고 말았던 것이다.

백부 볼드윈의 죽음

　1929년 10월 14일, 나의 백부인 볼드윈이 뇌일혈로 쓰러져 사망했다는 전보를 인디애너주에 사는 메리언으로부터 받았다. 다음 날, 나는 장례식에 참석하기 위해서 그곳으로 갔다. 백모는 마음의 상처로 인해 의기소침해져 있었다.
　백모의 외동딸인 릴리안은 다른 도시에서 학교 선생으로 근무중이었는데 통지를 받고 집에 돌아와 있었다.
　그녀의 말에 의하면, 백모는 브라운 부인이라고 하는 무당에게 가서 점을 친 일을 편지로 알려 온 일이 있었다고 했다. 그 무당은 메리언 교외에 살고 있었다.
　나는 약 5년 동안 메리언에 있지 않았으므로 브라운 부인에게는 알려져 있지 않을 것으므로 백부로부터의 통신을 무엇이든 전해 올지도 모른다. 그녀는 나에게 부인을 찾아가 심령 판단을 받아보는게 어떻겠느냐고 제안했다.
　브라운 부인 댁에서는 전화가 없다고 릴리안이 말했다. 그리고 그녀가 듣기로는 그 집에는 전기조차 들어오지 않고 있다는 것이었다. 그러나 시험삼아 소개 없이 불쑥 가보는 것이 좋지 않겠느냐는 것이었다.

　장례식이 있던 전날밤의 일이었다.

　릴리안은 시내에 볼 일이 있어서 잠시 나갔다 오겠다는 핑계로 나를 데리고 밖으로 나갔다. 브라운씨 댁 근처까지 그녀 자신이 차를 운전해 태워다 주고 볼드윈 자동차라는 것을 눈치채지 못하도록 조금 떨어진 곳에 정차시켰다. 그리고 그녀는 브라운씨 댁의 위치를 가르쳐 주었다.

　나는 혼자서 걸어서 그 집까지 갔다.

　별빛도 없는 칠흑 같은 밤이었다. 길에는 가로등도 켜져 있지 않았다. 브라운씨의 조그마한 판자 집에는 현관에서 옆으로 마루가 달려 있었다. 주위는 어둠만이 조용했다. 아직 초저녁인 8시였는데, 브라운씨는 집에 없는지, 그렇지 않으면 벌써 잠자리에 든듯 집 안팎은 조용하기만 했다.

　마루에 오르는 계단을 올라선 순간 한 마리의 검은 고양이가 내 앞을 가로질러 발톱을 세우고 배수관을 타고 지붕으로 달려 올라갔다. 순간 소름이 쭉 끼쳤다. 그러나 기대하고 있던 교령회(交靈會)에의 초대로서는 좋은 징조라고 생각되었다.

　현관 유리창을 두들겨도 아무런 응답이 없었다. 집이 비었구나 하고 생각되어 돌아서려고 하자 집 뒤로 통하는 문이 열리더니 상당히 나이가 든 남자가 석유 램프를 손에 들고 맨발로 이쪽으로 오고 있었다. 그리고는 문을 살며시 열고 나를 한참 동안이나 바라 보았다.

　"브라운씨입니까?"
라고 말하자,

"네, 그런데요."
라고 대답했다.
"우리집 사람을 만나러 왔다면 안되겠는 걸. 2층에 올라가서 잠이 들어 버렸어요. 나는 시의 하수구 공사장에 나가서 왼종일 노동을 해 발이 아파 죽을 지경이오. 지금까지 부엌에서 발을 물에 담그고 있던 중이오. 자칫했으면 당신이 찾아왔다는 것도 모를 뻔했소."
"이렇게 폐를 끼치게 되어 대단히 죄송합니다만, 아직 초저녁이기 때문에 찾아온 것입니다. 브라운 부인을 만나 뵙지 못한다면 퍽이나 애석한 일입니다. 자주 부인의 소문을 들어왔습니다.…"
라고 말하면서 그 자리에 서 있었다. 그리고 일부러 2층까지 충분히 들릴 만한 큰 소리로 말했다. 내가 기대했던 대로 브라운 부인이 2층에서 우리에게 큰 소리로 말했다.
"여보, 그 분 들어오시도록 하고 객실에 모셔요. 조금 있다가 내려가겠어요."
얼마 후 브라운 부인이 2층으로 통하는 계단을 내려오는 발자국 소리가 들려 왔다. 그 발소리를 들으니 브라운 부인은 걷는 것이 꽤 힘이 드는 것 같았다.
그녀의 모습을 처음 보았을 때, 그녀는 발을 절고 있다는 것을 쉽게 알 수 있었다. 키는 작달막하고, 머리가 흰데다가 살이 찐 사람이었으며, 따뜻이 맞아주는 친구 같은 인상을 주었다.
"이런 꼴을 보여드려서 죄송합니다."

라고 부인이 말했다.
 "류우머티스를 앓고 있어서 이 꼴이예요. 관절이 딱딱해져서 이렇게 굳어 버렸어요."
 그러면서 그녀는 한쪽에 놓여 있는 누울 수 있게 만들어진 의자에 걸터앉아 한쪽 발을 그 위에 얹었다.
 "몸을 이렇게 편안하게 하지 않으면 안돼요. 점쳐 보고 싶은 일이 있지요?"
 "네, 부인께서 익숙한 것이면 무엇이든지."
 나에 대한 일은 이름조차도 묻지 않은 채 잠시 바라보더니, 이윽고 눈을 감고 이마를 문지르며 이야기하기 시작했다.
 "이상한 일이군요. 연필과 종이를 갖고 있는 당신이 보여요. 많은 단어를 쓰고 있어요. 사내아이들에게 둘러싸여 있는 것 같군요……대여섯 사람의 소년들이 아니라, 몇 백명이나 되는……아니 몇 천명이나 되는 것 같아요……그리고 모든 어린이들이 당신이 쓰고 있는 것에 흥미가 있는 것 같군요. 그런데 이것이 무엇인지 나는 잘 모르겠군요."
 "아니 좋습니다"
라고, 나는 그녀를 격려할 만한 값어치가 있다는 생각이 들어서 이렇게 말했다.
 당시 나는 몇 천명이나 되는 소년들에게 애독되고 있던 스포츠지에 소설을 연작하고 있었다. 또한 보이스카웃의 간행물인 《소년생활》에도 스포츠와 모험 이야기를 기고하고 있었다.
 이 활동을 맞춘 그녀의 '파장'은 그 이상 정확할 수가 없었다. 이렇게 정확한 인상에 대한 이야기를 끝내자 그녀는 눈을 뜨고 미심쩍다는 듯이 나를 한참동안 바라보더니 입을 열었다.
"무엇보다도 도움이 된 일이 있었습니까?"
그말에 나는,
"네 지금까지는……. 그런데 아마 부인을 만나면 저승에 있는 누군가로부터의 전언을 전해 주실 거라고 생각하고 있었습니다."
라고 말했다.
"어머 그래요? 그렇지만 그런 일은 사람에게 의뢰를 받지 않으면 하지 않는 걸요." 라고 브라운 부인이 말했다.
"그런 일을 믿어 주지 않는 사람들이 있기 때문이에요. 그러나 의뢰를 받은 이상은 이야기해도 좋겠습니다만, 아래층으로 내려왔을 때 방 안에 영계에 계시는 분이 두 사람 당신과 함께 있는 것이 보였어요. 그러나 누구인지 확인해 보지는 않았습니다. 그런데 그 중 한 사람은 군복을 입은 청년이었습니다. 좀 피곤해졌으니 편안한 자세가 되게 허락해 주셔야 되겠어요. 그리고 나서 또 접촉이 되는지 해보겠습니다."
부인은 눈을 다시 감고 상반신을 뒤로 젖히고 한동안 입을 다물더니 조용히 있었다. 이윽고 눈을 뜨고는 내 얼굴을 빤히 쳐다보았다.
"엄, 볼드윈 선생님이 오셨군요!"
라고 말했다.
"그리고 아드님인 어시톤이 함께 오셨어요. 당신은 이 분들과 무슨 관계라도 있습니까?"
"네, 있을지도 모르지요."

라고 그녀의 말을 시인했다.
 이 말에 브라운 부인은 나의 말을 가로막으며 킥킥 하고 소리내어 웃었다.
 "어머 물론 관계가 있군요. 볼드윈 선생의 말씀으로는 당신은 선생의 장례식에 참석하기 위해서 뉴욕에서 일부러 달려 온 사랑하는 조카 해롤드 셔어먼씨군요."
 "네, 그렇습니다."
 "선생님도 어시톤도 저를 통해서 당신에게 안부를 전하고 계십니다. 그리고 선생님께서는 저승에서 '너희들에게' '너희들'하는 식으로 많은 사람을 만나보고 있다는 것을 브롤러에게 전해 달라고 말씀하고 계십니다."
 이 말은 백부의 남다른 독특한 표현방법으로서 기독교의 한 파인 퀘이커교도인 수많은 친척과의 접촉을 말하는 것이었다.
 이런 인상들은 어떻게 해서 브라운 부인이 받게 되었는지 검토해 보려고 나는 그 자리에 그대로 앉아 있었다. 그리고 나의 신분은 우연히 맞춘 것에 지나지 않는다고 혼자서 생각했다.
 신문사에 근무하면서 메리언에서 보낸 3년간 나는 이 시(市)의 사람들에게는 널리 알려져 있었다. 그리고 브라운 부인을 만난 일이나 부인에 대한 이야기를 들은 일은 한 번도 없었다. 그러나 브라운 부인은 백부도 프롤러 백모도 잘 알고 있었다.
 내가 장례식에 참석하기 위해서 메리언에 도착했다는 기사를 읽었는지도 모른다.
 그런 일이 있을 수 있다고 생각했을 때, 갑자기 브라운 부인의 몸이 굳어지더니 손으로 얼굴을 감쌌다. 그리고 큰 소리로 외치듯 말했다.

"어머, 내가 이곳에서 운반되어 가네……그리고 뉴욕시에 있는 어떤 병원의 한 병실을 보고 있는 중이예요. 남자분이 받침대에 기댄 채 침대에 앉아 있어요. 그러나 몹시 괴로워하고 있습니다…… 어머 너무 괴로워해요. 두 사람이 침대 머리맡에 서 있고…… 한 사람은 부인이고 또 한 사람은 바로 당신이예요……그 침대에서 괴로워하던 영이 지금 여기에 와서 누군지 알 수 있게 이 장면을 보여 주고 있어요. 사후의 생존이라는 것이 있다면 당신과 접촉해 보겠다는 약속을 생전에 했었다고 말합니다. 이 장면에 기억이 있습니까?"

브라운 부인을 찾아오게 된 목적과 백부로부터의 전언을 기대하는 데에만 마음을 쓰고 있었기 때문에, 이때의 브라운 부인의 말 따위는 내 머리에 들어오지 않았다. 나는,

"아닙니다. 유감스러운 일입니다만……"
라고 대답했다.

"네, 굉장히 열심히 하고 있어요."

눈을 감고 한쪽 손을 죽은 영 쪽으로 뻗치고는 브라운 부인은 계속해서 말했다.

"정말 짐작이 가지 않나요? 그가 말하는 이름은……찰스……아르……아르……맥……백……아르……찰스……에스. 저 마지막 이름은 좀 모르겠어요……"

물론 이제는 나에게 그가 누구인지도 조금도 의심할 여지가 없게 되었다. 그리고 그녀를 통해서 마지막 이름자를 알려고

너무 버틴다면, 흔히 있는 것처럼 접촉의 길을 잃게 되는 게 아닌가 해서 걱정되었다. 그래서,
"좀 도와드리겠습니다."
라고 내가 말했다.
"처음 이름과 가운데 머리글자가 딱 들어맞습니다. 그 사람의 이름은 찰스 에스……그리고 마지막 이름자는 '맥카리스터'입니다만……."
"네, 정말 고마워요."
라고 브라운 부인은 말했다.
"당신과 통신을 하게 되어 퍽 기뻐하고 있어요. 그런데 그는 한쪽 손의 손가락 네 개를 들어 자신의 죽음에 직접 관계했던 사람이 네 사람뿐이었다는 것을 전해 달라고 말하고 있어요."
"네, 말씀 그대로입니다."
나는 장례식에 왔었던 네 사람, 즉 두 부인과 두 아들을 생각했다.
"지금 병원과 병실과 침대가 또 보이고 있어요."
라고 부인이 말했다.
"팔을 이렇게 들어 올리고 있는 것이 보입니다만……."
그리고 부인은 자기 팔을 올려서 내가 그날 밤 맥이 하고 있던 것을 본 동작과 똑같은 동작을 되풀이 해 보였다.
"그의 이야기로는 그때 손을 흔들어 마지막 작별인사를 한 것인지 그렇지 않으면 방에서 나가라는 신호를 한 것인지 당신은 확신을 갖지 못했어요. 그런데 그때 부인을 데리고 나간 것은 가장 현명한 조치였다고 말하고 있어요. 그런 뜻으로 손을

흔들어 보였다고 합니다."

 그리고 이야기가 여기까지 진행되자, 부인은 눈을 반쯤 뜨고 자기 집 문쪽을 바라보고 다시 팔운동을 되풀이 했다.

 즉석에서 설명할 수 없는 주목만할한 일이 실증된 셈이다. 나는 가능한 한 많은 증거가 될 수 있는 정보를 얻고 싶었다. 그래서 이렇게 물었다.

 "무슨 원인으로 죽었는지 말씀해 주실 수 있겠습니까?"

 브라운 부인은 곧 자기 몸에 손을 대고 큰 소리로 말했다.

 "아, 너무나도 지독하게 아프군요.! 그는 손을 여기에다 대고 가르쳐 주고 있어요. 방광암이라고 하는군요."

 그때 마침 숨어서 소름이 끼칠 만한 이야기를 기대하고 있었던 두 여학생이 웃음보를 터뜨리고 좋아하면서 마루로 뛰어 오르다가 어둠에 발이 걸려 그만 넘어져 버렸다. 그리고 재미있다고 웃어댔다. 브라운 부인은 그 웃음 소리에 놀라면서 손을 머리에 댔다.

 "아, 죄송합니다. 이제는 통신이 두절되어 버렸습니다. 나로서는 더 이상 아무것도 할 수 없어요."

 나는 브라운 부인이 아주 성실하며, 진짜 특수 능력자라는 확신을 갖고 그 집을 떠났다.

 그녀가 자기 자신에 대해서 말한 바에 의하면, 어릴 때부터 자기에게는 이런 능력이 있었고, 이 세상을 떠난 친척이나 친구를 자주 만났다고 한다. 그리고 사람들이 그들의 죽음을 알지 못하는 사이에 대로는 죽은 자와 대화를 나누기도 했다는 것이다. 그러나 그 방법은 자신도 모르고 있었다.

다만 조용히 앉아서 감수성을 강하게 했을 뿐이었다.

그리고 또한 영이 주위에 있으면 그것을 감지하며 그 목소리를 듣기 시작했다고 했다.

그녀가 백부와 어시톤에 대해서 이야기해 준 일이나 혹은 나의 저술 활동에 관한 인상은 짐작하려면 짐작할 수 있었을지도 모른다. 그러나 맥카리스터에 관계된 나의 체험의 자질구레한 사항을 아무리 생각해도 알고 있을 리가 없었다.

이 체험이 나의 현재의식에서는 가장 먼 데에 있었던 것임은 의심할 수는 없었다. 그리고 만약 나의 잠재의식에서 그것을 텔레파시로 선별했다면, 그것 또한 놀라운 묘기였다고 할 수밖에 없다. 그리고 실제로 거기에 나타난 사람이 맥카리스터였다면, 개성의 동일성이나 기억, 의지가 다음의 생활양식에 있어서도 유지 보존된다고 하는 것을 나타내고 있는 셈이 되었다.

이러한 초감각적 능력의 신뢰할 만한 실례와 비교해서 생각해 보아야 될 불가사의한 사실들이 많이 있다.

그로부터 몇 년이 지난 후 뉴욕에서 당시 80세가 넘은 존 스레이터가 카네기홀에 출연하고 있었는데, 별도의 개인적인 강령회를 열고 있다는 것을 나와 아내는 들었다.

뉴욕에 있는 몇몇 친구에게, 그가 데트로이트에서 우리에게 실연해 준 놀라운 점술 이야기를 했더니 우리 부부가 그의 출연을 관람하기 위해 갈 때는 기대를 품고 같이 따라 왔다. 그런데 그의 공개실험은 납득할 수 없는 것이어서 우리들을 실망시켰다.

그럼에도 불구하고 우리들은 기대를 저버리지 못하고 이번에는 개인적으로 만날 수 있도록 계획하여 실현되었는데 또 한편 실망하고 말았다. 무엇 하나 정확한 인상이 없었던 것이다. 몇 년인가 전에는 데트로이트에서 훌륭한 체험을 하게 해 주셨는데 라고 말해 보았으나, 그는 무관심한 표정과 다소 초조해 하는 모양이더니 그것이 원인이 되어 몸까지도 나빠진 것 같았다. 그것이 초감각력을 잃게 된 원인인지도 모른다.

생애에 있어서 정신과 감정의 균형을 잃는 시기가 있는 것은 특히 영능력자에게는 흔히 있는 일이다. 가지각색의 영향력을 받아들이고 모든 종류의 상태를 체험한다는 것은 정신적으로나 육체적으로도 큰 부담이 될 것이다. 그래서 나는 마음의 보다 고차원적(高次元的)인 영역을 탐구하려면 선결 문제로서 정신과 감정의 통제력을 발달시킬 필요가 있음을 거듭 역설해 왔다.

이제까지의 세월을 통해서 나는 가능한한 많은 강령회에 참석해 왔다. 그리고 암실에서의 실험이나 또는 대낮의 실험회에서 소위 영의 물질화, 나팔 소리, 직접 담화, 마음의 통신을 전하는 영매를 수없이 조사해 보았다. 그러나 전문가인 실증자 대부분이 무엇인가 현세를 초월한 영적 존재와 접촉했다고 하는 유력한 증거를 갖고 있지 못했다.

텔레파시·정신 측정·투시·영청력(靈聽力), 때로는 예지와 같은 초감각적인 지각력의 징후를 나타내 보이는 사람도 있었다. 그러나 이들 중 과반수의 '영능자(靈能者)'는 사기꾼이든가 아니면 자기 도취자에 지나지 않았다.

그러나 내가 개인적으로 만나고 그 솜씨를 보일 때 입회한 중에서 5% 정도의 사람은 틀림없이 물질계를 초월한 마음의 능력을 갖고 있었다.

그들은 어떠한 과학적인 근거 위에서 보아도 설명할 수 없는, 부정하기 어려운 상황을 내 눈 앞에 펼쳐 보여 주었다.

세계의 과학자나 연구가에게 깊은 감명을 준 것은 지금 말한 바와 같은 거짓 없는 민감한 인간의 마음의 심층이었다.

의식이 사후에 있어서도 확실히 존속한다는 가능성을 나타내 보이기 위해서는 육체로부터 분리된 실체와 분명히 통신을 교환했다는 부정할래야 부정할 수 없는 실례가 조금이라도 있으면 되는 것이다. 그러나 이 세상을 떠나더라도 다른 계층에서 아직 살아 있다는 것을 알게 된다면 타인의 중개를 받아서 할 것이 아니라 뒤에 남기고 온 사람들과 직접 접촉하는 편이 좋다고 생각하는 것은 당연한 일이다.

내가 받은 몇 천이나 되는 보고는 그와 같은 직접적인 접촉이 많이 있었다는 것을 입증하고 있는 것이다.

환영이 나타났다든가, 세상을 떠난 어떤 사람의 목소리를 들었다든가, 마음의 통신을 받은 일이 있는 자가 그 집안에 한 사람도 없다는 집안은 거의 없다.

나 자신에게도 내게 보내 온 보고와 비슷한 이미 실증이 끝난 체험이 꽤 많이 있었다.

저승에서의 만남

　나는 여러 가지 체험 중에서도 특별하게 두드러진 체험을 했다. 그때 우리들은 아칸소 오더크스의 시골 집에서 살고 있었는데 당시 우리들은 이 지방에 새로 이주해 온 사람으로서 시카고 트리뷴지의 기고가이며, 일요판의 인기 기사인 《선라이즈 농장의 마아지》의 저자 마아지 라이언과 친숙해졌다.
　그녀는 아칸소주에 있는 아름다운 유리카 스프링즈라고 하는 요양지에 살고 있었다.
　나의 생애에서 일어난 일 중에서 가장 미묘한 사건의 서곡이 되는 셈이었다. 마아지는 우리 부부에게 전화를 걸어 라이언과 그리고 자기와 함께 주말을 보내지 않겠느냐고 말했다.
　우리들의 이사를 기념하여 문학의 모임을 열고 '사람은 사후에도 살아있다'는 것에 대해서 토론하고 싶었던 것이다.
　제지는 그 책을 읽고 특별히 마음을 빼앗겼기 때문이라는 것이었다. 마아지의 남편인 제지는 그녀보다도 20세나 더 나이가 많았으며, 일요일마다 트리뷴 신문에서 그녀가 칭찬해 마지 않는 덕망가중의 한 사람이었다.

그러나 그녀가 그렇게 칭찬해서 눈에 띄게 선전하지 않아도 훌륭한 인물임에는 틀림없었다. 더 없이 존경하고 따르는 마을 사람들에 의해 몇 번이나 치안판사에 선출되기도 한 사람이었다.

겉보기에는 때때로 신랄한 말투로 덤벼들기도 하고 자기 주장을 조금도 굽히지 않으며 거만스럽게 행동했다. 그러나 속마음은 누구보다도 온정이 넘치는 사람이었으며, 사회 개혁의 뜻이 높고 인간에 깊은 흥미를 갖고 있었다.

마아크 트웨인과 같이 '인간에게 있어서 가장 거추장스러운 것은—인간성이다'라고 믿고 있는 인물이었다.

라이언씨 집안사람들이나 그 친구들과 지낸 주말은 영원히 기억 속에서 사라지지 않는 체험이 되었다. 그들은 미술가나 저술가들이 살고 있는 유리카 스프링즈의 집단 거주지에서 친구를 15명 정도 '자유 토론을 위한 모임'에 초대하고 있었다.

손님으로 온 대부분의 사람은 나의 저서를 읽은 사람들이었으며, 이쪽에서 제시하는 증거에 관해서 토의할 준비가 이미 다 되어 있었다. 더구나 그는 나에 대한 반대자이기도 했다. 그는 이야기 중에,

"조용히 하고 내 이야기를 들어주기 바랍니다."
라고 말하면서 몇 번이나 이야기를 가로막았다.

그런데 그가 이야기를 중단시키고 끼어 들어오는 것을 아무도 그다지 불쾌하게 생각하지 않았다. 바로 그런 데에 그의 특성이 있었다. 즉, 무엇이든지 마음에 걸리는 일이 있으면 자기 차례를 기다리지 못하고 즉석에서 그것을 말해 버리는 습성이

있었다. 더구나 그가 하는 말은 경청할 만한 가치가 충분했고 또한 다채롭고 날카로웠다.

마아지 라이언은 자기 남편이 말 도중에 끼어드는 실례를 사과할 때 웃으면서 다음과 같이 말했다.

"도저히 어떻게 할 수 없는 일입니다. 저는 글을 쓸 때에는 방에 자물쇠를 채우고 아무도 만나지 않습니다. 그런데 제지가 나와 이야기하고 싶다는 생각이 들 때 곧 방 안에 들어오게 해주지 않으면, 문을 부수겠다고 안달해요. 그러니까 제지가 무엇인가 생각하고 있을 때는 아무쪼록 들어 주시기 바랍니다."

나는 후일 이러한 그의 특성에 대해서 회상하게 되는데, 그날 밤 뚜렷하게 기억하고 있던 일은 다음과 같은 제지의 최고조에 달한 말 뿐이었다.

"그런데 셔어먼씨, 우리가 사후에도 살아 있는 것인지 어떤지 나로서는 도무지 알 수 없어요. 그러나 한 가지 약속해 두겠습니다. 그것은 내가 만약 먼저 죽는다면, 그 예상은 잘 해야 천에 하나 정도일 것입니다만, 사후에 생존한다는 것을 알게 되면, 당신과 통신을 교환해서 진짜로 증거가 될 만한 사실을 보여드리겠습니다. 법정에 제출해도 뒷받침이 될 만한 증거를 말입니다."

그로부터 몇 달 후 제지 라이런은 발작을 일으켜 사망했다. 조문(弔文)을 보내고 그에 대한 답장을 받은 후 우리들은 라이언을 만난다든가 편지를 주고받는 일은 하지 않았다. 그 후 다시 몇 개월이 흘러갔다. 나는 쉴새도 없이 열심히 글을 쓰고 있었는데, 이 책에는 《누구나 술을 끊을 수 있다》라는 제목을 붙일 예정이었다. 그러므로 어느 점으로 보아도 그때 있었던 일을 생각나게 할 만한 연상적인 것은 아무 것도 없었다.

어느 날 내가 타이프라이터 앞에 앉아서 앞에서 말한 책의 원고를 치고 있을 때 갑자기 제지 라이언이 틀림없이 방안에 있다는 느낌이 들었다.

이것은 몇 년 전에 휴버트 윈킨즈 경과 실시한 장거리 텔레파시 실험 중에 체험한 것과 같은 느낌이었다. 육안으로는 보이지 않았지만 제지 라이언이 곁에 서 있는 것 같은 분위기를 느낀 것이다.

나는 색다른 인상이 마음에 떠 오르면 그것이 무엇이든 증거로서 도움을 얻기 위해 아내에게 말하곤 했다.

"마아사, 제지 라이언이 여기 와 있는 것 같은 생각이 들어요!"
라고 아내에게 말했다.

낮이건 밤이건 문득 생각이 떠 올랐을 때에 즉시 말하는 나의 그러한 말에 아내는 익숙해져 있었다. 그리고 조금이라도 말을 길게 끌고 있으면 방해가 된다는 것을 알고 있었기 때문에 아내는,

"그것 정말 재미있군요."
라고 대답할 뿐이었다.

얼굴 없는 방문객의 메시지

 그때 나의 마음의 귀에 라이언이 귀에 익은 목소리조로 말하는 소리가 들려 왔다.
 "셔어먼씨, 저 원고를 타이프라이터에서 빼고 다른 종이를 끼워주기 바랍니다. 마아지에 전할 말이 있어요."
 나는 그의 부탁에 따라 원하는 대로 해 놓았다. 그리고 전하는 말이 들려오기를 기다리고 있었다. 제지가 곁에 있는 느낌은 매우 강한데도 전언은 하나도 나타나지 않았다.
 기다리다 못해 타이프로 일부란(日附欄)을 치고 편지를 마아지 앞으로 하여 인사말을 한 마디 한 후 자신의 원고를 치려고 하자, 제지가 무리하게 끼어 들어와 무엇인지 전언해 달라고 말하고 있는 듯한 느낌에 압도당했다.
 이것은 나 자신의 마음가짐 때문이라고 해도 좋을듯 했다. 그러나 그 느낌에는 힘찬 그 무엇이 있었고, 이전에도 비슷한 체험을 한 일이 있었다. 그때 느낌과 아주 흡사하다고 마아사에게 알려 주었다. 일단 이 1절을 다 치고 나자 마음 깊은 곳에서 속삭이는 소리가 들려 왔다.

"마아지에게 전해 주시오— 그것을 하지 말라 — 일생동안 후회하게 될 것이다—만약 그 일을 한다면!"

마치 받아쓰기라도 하듯이 이 말을 타이프로 치고 나의 마음 속에서,

"하지 말라고?— 무엇을?"
하고 물어보았다.

번개처럼 재빨리 회답이 마음속에 떠 올랐다.
"그녀라면 내가 말하는 뜻을 잘 알 것이오."
나는 타이프로 다음과 같이 쳤다.
"당신이라면 무슨 뜻인지 알 수 있다, 라고 제지가 말하고 있소."

제지가 여전히 곁에 있다는 것을 의식하면서 자리에 조용히 앉아 다음 전언이 들려오기를 기다렸다. 그러나 아무 것도 나타나지 않았다. 그래서 문장을 몇 줄 덧붙이고 전번에 만났을 때부터 나와 마아지가 하고 있는 것을 마아지에게 알리고 가까운 장래에 만나고 싶다는 희망을 말했다.

이 편지가 나의 상상이 빚은 변덕일지도 모르지만 그럼에도 불구하고 당신에게 이 편지를 보내고 싶은 마음을 누를 길이 없다고 되풀이 하여 양해를 구했다. 그리고 막 내가 서명을 마치고 타이프에서 편지지를 빼 내려고 한 순간 제지가 느닷없이 끼어 들었다. 그리고,

"잠깐 기다려 줘요."
라고 마음 속에서 나에게 명령을 내렸다.
"이것은 아주 중요한 일입니다. 당신은 사후 생전의 증거를

갖고 싶어하고 있어요. 나는 그 증거를 주려고 합니다. 이 편지에 시간을 기입하시오."

나는 오후 2시 7분이라고 하는 시간을 날짜를 적은 선 밑에 타이프로 쳤다. 순간 눈에 보이지 않는 영으로부터 깊은 만족감이 전해져 오는 것을 느낄 수 있었다.

내 자신의 주소와 이름이 인쇄되어 있는 편지지를 빼어 서명을 하고 마아지 앞으로 봉투를 쓰고 편지 알맹이를 넣어 봉인했다. 그런 후 책상 구석에 가볍게 던져두고 다시 할 일을 하려고 했다. 그런데 예의 제지는,

"내 용무는 아직 마치지 않고 있지 않소. 자 이 편지를 빨리 가지고 나가 우체통에 넣어 주시오."
라고 요구했다.

그것은 너무 하지 않은가! 자갈길을 60킬로나 가야 되니 왕복 32킬로 미터나 된다. 시간도 한 시간 이상이나 걸린다. 그러나 글을 쓰려 해도 그것은 전혀 헛수고였다. 제지가 나를 정신적으로 계속 괴롭히고 있었다.

"그 편지를 시내에 갖고 가서 미아지에게 우송해 주시오."

나는 마아사를 불러들여 마아지에게 보낼 전언의 타이프 사본을 읽어주고 지금부터 내 일은 모두 포기하고 즉시 차를 몰아 시내로 가서 그 명령을 이행할 수밖에 없다고 이야기해 주었다.

편지를 우체통에 넣는 순간 지금껏 나를 무섭게 덮어 누르고 있던 무거운 것이 떨어져 나간 것 같은 기분이 들었다. 제지가 있다는 느낌이 사라져 버린 것이다.

날이 갈수록 이상스런 기분과 의심스러운 마음이 더해 갔다. 그러나 마아지로부터는 아무런 소식도 없었다. 나는 나 자신을 책망했다. 그래서 마아사에게 이렇게 말했다.

"어째서 그 편지를 마아지에게 서둘러 보내도록 했을까? 그녀에게는 그 전언이 무엇을 뜻하는 것인지 전혀 알지 못하리라고 생각된다. 그녀에게는 틀림없이 무의미한 것이어서 질리고 있을 것이다. 우리의 감정을 상하게 하고 싶지는 않겠지만, 아마 나를 멍청이라고 생각하고 있을 것이다."

2주일이 지난 후에는, 제지로부터의 전언이 나의 상상에 의해 만들어진 이야기에 틀림없다고 현재의식으로 생각하게 되었다. 그런데 이 현재의식이란, 육체의 감각에 의해 제약당하고 있어서 논리적으로 생각하고, 이상하게 생각하며, 무슨 일이든 의심을 품고 예상을 세우기도 하고 흡수하기도 하는 마음이다.

이 무렵 나와 아내는 텍사스의 포오트워스에 살고 있던 딸 마아샤와 그 가족이 있는 곳에 다니러 가기로 했다. 하루 빨리 출발하여 안칸소의 야구장에서 재선거 운동을 시작했다. 그곳에서는 친구인 시드맥머드 지사가 그날 밤에 야구장에서 재선거 운동을 시작하려 하고 있었다.

특별석으로 막 들어가려고 할 순간 흥분한 목소리로 부인이 부르는 소리가 들렸다.

"해롤드씨! 마아사!······아이 정말 뵙게 되어서 천만 다행입니다!"

우리는 그 소리에 뒤를 돌아다보았다. 마아지 라이언이 달려

오는 것이 보였다. 우리는 인사를 나누고 마아지는 나를 향해 말했다.

"해롤드씨! 놀라운 이야기를 편지로 알려 주셨을 때부터 한 번 그 일로 만나 뵙기 위해서 나오려고 했었습니다. 편지로는 좀 알리기 곤란한 일이었기 때문에. 그러나 이것저것 볼 일이 겹쳐 갈 수가 없었습니다. 헤롤드씨, 그 제지로부터의 전언을 받으신 날의 오후 2시 7분에 제가 어디에 있었는지 아십니까?"

"글쎄오, 짐작조차도 할 수 없습니다만……."

하고 내가 대답했다.

"보스턴 산맥에 가 있었습니다. 피에트빌과 리틀록 사이의 71호선에 면한 지금까지 본 중에 가장 아름다운 집이었지요. 나는 여자 친구와 함께 있었어요. 그리고 그곳 경치에 반해 버렸으므로 그 집을 사기로 결정했었습니다. 은행으로 타협하러 갔었고, 유리 카스프링즈의 집을 공매 처분에 붙이지 않으면 안 되니까 그날 늦게 돌아와서 계약금을 치르겠다고 그 집 주인에게 말했었지요."

라고 말했다.

"제지로부터의 전언이 있었던 것은 바로 그 순간이었죠. 즉 '마아지에 전해주시오—그 일을 하지 말라—일생동안 후회할 것이다—만약 그 일을 한다면!' 이라는 전언이었지요.

그런데도 리틀록에 차로 달려가 은행측과 타협을 보고 돌아왔습니다만, 아직도 그것을 사려는 마음은 변하지 않았습니다. 그런데 그 장소에 가까워지면 가까워질수록 그것을 사려고 했던 마음이 차차 시들해져 갔어요. 그래서 마침내 자신의 가슴에 물어보았어요.— 나는 지금 무엇을 하려고 하는가? 나의 기초는 모두 결혼생활 중에 유리카스프링즈에 뿌리를 내리고 있다. 친구와 사회적인 활동, 흥미의 대상이 있는 것은 전부 저쪽이다. 당신은 이곳의 풍경에 반했을 뿐이다. 이곳에 살게 된다 하더라도 2,3일이 지나서 주위의 경치가 평범해지면 친구들과 헤어져 있는 쓸쓸함을 도저히 견디어 내지 못할 것이다. 일단 이러한 생각이 들자 그것을 산다는 계획을 완전히 단념하고 자동차를 세우지 않고 곧장 몰아 그곳을 지나쳐 버렸어요. 다음 날 아침에 유리카스프링즈의 그리운 우리 집에 도착해 보니 그토록 아름답게 보인 일이 예전에는 없었을 정도였습니다. 그리고 바로 그때 당신이 보내 주신 편지가 우편함에 들어 있었던 것입니다."

"해롤드 셔어먼씨, 제지가 당신을 통해서 나를 움직였다는 것을 다른 사람들은 믿지 않을 것입니다만 저는 잘 알고 있어요. 그 장소의 경치를 바라보고 있던 그날 오후에 제지는 틀림없이 저와 같이 있었습니다. 그리고 내가 자신을 잃고 꿈 속에 있었을 때 직접 저를 움직이려고 했어요. 그러나 제가 너무 정신이 팔려 있었기 때문에 나의 마음 속에는 들어오지 못했던 겁니다. 그런 때에 제지가 당신을 생각해 냈다는 것은 당연한 이야기지요. 그래서 당신에게 인상을 주고 편지를 부쳐 달라고 독촉했던 겁니다. 그 후에 제지는 저에게로 돌아와 심히 추궁하고, 무엇 때문에 그것을 사려고 생각하느냐를 따져 보게 한 것이지요. 그리고 그 장소에 묶여 있던 생각을 일단 풀게 한 것입니다. 만약 샀다면 큰 잘못을 저지른 결과가 되었을 것이고, 일생동안 후회했을 겁니다.
 그러나 어떻게 해서 이런 일을 쓸 수 있게 되는지요? 당신들을 잠시 만나 뵙고 나 스스로의 체험을 직접 말씀드리고—이제는 사후의 생존에 대해서는 조금도 의심할 여지가 없다고 하면 그것으로 좋았을 텐데."

 나에게 있었던 많은 초감각적 체험 중에서도 이것은 정말 두드러진 사건이었다. 이 통신에 관련되어 있는 요소를 잘 생각해 주기 바란다. 이것이 텔레파시의 체험이었고, 내가 마아지 라이언의 마음으로부터 인상을 받았더라면, 예의 땅을 사려고 여념이 없었던 인상을 반드시 얻게 되었을 것이다.
 그녀의 의식은 오후 2시 7분에 그 욕망에 꼭 묶여 있었으므로 '그렇게 해서는 안된다!'라고 하는 경고적인 느낌을 받았을 리가 없다.
 나의 마음과 접촉한 영적 존재가 최초에 그 신원증명을 하는 일을 중요시했다는 것도 뜻이 깊다. 그래서 이 전언의 수신 시간이 증거로서 중요하다는 것을 알고 있었으므로, 나는 시간을 편지에 써 넣어 두라고 한 지시에 따른 것이다.

 그때의 마아지의 생각이나 의도와는 전혀 반대인 전언을 기록한 것은 거기에 표시된 것이 제지 라이언의 실체 이외의 다른 아무것도 아님을 말해 주고 있다.
 이런 종류의 비슷한 체험을 통해 알게 된 일로서, 나는 자신의 주의를 끄는 영이 있다는 느낌에 먼저 가위 눌리게 된다.

다음에 감수성을 강하게 해 둠에 따라 대개 이 느낌은 차차 발달하여 통신을 시도하고 있다고 생각되는 실체의 심상(心傷)이 된다.

이것은 생존해 있는 사람의 마음으로부터 텔레파시의 인상을 받을 때와는 현저한 대조를 이루고 있다.

즉, 생존해 있는 사람으로부터의 텔레파시인 경우에는 우선 그 사람과 관련이 있는 상념 또는 사건을 알게 되는데, '저승'에서 오는 인상에는 통신하고 있는 실체가 전언을 통하게 하기 전에 먼저 그 신원을 밝히는 일에서부터 시작된다.

적어도 내가 경험한 이런 종류의 통신에서 똑같이 중대한 의의가 있는 것은 아직 이 세상에 있는 친구나 친척과 접촉을 바라는 특정한 이유가 죽은 사람들 측에 있었다는 것이다. 그러나 내가 받은 통신은 거의 개인적인 것이어서 그것을 받은 사람들은, 인상의 확실성은 인정하면서도 이름만은 공개하지 말아 달라고 하는 것이 보통이다.

영혼은 사랑하는 사람을 지켜 주는가?

　어느 날 갑자기 중서부에 살고 있는 친구가 위독하다는 인상을 받았다. 편지의 왕래도 극히 드물었고, 그의 건강상태를 내가 특별히 걱정할 만한 이유는 없었다. 그러나 그 즉시 그 B라는 친구에게 편지를 내어 어떤 상태인가 안부를 물었다.
　얼마 후 그의 아내가 보낸 전보를 받았는데, 그에 의하면 내가 인상을 받았을 때에 B는 심장마비를 일으켜 갑자기 입원했다고 한다. 그리고 몇 주일 후에는 사망했다는 것이었다.
　그리고 몇 개월이 지난 후에 그를 꿈에서 보았다. 그런데 다음날 아침이 되어 무엇인가 몹시 걱정이 되는 일이 있어 마치 내곁에 와 있는 것 같은 낌새를 느꼈다.
　그는 나의 마음의 심층에 하루종일 들어와 있었다. 그리고 자기 아내가 비탄에 빠져 낙담한 나머지 자살할 생각으로 있다고 하는 통신을 갖고 초저녁에 나타났다. 그러니 다음과 같은 편지를 내어 안심시켜 달라고 나에게 부탁했다.
　그리고 그는 다음과 같이 말했다. 자기 자신은 아직 살아 있으며, 아내가 체험하고 있는 일은 전부 잘 알고 있다. 그러나 지금과 같은 생각을 한다는 것은 잘못이다. 참고 견디고 있으면 만사가 모두 잘 될 것이다.

나는 곧 말대로 편지를 썼다. 나중에 그 부인으로부터 전화가 걸려와 마음으로부터 감격하고 있으며 그 편지가 빨리 도착하여 목숨을 건졌다고 흐느껴 울면서 말했다.

'영혼'이 이 세상에 있는 동안에 한 체험담을 들어 신원 증명을 시도하는 통신보다는 이런 통신 편이 훨씬 물질계와 비물질계와의 사이에 통신이 가능하다는 것을 잘 나타내고 있다.

이와 같은 체험은 생존해 있는 친척이나 친구의 마음에도 기록이 되어 있다. 이 사람들이 기억하고 있는 것은 무엇이든 영매에 의해서 텔레파시를 통해 영(靈)과 비슷한 것으로부터 전해지고 있다고 잘못 해석된다.

이승 저편에 생존하고 있는 사람과의 실제적인 교령(交靈)을 증명하는데 어려운 큰 원인의 하나가 여기에 있는 것이다.

그러나 통신령(通信靈)이 당장에 일어나고 있는 사건을 알고 있는 것이나, 도움이 되고 싶다는 희망을 표시하고, 생존하고 있는 사람이 누구나 알 수 없는 정보를 제공해 주는 경우가 더 신빙성이 있다.

여기에서 신중하게 고려해 볼 만한 가치가 있는 일이 있는데, 그것은 육체가 없는 유체로부터 오는 나의 인상은 대개의 경우 그들이 죽은 지 얼마 되지 않았거나 그렇지 않으면 처음 수개월, 길어야 1년 이내에 있었다는 것이다. 시일이 그 이상 지나면 접촉은 점차 드물게 되고 죽은 지 몇 년이 지났을 때에는 죽은 사람으로부터의 소식을 듣는다는 것은 불가능하다고는 할 수 없을지라도 그러한 기회는 매우 적다.

 이것은 죽은 사람들의 관심이 죽음이라고 불리는 변화의 초기에는 극히 강하다는 것, 그리고 그들이 그 새로운 형태의 생활에 순응함에 따라 사랑하는 사람들을 뒤에 남기고 간 상태로부터 점점 생명의 자기(磁氣)를 잃어 간다는 것을 시사하고 있는 듯하다.
 대부분의 사람들은 위독상태가 되면 가족을 곁에 불러서
"나를 편히 가게 해 주시오……붙잡지 말아 주시오……편안하게 죽게 해 주시오."
 라고 애원조로 말한다. 그들은 감각이 예민해졌을 때, 서로 진심으로 아끼는 사람들 사이의 잠재의식 수준에 설정되어 있는, 내가 전자기(電磁氣)의 고삐라고 이름 붙인 것이 있음을 알고, 이 고삐를 단절해 주지 않으면, 새로운 차원으로 이동해 가기 위해 영혼을 해방시킬 수 없다는 것을 알게 되었을 것이다.
 말이란 감정과 내적인 체험의 빈약한 대용품이다. 그러나 말은 우리들의 발달 단계에 있어서는 자기의 생각을 다른 사람에게 전달하는 방법으로 쓰이는 우리들이 가지고 있는 유일한 수단이었다.
 초감각적 지각의 능력은 오로지 마음의 수준에서 작용한다. 그리고 받는 사람은 인상을 묘사한다든가 분명히 하기 위해서 말을 찾아 내지 않으면 안될 경우가 많다. 때로는 전화를 잇는 것과 같은 수법으로 두 사람 사이의 마음의 파장을 정할 수가 있다. 이러한 과정 아래서 송신자의 소리가 마음의 귀에 들리게 되는 것이라고 생각된다. 그리고 지난 날 살아 있을 때 실제로 교환했던 대화에서 상기하고 있는 것과 같이, 또는 지금 이 순간에 통신이 교환되고 있는 것처럼 말이 의식에 떠오른다.

　휴버트 윌킨즈 경은 1958년 12월 1일에 이 세상을 떠났다. 저 유명한 장거리 텔레파시의 연속적 실험을 하고 있는 동안 마음이 하나로 이어져 있었으므로, 실험이 끝난 후에도 무엇인가 윌킨즈 경의 신상에 일어난 인상을 받은 일이 있는지, 또는 그가 죽은 후에 소식이 있는 것같이 느껴진 일이 있었는가 라고 여러 번 질문을 받았는데 사실 그대로였다.

영계에서 전달된 이야기

 어떤 실험이 끝난 후 윌킨즈 경은 미국 군부에 근무하면서 연구에 종사하고 있었다. 그의 적(籍)은 수도 워싱턴에 있었으나 거의 전쟁터에 나가 있었다. 그동안 나와는 2,3개월마다 편지를 교환했는데, 어느 때인가 그에게 정신의 주의력을 기울이면서 시카고에서 편지를 쓰고 있었을 때 갑자기 다음과 같은 추신(追伸)을 써 넣고 싶은 충동에 사로잡혔다.

 '당신이 연기와 불꽃에 둘러싸여 있는 광경이 보인다. 숨이 막혀 기침을 하고 있는 것 같다. 이 이상한 인상은 설명할 수 없으나, 아무튼 구사일생을 한 듯한 느낌이 든다.'
 윌킨즈씨가 다음과 같은 편지를 나에게 보내온 것은 그 수주일 후에 워싱턴에 돌아와 내가 보낸 편지를 받아본 후였다.

 '그러한 인상을 받았다는 것은 정말 기묘한 일입니다. 틀림없이 그날 육군용의 신형 석면내화복(石綿耐火服)의 실험을 하고 있었습니다. 발화점이 낮은 2,250리터의 가솔린의 불길

을 통과하고 있었습니다. 그 불길 속에서 옷에 터진 곳이 생겨 잘못했으면 질식사 해서 죽을 뻔했습니다.'

또 어느 때인가 윌킨즈씨에게 보낼 편지를 쓰면서 그에게 정신을 집중하고 있었더니, 내 마음이 어떤 사고에 대한 인상을 포착했다. 팔에 부상을 입은 외에 어깨까지도 부상을 입은 것 같은 느낌이었으므로 내가 느낀대로 편지를 써서 보냈다.

그 편지에 대한 그의 답장에는 다음과 같이 내가 받은 인상이 확인되어 있었다.

그에 의하면, 그는 버스를 타고 워싱턴으로 돌아오고 있었는데, 앞에서 돌진해 오는 차가 있어 정면 충돌을 피하기 위해서 버스가 자동차 도로에서 벗어나 개울에 빠져 뒤집히고 말았다.

버스가 사고를 일으켜 납작해지기 얼마 전에 자기는 앞자리를 어떤 초로(初老)의 부인에게 양보하고 맨 뒷자리로 옮겼다고 한다. 그런데 그 부인은 즉사했고, 다른 두 사람의 승객이 죽었다. 다행히 윌킨즈 경은 목숨을 건졌으나 쇄골이 부러지고 팔에도 부상을 입었다는 것이었다.

이 이야기도 역시 그에게 편지를 쓰고 있었을 때의 일로서, 내 가슴속에서 무엇인가 석연치 않는 느낌이 들었다. 그래서 이것은 도대체 어떻게 된 일인가 라고 나의 마음에 물었다. 펜실베니아의 농장에서 수박을 운반하고 있을 때 발이 미끄러져 늑골 몇 개에 금이 갔다는 대답이었다.

이와 같은 인상은 모두 초감각적 지각의 작용에 있어서의 감정의 역할을 입증하는 것이다. 이와 같은 모든 사건은 윌킨즈 경의 정신과 감정에 뚜렷하게 기록되어 있었던 것이다. 정기적으로 실시한 실험이 끝나고 몇 년이 지난 후까지도 그로부터 상념의 인상을 받을 수 있다는 것은 우리들 사이에 강한 친화력이 설정되어 있으며 그것이 오래도록 존속되고 있었다는 표시이다.

이것은 또 인간이 사후에도 계속 존재한다면, 이 세상을 떠난 사람의 의식이 현세에 있는 사람과 통신할 수 있다는 것을 암시하고 있다고도 말할 수 있을 것이다.

윌킨즈씨와 나는 이 가능성에 대해서 토론은 하고 있었으나, 우리들 중 어느 편인가에 만약의 일이 일어났을 경우에 어떻게 하겠다는 약속은 없었다. 그러나 내가 그러했듯이 윌킨즈씨 역시 나를 생각할 수 있는 조건을 자기 자신에게 마련해 두었던 것이다. 그리고 나는 나 자신의 마음이 그에게서 오는 송신이면 무엇이든, 또 언제든 받아 들여 버린다는 사념(思念)을 방출했다.

그러나 윌킨즈씨가 사망한 이후 나는 내내 창작활동으로 너무나 바빴기 때문에 계획했던 마음을 움직이는 것 같은 생각이 들면 정성껏 빠뜨리지 않고 기록해 두었다. 여기에서는 그 중에서 날짜가 다른 두 가지의 통신을 골라 발표해 두기로 하겠다.

이 두 종류의 접촉이 있었을 때에는 윌킨즈씨가 방 안에 나와 함께 있는 것 같은 느낌이 들었던 것을 지금도 확실히 기억하고 있다. 그래서 언제나 기분을 편안하게 갖고 보내져 오는 통신을 그대로 구술(口述)할 수가 있었으므로, 글자로 표현하는 데 그다지 불편이 없었다. 언제나 전 신경을 그의 소리의 인상에 집중할 수 있었던 것이다. 그것은 바로 다음과 같은 일이었다.

캘리포오니아 헐리우드
1959년 4월 25일
셔어먼씨, 안녕하십니까?
그쪽에까지 통신이 닿게 한다는 것은 쉬운 일이 아닙니다. 얼마전부터 실험해 보았습니다. 마음이란, 실체 그 자체를 뜻하는 핵심의 둘레를 돌고 있는 자기(磁氣)를 띤 이념, 또는 개념의 집합체인 소우주 비슷한 것임을 알았습니다.
실체는 세상에서 궤도라고 부르고 있는 것 근처에 이들 이념이라든가 개념을 거느리고 있습니다. 그리고 이 자장(磁場)을 외부에서 통과한다는 것은 그리 쉬운 일이 아닙니다. 우리가 했던 실험에서 당신이 나에게서 오는 '상념의 인상'이라고 부르던 것을 받기 위해서 얼마나 큰 노력을 하지 않으면 안 되었는가를 이제야 겨우 알게 되었습니다.
이 우주는 인간이 책이나 과학적 논문에서 묘사한 것과는 조금도 닮지 않은 것입니다. 사람이 태어난 혹성에서 이탈하는 것은 에너지의 입자(粒子)가 지배하는 힘 때문에 매우 곤란합니다. 그런 이유로 유골이 재빨리 내 것이 아니게끔 윌킨즈로서 세상에 통하고 있었던 신체를 불로 돌아가게 해 준 것을 기쁘게 생각하고 있습니다.
이 유골이 북극에서 해방되었으며, 더구나 얼음에 덮인 곳에 있는 새로운 선구자에 의해서 행해졌다는 데에 크게 만족을 느낍니다.

그들은 나의 꿈을 실현해 가고 있습니다. 어떤 인간이 생애에도 어떤 일을 완전 성취하는 실체는 단 하나도 없고, 다른 사람이 이어 받아 계속하기 위해서 남기고 간다고 하는 꿈을.

나의 생각을 당신의 마음의 자장을 통해 발송하면서 당신이 마음에서 받아 주는 것을 지켜보고 있습니다. 이들 충동이 어떻게 하여 그쪽 마음의 회로를 통하여 의식성에 까지 전달되어 가는가, 그리고 거기에서 이들 충동은 감정이 되는 셈인데, 그것을 다시 말로 표현하는 것을 관찰한다는 것은 퍽 재미있는 일입니다. 아주 훌륭한 과정입니다.

정신적인 접촉이 일단 이루어지면, 그것을 마음에 고정시켜 두고 떨어지게 해서는 안됩니다. 그리고 내가 감지한 바로는 전달하는 편보다는 받는 편이 훨씬 더 어렵다는 것을 알았습니다. 나는 다만 자기 힘을 그쪽에 집중시키기만 하면 되는데, 당신을 자신의 마음의 기능을 일시적으로 중단시키고 나를 감지해 주어야만 합니다.

나는 현재의 내가 아니라 과거에 있던 그대로 상상하실 필요가 있습니다. 그러나 참모습의 실체를 이해하는 사람은 지금까지 아무도 없었습니다. 그것은 무엇인가 커다란 것에 늘 둘러싸여 있고, 그 자신에게도 영원한 신비인 것 같습니다.

〔이야기가 여기까지 왔을 때 아파트 현관에 있는 벨이 별안간 길게 울려 아내가 나가야만 했었다. 소포를 가지고 온 관리

인이었다. 통신은 다시 시작되었다.]

내가 감지한 바로는 당신은 몹시 피로해 있습니다. 지금 막 훼방꾼이 들어 왔었고, 그래서 에너지를 바꿀 필요가 생겼습니다.

극히 진부한 영어로 들린다고 생각되므로, 지금 당신은 내가 보내고 있는 이 말에 거역하고 있습니다. 그것은 단지 끝난다는 신호이며, '안녕히'라는 말입니다. 그리고 몇 번이나 보셨던 내 이름을 당시의 마음에 새겨 두시기 바랍니다……
(윌킨즈)

캘리포오니아 헐리우드
1959년 6월 13일
셔어먼씨, 안녕하셨습니까!

나는 확실하고 입증할 수 있는 통신로를 여는 데 흥미가 있는 다른 사람들과 마음의 회로를 열심히 연구하고 있습니다. '산 자'와 '죽은 자'와의 두 세계가 서로 어째서 좀 더 밀접하지 못했던가를 나는 이제야 겨우 알게 되었습니다. 그것은 사람이 영계인 언어를 이해하지 못하고 있다는 데에 원인이 있습니다. 언어란 난해한 음성의 연속에 지나지 않는다는 것을 뜻하고 있습니다.

평범한 인간의 마음은 육욕에 지배되는 생활에 집중되고 대부분은 정신생활보다도 오히려 외면적 생활에 주의가 고정되어 있습니다. 그러므로 '이 세상을 떠나 간' 사람의 마음으로부터 주어진 누구의 것인지 분간할 수 있는 사고나 인상을 자동적으로 거부하고 받아들이지 않는 것입니다.

무엇인가 신뢰할 만한 결과를 얻기 위해서는 상념을 받는 일에 관심을 갖고 더구나 그런 능력이 있어야 되며, 우리들이 실험을 했을 때처럼 규칙적으로 시간을 정해 놓고 마음속의 수준에 청력의 보초라고도 할 수 있는 것을 세워 둘 필요가 있습니다. 마음의 기능이 휴식을 취하고 있는 상태가 되므로 이미 훈련을 쌓은 수면중인 사람이 어느 모로 보아도 이상적입니다.

그러나 마음의 전 회로가 평소의 의식적 및 잠재의식적인 활동에만 관계하고 있다면, 그 실체에까지 닿게 하여 인상을 지우기는 극히 어렵습니다.

이곳은 건너가기 어려운 곳입니다. 그러나 신체의 다른 기관은 다른 때에 다른 임무를 완수하기 위해서 이용되는데, 함께 이용되는 일은 없다는 것을 상기한다면, 아마 그것은 설명이 가능할 것입니다. 필요에 따라서 자연은 한편의 기능을 폐쇄하고 같은 기관이 다른 기능을 발휘하게끔 합니다. 성적 현상의 경우에 있어서도 2원칙 효용은 분명합니다. 한쪽의 기능을 완만하게 하거나 대부분을 중단시켜 버리지 않으면, 다른 기능이 이어 받아서 또 다른 목적에 대해서 동일한 경로에 사용할 수 없게 됩니다.

모든 마음의 회로가 폐쇄회로라고 불러도 좋은 상태로 규칙적으로 작용하고 있는 사람으로부터 온 것이든 영으로부터 온 것이든 다른 사람의 마음에서 전해져 오는 상념의 흐름과 접촉할 수는 없습니다. 이 점이 문제입니다.

　더구나 상념에는 명령이 수반되며, 상념이 점령하는 어떤 종류의 의식에라도 좋든 나쁘든 영향을 끼치는 경향이 많으므로 그것이 위험하지 않는 경우란 좀처럼 생각할 수 없습니다.

제 6부

영혼과의 대화

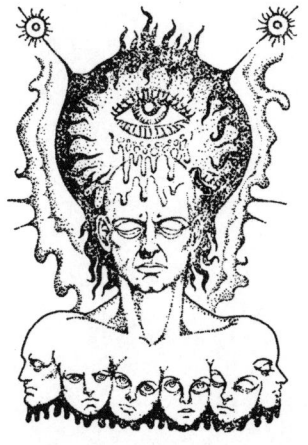

점술판 교신법

 십만억토(十萬億土)의 저편으로부터 조오 아저씨를 불러내고 싶다는 소원은 인류의 역사와 더불어 옛부터 있어 왔던 일이다.
 이와 같은 무모하다고 할 수 있는 계획에 따라다니게 마련인 약점을 찾아본다면, 자연히 필요에 따라서 '저승'에서 우연히 일어나는 접촉을 기다리고 있을 수 만은 없다. 따라서 이 편에서 '저승'에 접촉을 하고 싶어하는 열의가 생기게 마련이다.
 말할 것도 없이, 누구나 자기와 가깝게 지냈던 죽은 사람들과 접촉을 꾀하는 걸 바람직하다고 생각하지는 않는다. 또한 이와 같은 일을 시도하는 게 타당하다고 여기는 특수한 견해를 품고 있는 사람들도 있다.
 이것은 종교적인 마음에서 생기는 압력도 있을 것이고, 근거도 없는 편견때문에 빚어지는 경우도 있다.
 또한 미지의 것에 대한 공포심에서 비롯되는 수도 있다. 한편 이와 같은 접촉은 당연한 일이라고 생각할 뿐 아니라, 오히려 바람직하다고 생각하고 있는 사람들이 훨씬 많다. 단순한 욕망에서부터 순수하게 영적인 호기심에 이르기까지 그 동기는 가지각색이다.

좋은 영매를 소개해 주지 않겠느냐고 하는 부탁 편지가 필자의 집에 오지 않는 날이 없다. 그 목적은 대부분 일신상에 관한 것이었다.

그와 같은 부탁을 하는 목적은, 언제나 사랑하는 사람과 어떠한 접촉을 하려는 데에 있다. 그 다음으로 많은 것은 자기 자신의 미래를 알고 싶다는 것이다.

죽은 사람은 생전보다 무슨 일이나 알고 있다는 추상적인 전제 밑에서 지금은 죽은, 살아하는 사람의 충고를 듣고 싶어 한다.

그러나 그렇게만 되지는 않는다. 비구상세계를 향한 길이 현인을 만드는 것은 아니다. 오로지 죽었다는 것만으로, 죄인이 갑자기 천사로 둔갑을 하고, 선인(善人)이 성자(聖者)가 되는 것은 아니다.

죽음이란 그 모든 것을 순화시키는 것은 아니다. 만약 죽음이 무엇을 순화시킬 수 있다면, 영혼에게 무엇인가 새로운 것을 배우게 하고 그때까지 모르던 것을 알려 주는 것 뿐이다.

만약 죽은 사람에게 흥미만 있다면 '이승'에 있었을 때와 마찬가지로 그는 지식을 넓힐 수가 있는 것이다. 다시 말해서 생명은 존속한다는 것이다.

이와 같은 탓으로 어떤 사람은 죽은 뒤에 높은 지식을 얻었는데, 이 지식 가운데에는 미래에 일어날 사건을 예견하는 것도 포함되어 있다는 것은 결코 거짓말은 아니다.

현세에 있어서 일상생활을 예견하는 일을 방해하는 시간과 공간의 장벽이 비육체적인 세계에서는 존재하지 않기 때문에 이와 같은 일이 있을 수 있는 것이다.

사건은 그것 자체로서 생기는 것이다. 투철한 투시력을 지닌 사람만이 시간을 초월한 '저승'을 꿰뚫어 볼 수 있으며, 그 일은 '이승'에 살아 있는 친지들에게 알려줄 수 있는 것이다. 그러나 모든 죽은 사람이 이렇게 할 수 있다는 것은 아니며, 만약에 그것을 알려고 하는 개개의 의지가 없다면, 죽었다고 해서 그렇게 할 수 있도록 아무런 도움도 줄 수 없다.

단순하게 생각하는 사람들에게는, 현실 세계의 생활 속에 깊이 뿌리박은 종교처럼, 죽은 사람의 초능력에 대한 신비스런 신앙이 싹터 왔다.

이토록 진실과 거리가 먼 일은 있을 수 없는 일이다. 산 사람과 죽은 사람의 유일한 차이는, 그 육체가 지는 농도의 차이일 뿐 꼴불견인 '포장'인 육체보다 영체 편이 보다 큰 기동성을 지니고 있다는 것뿐이다.

이와 같이 죽은 사람과의 접촉을 바라는 일은 접촉을 할 수 있는 적당한 개인만의 문제로 한정된다. 특히 성격적으로 균형이 잡히지 않은 사람, 너무 줏대가 약한 사람은 적어도 심령연구가의 적절한 지시가 없이는 이에 적당치 않아서 위험은 이중(二重)이 된다.

우선 사랑하는 사람을 잃은 것을 참을 수 없는 사람은, '저승'에서의 생명에 중점을 지나치게 두어서 자기에게는 받아들여지지 못하는 관념이라고 체념을 하고 만다.

육체에는 육체만이 지닌 일이 있고, 죽은 사람은 현실의 인간관계 속에서 산 사람의 대신 노릇을 할 수 없다.

육친을 잃은 사람은 살아 있는 사람들 사이의 인간관계를 계속 추구하는 일과, 죽은 사람과의 유대를 바꿔 놓고 만다.

근친을 잃은 사람이 슬퍼하는 것은 죽음이 절망 이외에는 아무것도 없는 '저승'으로 가는 암흑의 재액(災厄)이며, 비참하고 파멸만 가져오는 사건이라고 많은 사람들이 생각하고 있는 잘못된 관념에 바탕을 두고 있기 때문이다.

종교에 따라서는 신자가 살아 있고, 정신적으로 또는 물질적으로 이바지할 수 있는 동안은, 그들이 교회를 유지하기 위하여 그들을 꼭 붙잡아 두기 위한 방법으로 이런 생각을 부채질하기도 한다.

일부의 종교인, 여러 종파의 이 인류는 불멸의 영혼을 지니고 있고, 불멸설(不滅說)・부활설(復活說)・천국・지옥에 대하여 말하는 종교의 교의는, 도덕적인 의의를 지닌 상징적인 우화이다. 이는 글자 그대로 진지하게 받아들일 수가 없게 되어 있으나, 그런 것이 아닐지도 모를 거라는 의견을 내놓고 있다고 하더라도 대부분의 종교는 앞서 말한 생각을 부채질하고 있는 것이다.

육친을 잃은 사람이 스스로 택한 교회에서 거의 또는 전혀 위안을 받지 못하고, 사랑하는 사람과 먼 '저승'에서 재회할 것에 대하여 극히 막연한 보증만을 받고 내쫓길 경우, 그 사람이 자기 자신의 영계 채널을 요구하는 것은 지극히 당연한 일이다.

이들 채널에는 진짜도 있으나, 그렇지 않은 것도 있다. 감정적으로 스트레스가 있는 대부분의 사람들에게는 얼핏 보아서 그 채널이 진짜인지 가짜인지를 분간하기가 불가능한 것이다.

더구나 영교신(靈交神)을 원하고, 성공하기를 바라는 마음이, 사기인지 자기 기만인지 생각지 않고 지나쳐 버리니까 이러한 요인이 되고마는 것이다.

자연발생적인 현상, 다시 말해서 죽은 사람 쪽으로부터 보내온 교신은 앞서 말한 요인이 전혀 없는 본연 그대로의 사상(事象)인 것이다.

현실적으로 접촉하고 메시지가 전달되기 까지, 살아 있는 사람은 전혀 알지 못하는 입장에 놓여 있는 것이다. 따라서 메시지 가운데 영매가 모르는 특수한 내용이 포함되어 있거나 영교신이 직접 수신인에게 보내져 오더라도 그 사람 자신의 지식은 전혀 고려하지 않는 것이다.

10년 동안이나 조오 아저씨의 일을 생각한 일이 없는데, 갑자기 사별한 그의 아내에 대하여 특정한 메시지를 전하는 아저씨의 음성을 들은 사람이 있다면 그 목소리를 '환각'이라고 단정할 수는 없다.

그것이 정확한 메시지일 경우에는 더욱 더 그렇다. 전혀 관계가 없는 사람이 영매를 통하여 교신하고, 수신인이 그 메시지를 이해하기 위하여 열심히 고개를 갸우뚱하고 찾아다닐 경우, 환각설은 근거 있는 설이 될 수는 없다.

죽은 사람과 교신하기를 원하는 산 사람에게는 정당한 이유가 있을 것이다. 죽은 사람만이 해결할 수 있는 미완성인 일들, 사랑하는 사람의 행복과 불행, 삶이 존속된다는 것을 확인하고 싶다는 소원, 또는 특정한 일에 한하지 않고, '저승'에 대하여 더 많이 알고 싶다는 것을.

어느 편이나 교신 채널을 만들겠다는 훌륭한 이유가 되는 것이다. 살아있는 사람, 개인의 운명, 애정생활, 미래의 전망에 관한 관심은 예지를 전문으로 하는 투시능력자에게 맡기는 편이 오히려 적당하다. 그러나 이번 경마에서 어느 말에 걸어야 좋다는 걸 알고 싶다는 경우에 대해서는 분명히 말해 두고 싶다.

그런 버릇을 못 버리겠다면 잠시 점쟁이에게나 가서 부탁을 하는 게 오히려 훨씬 나을 것이다.

다른 사람의 미래를 꿰뚫어보는 투시능력자에게서 얻은 '정보'는 도대체 어느 편에 속하느냐 하는 것이 문제이지만, 그런 것이 ESP능력을 통해서 얻어진 것인지, 혹은 죽은 근친이 알고 싶어하는 의문에 대해 이로운 정보를 준 것인가에 따라 정해진다. 어떻게든 간에 결과는 말할 것도 없이 초능력적인 것이다.

가령 당신이 어떠한 이유로 죽은 근친과 접촉하는 일에 흥미를 가지고 있다고 하자. 어떻게 하면 좋겠는가?

가장 간단한 방법의 교신은, 당신과 그, 또는 그녀가 전화로 주고 받는 형식과 같은 것이 될지도 모르지만, 그것의 대용품으로서는 점술판이 좋을 것이다. 다시 말해서 점술판(占術板)에 대해서는 이미 말했다. '예', '아니요'나 알파벳을 쓴 얇은 판자이다.

작은 나무로 만든 지시기(指示機)가 판자 위를 미끄러져서, 그것이 저쪽의 글씨나 말이 써있는 곳에서 멎는다. 당신의 손과 그 밖의 한 사람이나 두 사람이 각각 한 손을 그 지시기 위에 가볍게 놓는다.

때로는 거꾸로 세운 컵을 지시기 대신으로 써도 상관없다. 점술판은 아무런 신비스러운 힘도 지니고 있지 않다. 어떠한 초능력적인 성질이 그것을 통하여 생긴다면, 그 일을 일으킨 것은 당신과 함께 손을 얹은 사람일 것이다.

이상에서 나타난 결과는, 당신과 당신이 자리를 같이 한 사람들에게는 무엇이 어떻게 됐는지 모르겠지만, 그것은 당신들의 잠재의식에 깊이 뿌리박고 있었던 것인지도 모른다. 점술판은 당신의 잠재의식을 끌어내는 작용을 하므로 이와 같이 해서 얻은 결과는, 비구상적인간(非具象的人間), 다시 말해서 죽은 사람과 실제로 말을 나눈 증거가 될 수 없는 게 상례이다.

그러나 때로는 이런 방법으로 죽은 사람과 산 사람이 교신을 할 수 있었다고 생각되는, 아주 미지의 자료를 얻는 수도 있다. 이것이 사실인지 아닌지를 증명하려면, 모든 것이 완벽한 조작을 가장 면밀하게 하지 않으면 안된다.

정말 당신이 전혀 몰랐던 일을 영혼이 보냈다는 증거가 있는지 어쩐지, 즉 그때에는 몰랐으나, 나중에 그 자리에 없던 누군가에게 물어보고, 그 내용을 확인할 수 있는가 없는가, 또한 그렇게 해서 얻은 증거에 잘못이 없다는 것을 결정할 수 있느냐 하는 일이다.

점술판을 통해서, 아무도 아는 사람이 없는 인물로서 그 인물의 생활 구석구석까지 잘 아는 사실이 있음에도 불구하고, 조사할 수 없는, 하지만 분명히 엉터리라고 생각되지 않는 '인격'에서 얻어진 교신, 바로 이것이 단정하기를 망설이게 하는 요인이라고 나는 생각하고 있다.

어떤 경우에는 탄생에 관한 기록이나 군대에서의 경력이나, 가족에 대한 정확한 지식, 그들에게 얽힌 진실된 자료까지도 가르쳐 주는 수가 있다. 그럼에도 불구하고, 신중한 조사를 마친 뒤에도 이런 일이 입증되지 않는 것이다.

아마 이럴 경우에는 수신인의 상상에서 생긴 창작이나 점술판을 조작하는 이가 만든 거짓이 아닐까? 그렇지 않다면 입증하기 위한 조사가 불충분했던 탓일까?

필자에게는 영계에 사기꾼이 있다고는 도저히 생각되지 않는다. 다시 말해서 죽은 사람이 누군가 남을 가장한다는 그런 일인 것이다.

악마론(惡魔論)이나 과거의 종교적인 착란된 마음에서 생긴 이야기 속의 요정이나 정령(精靈)을 진정으로 취급해서 생각한 일은 단 한 순간도 없다.

필자는 어느 쪽에나 확신이 설 때까지 점술판을 통해서 보내오는 아직 증명되지 않은 많은 송신에 대하여 결론을 내리지 않는다.

필자는 일단 그런 것들을 옆에 비켜 놓고, 필자가 입증할 수 있는 자료에만 관심을 갖게 될 뿐이다.

초능력 획득을 위한 공심법

 제3자의 개입을 원하지 않고 죽은 사람과 교신하는 법은 이 밖에 또 있다. 점술판은 영교(靈交) 채널로서가 아니라, 조수로서이지만, 적어도 본인 이외에 또한 사람의 인간이 필요하다.
 직접 비밀을 지키고 접촉하기를 원한다면 그 사람에게만은 초능력이 갖춰져 있어야만 된다. 초보적인 ESP 능력을 지니고 있다면 몇 개의 단계를 습득해서 초능력을 발달시킬 수는 있다.
 이 단계를 거치는 가운데 가장 중요한 것은, 갖가지의 명상(冥想)의 형식이나 객관적인 사실의 세계에서 공심법(空心法)을 배우는 일이다.
 이와 같은 마음의 욕심이 없는 상태가 되면 의식적이나 논리적인 마음과 무의식 사이를 잇는 일반적인 인연에서 해방되고, 마음과 마음으로 이루어지는 교신을 할 수 있게 된다.
 대체로 영의 교신은 사람이 이와 같이 공심법으로 받아들일 준비가 되면, '저승'에서 소리가 들려오는 것이다. 흔히 개인이 이쪽에서 부를 수 있게 되기 훨씬 전에, 저쪽에서 영교신을 할 수 있다. 이렇듯 처음부터 살아 있는 사람이 조작해서 패권을 잡기 시작한 영교신의 보기는 거의 없고 드물게 있는 일이지만, 비구상세계(非具象世界)와 그곳의 주민들에게 통하는 한 가지 방법이다.

가장 복잡하지 않은 방법으로는 마음 속에서 만들어 낸 구상적인 상념을, 사랑하는 사람을 향해 외부로 방사시키는 것이다. 어떤 의미에서 이것은 신의 중개를 목적으로 하고 있는 것이 아니라 인간의 반응을 바란다는 점을 제외하면, 기도(祈禱) 같은 것이다.

대부분의 사람들은 자기를 통하는 이 방법으로는 성공하지 못하는데, 이것은 훈련이나 인내나 직업적인 영매가 지니고 있는 그밖의 자질이 부족하기 때문이다. 그 방법으로 성공하는 사람들은 그때까지 그가 지닌 능력을 쓰지 않았던 전문적인 영매가 될 수 있는 소질이 있다는 것을 간단히 증명하고 만다.

이것을 할 수 없는 일반 사람에게 남겨진 방법은, 만약 그 사람이 죽은 근친이나 친구와 접촉을 원한다면, 평판이 좋은 채널, 다시 말해서 접촉을 가능하게 하는 좋은 영매를 찾아야 한다.

적당한 의논 상대를 데리고 영매를 찾아가는 일은 위험하지도 않고 부주의한 일도 아니다. 결과가 없다든가 만족하지 못한다면, 시간낭비가 될 뿐이다.

하지만 그것이 의사나 변호사를 찾아가는 일과 똑같지는 않다고 할 수 있을까? 좋은 결과가 나타난다는 것을 미리 보장받지 못하기 때문이며 사람은 좋은 사람, 나쁜 사람, 태연한 사람 등 가지가지인 것이다.

변호사나 의사는 속이려면 얼마든지 속여먹기에 편리한 직업을 가진 사람이다. 영매도 마찬가지이다.

개인적인 이유에서 직업적인 영매의 이름을 가르쳐 달라고 부탁하는 편지가 산더미처럼 배달되는 것으로 미루어 보아도 많은 사람들이 죽은 사람과 접촉하기를 원하고 있다는 것을 알 수 있다. 반드시 필자는 영매를 추천하는 일은 거절하고 있다.

하지만 필자가 쓴 저서에 이름이 올라 있고, 훌륭한 영매나 심령연구가가 있는 장소도 대강은 열거했으므로, 성의 있는 사람은 그럴 생각만 있다면 찾아내기는 어렵지 않을 것이다.

투시 능력이 있는 영매도 있다. 그들은 단순히 죽은 사람으로부터 메시지를 전할 뿐, 죽은 사람은 제3자의 눈에는 보이지 않지만, 그들 옆에 서서 영매에게 대답하고 그때 얻은 지식을 제공한다.

의뢰인 자신—교신을 원하는 사람—이 만약 영매를 통해서 얻을 수 있는 자료가 순수한 것이며, 다른 것으로 덧붙여지지 않은 것을 원할 경우에는 결코 자진해서 어떤 지식도 주어서는 안된다.

훌륭한 의뢰인은 '예'와 '아니요' 이외에는 말하지 않는다. 영매를 통하여 말한 것을 확인하는 데에는 그렇게 하는 편이 좋기 때문이다.

'예'라는 것을 확인하는 일은, 영매가 '저승'과 접촉하는 일을 도와주고, '아니요'라는 말이 나타나면 일[교신]하기가 힘들게 된다. 그 밖에도 이제는 그것으로 끝났다고 할 때가 되기 전에는 무엇에 대해서 자세히 설명한다는 것은 현명한 일이 아니다.

다시 말해서 차례 차례로 교신에 대한 해독이 진행되지 않기 때문이다.

정직한 영매는 의뢰인이나 영계의 송신인에 대하여 아무것도 알려고 하지 않는다. 다만 영매는 단순한 회로(回路)인 것이다. 영매를 통하여 무엇인가가 알려질 뿐 그 지식에 대하여서는 책임도 지지 않고 내용에 관하여 관심도 갖지 않는다. 이를테면, 뉴욕의 베티 리타는 자기에게 오는 의뢰인은 전혀 그들 자신에 대해서는 말하지 않는다고들 했다.

Z라는 부인은 1966년 3월 23일에 남편을 여의고 외롭게 살고 있었다. 그녀의 친구가 리타에 대한 이야기를 듣고 전혀 알지 못하는 리타 부인에게 부탁하여 사랑하는 사람을 잃은 그녀에게 남편과 만날 수 있게 해달라고 부탁했다.

남편이 작고한 지 한 달 뒤 Z는 베티의 아파트를 찾아갔다. 그녀가 문을 닫고 서로 인사말도 나누기 전에 리타는 부인을 보자 이렇게 소리를 질렀다.

"주인께서 돌아가신 지 얼마 안되시는군요. 주인께선 여기 계시면서 아까부터 여기 있다는 걸 당신에게 전해 달라고 말씀하고 계십니다."

또한 죽은 남편이 그녀의 볼에 다정하게 키스하고 울지 말라고 부탁하고 있다고도 말하는 것이었다.

"당신의 이름은 프리이더입니다."

하고 베티는 계속해서 말하고, 부인은 그녀를 통해서 죽은 남편과 이야기를 한다는 감동적인 시간을 보낸 것이다. 그 기록서에 자진해서 서명을 한 부인은,

"틀림없이 그녀를 통하여 남편이 내게 이야기를 한 것입니다."

이렇게 말하고 있다. 이렇게 인정된, 전달 내용을 Z부인이 교신한 것은, 그녀의 죽은 남편이라고 확신할 만큼 속일 수 없는 것이었다.

영매를 통하여 죽은 남편이 그녀에게 말한 것 중에는 미래에 대한 일이 포함되어 있고, 그때에는 부인에게 전혀 짐작도 할 수 없는 일이 있었던 것이다. 하지만 그때 말해진 일은 나중에 실제로 일어났다.

필자 자신도 리타가 죽은 사람과 대화를 나누었고, 죽은 사람이 그녀에게 말한 많은 증거를 가지고 있다.

극히 최근에 있었던 일은 1966년 8월 20일에 필자가 사는 아파트에서 일어났다. 필자가 미국을 떠나 있는 사이에, 아버지께서 1966년 7월 25일에 뜻하지 않게 돌아가셨는데, 그것은 유럽에서 막 돌아왔을 무렵의 일이었다.

리타는 방에서, 필자와 필자의 아내인 캐시의 건너편에 앉자마자 필자의 아버지가 이 자리에 와 계시며 그는 죽었노라고 말하는 것이었다. 아버지가 사망한 것을 그녀가 알고 있었는지 어땠는지 지금도 필자는 알 수 없으나 그때 필자는 그녀에게 그런 일에 대하여 주의를 기울일 만한 일은 하지 않았다고 생각하고 있다. 하지만 만약 그녀가 아버지의 죽음을 알고 있었

다고 하더라도 그가 언제 어디서 어떻게 돌아가셨는지는 알 까닭이 없었을 것이다.

그런데 그녀는 곧 아버지의 마지막 몇 주일 동안의 상황을 자세히 말하기 시작했다. 그녀는 아버지의 방 안의 상태를 말한 다음 이렇게 덧붙여 이야기했다.

"레오……안나가 당신에게 키스를 보내고 있소……아버지는 K박사가 할 수 있는 한의 일은 다 해 주셨노라고 말씀하고 있소."

리타는 필자의 아버지 이름이 레오라는 것은 절대로 알지 못했었다. 또한 필자의 식구들이 30년 동안이나 데리고 있던 가족처럼 생각하고 있던 요리사의 이름이 안나라는 것도 알 리가 없었다.

안나는 1964년에 이미 죽었었다. K박사에 관한 말은 필자에게는 특히 감동을 주는 이야기였었다.

아버지와 필자의 친구의 한 사람의 이름이 키슈 박사였다. 박사는 유명한 심장전문의사였다. 하지만 아버지는 만년에 이르러 사람의 이름, 그것도 성까지 합친 이름 전부를 몹시 잘 잊어버리는 버릇이 생겨서 키슈 박사에 대해서는 늘 'K박사'라고 불렀었다.

아버지는 마지못한 경우에만 진찰을 하는 의사들을 몹시 경멸하고 있었는데, 키슈 박사만은 항상 최고의 명의(名醫)라고 칭찬하곤 했었다.

필자는 곧 이 말을 전하려고, 뉴욕의 르브클린에 있는 키슈 박사댁으로 전화를 걸었다. 그런데 전화를 받은 사람은 박사의 미망인(未亡人)이었다. 키슈 박사도 필자가 외국에 가 있는 동안에 뜻하지 않게 사망한 것이다.

 아버지가 사망한 것은 7월 25일이었고, 키슈 박사는 8월 12일에 죽었고, 리타가 그녀의 영매계(靈媒界)를 통하여 아버지를 부른 것은 8월 20일이었다. 그런 탓으로 아버지가 박사는 가능한 수단을 다해 주었다는 말을 했을 때, K박사는 그의 옆에 있었던게 틀림없었다.

 생전의 아버지는 죽은 뒤의 삶에 대한 것은 절대로 믿지 않았다. 시간이 흐름에 따라 다소 태도가 부드러워졌다고는 하지만, 이 문제에 관하여 진심으로 관심을 보여준 일은 없었다.
 "너에게 축복이 있기를 빈다."
 이렇게 그는 리타를 통해 내게 말했다.
 "나는 믿지 않았으나, 너는 내게 가르쳐 주었었지, '저승'에 갔을 때 너의 가르침이 도움이 되었다. 정말이란다."
 또한 그는 써 버린 돈은 도로 찾게 된다고 덧붙여 말했다. 아버지는 항상 돈에 대해서는 속된 사람이어서 그가 노년의 그를 돌보기 위해 필자가 쓴 돈에 대하여 그는 몹시 신경을 쓰고 있었다.
 사실 필자가 장례비용으로 쓴 돈은 이 일이 있은 뒤에 곧 사회복지 기관을 통해 내가 찾을 수 있었다. 그는 사소한 액수의 은행예금을 갖고 있었다.
 필자의 아내를 보고 리타는 '아렉스'가 들어왔으나 그와 같이 피이더라는 사람도 있다고 말하는 것이었다. 리타는 캐더린의 아버지의 이름이 알렉산더라고 하며, 그녀의 죽은 오빠 테디는 피이더라고 불렀다는 것을 전혀 알 까닭이 없었다.

  1966년 12월 22일, 필자의 요구에 응해 갔던 강령회(綱靈會)때에, 리타는 이렇게 말했다.

  "당신의 아버지는 막스와 함께 계십니다. 당신의 어머니와 나란히 당신의 가족들과 옆에 꼭 붙어 서 있는 이는 마아사와 쥴리입니다."

  필자의 아버지의 형님은 막스라고 불렀었고, 아버지보다 몇 년 앞서서 불멸(不滅)의 세계로 떠났다. 어머니는 마아사라고 했고 외할머니는 쥴리라는 이름이었다.

  1967년 5월 7일, 리타는 필자의 큰 처남인 피이터와 접촉했다. 그에게서는 자동차가 고장없이 움직이고 있는 게 기쁘다는 말이 나온 것이다.

  필자는 그가 죽은 뒤, 그가 쓰던 중고차를 샀으나, 필자의 가족들이 만족할 만큼 제대로 움직이지 않아서 우리들의 고민거리였었다.

  마침내 우리는 그 차와 시트로엔의 새차와 바꿨더니 그 새차는 아무 고장도 없이 잘 움직이고 있었다.

경이로운 트랜스적 영매

 아마도 죽은 사람과의 교신에서 가장 유명한 것은 바이크 승정(僧正)과 그의 죽은 아들과 주고받은 영적인 대화일 것이다. 승정 자신이 이들 귀중한 교신을 기록하고 있고, 그의 체험에 대하여 일간지도 흥미를 가지고 취급했었다. 그의 죽은 아들은 —자살 했지만—의 인격은 처음에 영국에 있는 그들의 아파트에 있던 아버지에게 직접 나타났었다.
 후에 바이크 승정은 토이그나 포오드와 같은 유명한 영매와 의논해서 절대로 엉터리를 부릴 수 없도록 만반의 준비를 갖추었다.
 캐나다의 텔레비전 방송국에서 있었던 강령회의 하나는 몇 백만이라는 시청자의 주목을 끌었다. 그의 체험에 대하여 나와 토론을 했을 때 승정은 '저승'과 그가 접촉한 것은 이번이 처음은 아니고 오랜 세월을 걸쳐서 심령현상과 맞부딪치고 있었음을 분명히 밝혔다.
 이 가운데에는 생전에 교회의 운명문제로 의견이 대립된 그의 선임자라든가 무슨 까닭에선지 잃어버린 보석이 달린 십자가를 계속 찾고 있는 목사의 영도 포함되어 있었다. 그렇지만 이들의 접촉은 오히려 유령의 분야에 들어가야 할 것이었다.

아들인 짐이 죽은 후로는 반드시 완전한 증인이나 교회 관계의 사람들이 있는 앞에서 뚜렷한 증거가 있는 접촉이 그와 아들 사이에서 이루어졌었다.

바이크 승정 자신의 잠재의식에서 생길 까닭이 없다는 것까지 분명히 밝혀졌었고 전혀 그가 관련되지 않은 일이 포함되어 있었다.

바아바라에서 내가 마지막으로 그를 만났을 때 그는 쓴웃음을 지으며 이렇게 말했다.

"처음에 모든 사람은 내가 충분히 믿고 있지 않다고 불평을 했었지요. 하지만 지금에 와서는 지나치게 믿는다고 생각하고 있어요."

그는 교의상(敎義上) 의문이 나는 것을 감히 말했던 것이다. 그것이 준 이단재판(異端裁判)과 같은 결과를 가져왔던 것이다. 승정은 현대의 사실성과 진실탐구를 이은 고대신앙을 부활시키려고 노력했던 것이다.

죽은 아들과 대화를 했다는 사실을 발표하자, 그것을 과학적인 감정에 맡기려고 하지 않고 육체가 죽은 뒤의 생존의 문제를 놀라게 하려는 허풍이라느니, 신앙심이 없어서 그렇다느니 하고 반대하는 사람들이 나섰다. 그러나 바이크 승정은 당당히 자기의 의견을 내세우고, 세계를 향하여 자기가 안 일은 틀림없는 진실이라고 말했다.

그 자신의 신변에 일어난 일이 없었고, 공정한 사람이라면 뚜렷한 증거도 있고, 조금도 거짓이 없는 것으로 인정하지 않을 수 없는 조건 밑에서 이루어진 일이었기 때문이다.

1967년 8월 5일, 필자는 코네티커트의 자택으로 에셀을 방문했었다. 밝고 조용하고 안정된 분위기여서 죽은 사람과 대화를 하기에는 안성맞춤이었다.

잠시 후에, 실신 상태에 들어가기 전에 에셀은 앨버트가 이 방에 있다고 말했다. 앨버트는 '이승'과 '저승'을 연결하는 이른바 교환수와 같은 역할을 하고 있었다. 앨버트는 에셀의 첫남편으로서 그의 죽음을 슬퍼하여 절망상태에 빠져 있는 에셀에게 이야기를 걸어 그녀의 슬픔에서 구해 준 것은 그의 유령이었던 것이다.

그 일은 꽤 오래 전의 일이었으나 실제로 그녀는 자살할 생각까지 하고 있었던, 그런 그녀에게 생명은 죽은 뒤에도 계속된다고 설득한 이가 다름 아닌 앨버트였던 것이다.

그 당시 에셀은 심령술이나 심령현상에 대하여 전혀 지식이 없었는데 이와 같은 체험이 있었기 때문에 그녀는 이 분야에 흥미를 갖기 시작했던 것이다.

처음에 그녀는 당시의 훌륭한 영매들과 자주 만났고, 죽은 남편이 앨버트와 접촉을 할 수 있도록 애를 썼다. 마침내 어느 날 그녀 자신도 훌륭한 트랜스 영매이므로, 그것을 규칙적으로 그 능력을 발달시켜 보라는 권고를 받았다.

샌프란시스코의 오페라 극장이나 음악회의 무대에서 찬란한 경력을 쌓은 그녀는, 성악을 지도하고 있었는데 2, 3년 전까지는 성악을 지도하면서 자기 자질의 반쪽면, 다시 말해서 영매

능력을 살리고 또한 수련을 쌓은 결과, 차츰 그녀의 봉사에 대한 평판이 높아졌으므로, 이 분야에서의 전문가가 되기로 결심했다.

 필자는 에셀이 연구 그룹을 위하여 강령(降靈)을 하고 있던 뉴욕의 케이시협회의 본부에서 그녀, 그리고 앨버트와 처음으로 만났었다. 우리들은 곧 사이가 좋아졌고 그 뒤 여러 가지 기회에 함께 일하게 됐다.

 실제로, 에셀은 삼중(三重)의 재능을 지니고 있었다. 우선 그녀는 훌륭한 트랜스 영매로서 자신의 몸에서 빠져 나가 유령이 되고, 그것에 자기의 언어 능력을 지니게 하여 직접 산 사람과 교신할 수 있었다. 이와 같은 그녀의 능력을 응용하는 단계는 앨버트에 의해 조작되므로, 달갑지 않은 방해를 하는 것 같은 인격이, 이 영매에게 들어가서 해를 끼칠 수는 없는 것이다.

 필자는 이 분야에서 오랫동안 걸쳐 무수히 많은 유령이나 헛개비의 사례를 통하여 에셀과 함께 일해 왔으나, 그때마다 나중에 항상 트랜스 상태가 된 그녀의 성대에서 나오는 목소리를 통하여 표현되는 개성은, 전에 육체를 지니고 산 육신의 생활을 해온 진짜 인간 바로 그 사람의 것이라는 걸 분명히 알 수 있는 것이었다.

 이 밖의 에셀의 재능은 투시와 투청력으로서 그녀는 멀리 떨어진 곳이나 미래의 사건을 보거나 들을 수 있었다. 때로는 이것에 신비감응력이 합쳐지는 수도 있었다. 다시 말해서 그녀가 읽고 알아내려는 문제나 사건을 관계했던 사람이 보았거나, 갖고 있던 것을 만져봄으로써 알아내는 것이다.

산 사람과 죽은 사람을 연결하는 고리의 역할을 하는 그녀의 능력은 깨어 있는 영이인(靈移人)과 트랜스의 빙의와의 이 두 가지 자질을 앨버트의 조작으로 쓰고 있는 것이다.

흔히 의식이 있는 상태인 편이 트랜스 상태로 먼저 들어가고, '저승'의 문을 잘 통어(統御)된 가속과 컨트롤 장치와 같은 것에 의해 열린 채로 있는 것이다.

그런데 필자는 에셀의 집에서 그녀와 자리를 마주하고 있었다. 엘버트는 이미 나타났고 필자의 부모도 그와 함께 있다고 말하는 것이었다.

필자가 그녀를 방문한 목적은 물론, 부모나 필자를 알고 있는 다른 누구에 의해 송신하는 능력을 사용하겠다고 생각하는 사람과 연락을 취하는 일에 있었다.

"그들의 곁에 여자가 있습니다. 얼굴이 갸름하고 머리는 위로 틀어 올렸고 머리 글씨는 E입니다. 당신과 비슷합니다. 이름은 에디스나 에보린이라든가……똑똑히는 모릅니다."

아버지의 단 한사람의 누이동생인 에라는 필자와 함께 홀타 집안의 누구하고도 거의 닮았었다. 그녀가 부모와 함께 나타났다는 것은 다른 뜻에서 의미가 있었다. 에라와 필자의 부모와는 오랫동안 사이가 좋지 않았고, 생전에 거의 얼굴을 대한 일이 없었다.

노년에 이르러 필자의 노력이 보람이 있어서 부모와 화해하고 편지 왕래도 다시 시작했으나, 에라는 오랫동안 멀리 했던 일을 후회하고 어떻게든 보답을 하려고 애썼으나 그 뜻을 이루지 못했다.
 에셀은 필자의 아버지 모습을 이야기하기 시작했다. 매우 키가 크고, 등은 굽지 않았다. 회색 양복을 입고 붉은 넥타이를 매고 있다.
 노년에 필자의 아버지가 유감스럽게 여기고 있던 일은, 관절염 때문에 다리가 불편해서 똑바로 걷지 못하는 일이었다. 훤칠한 키에 회색 양복과 '일요일'의 넥타이는 그가 마음에 들어 하는 복장이었다.
 "E의 곁에 검은 머리에 살갗이 검은 사람이 보입니다."
 하고 에셀이 말했다.
 "이마가 꽤 넓고 머리글씨가 L입니다. 함께 머리글씨가 M인 사람도 있습니다. 생각나는 바가 있습니까?"
 필자는 머리를 세게 끄덕였다. L은 레오폴드라고 하는 에라 아주머니의 남편이었다. 에셀은 그의 인상(人相)에 대해 매우 적절하게 말한 것이다. 막스는 에라와 마음이 통하는 동생으로서 그녀는 오랫동안 비인의 아파트에서 함께 산 일도 있고, 그녀가 죽기 조금 전에 죽었던 것이다.
 분명히 가족들은 그녀의 주위에 모여든 것 같았다. 에셀은 차례로 머리글씨를 말했으므로 그들은 한 사람씩 확인을 받기 위해 기다리고 있었다.
 "G가 있습니다."
 하고, 그녀가 말을 꺼냈다. 필자는 마음 속으로 사촌인 구스타프에게 반갑다는 인사를 했다.
 "당신의 아저씨인 오토가 여기에 서 있습니다. 지금 그와 함께 있는 이는 E입니다."

E는 그의 동생이며 나의 숙부가 되는 에밀일지도 모른다.

"당신의 아버지는 지금 이상한 일을 하고 있습니다."

하고 에셀이 말했다.

"그는 당신 어머니의 손을 잡고 왈츠를 추고 있어요."

젊었을 때 아버지는 춤의 명수였다. 하지만 노년에 다리를 앓기 시작한 뒤로는 춤을 출수 없었다. 하지만 '저승'에서는 자기가 젊었을 때를 생각하면, 바로 젊을 때의 나이가 되는 것이다.

"머리글씨가 E인 아주머니는 폐기라는 강아지를 기르고 있었습니까?"

하고 에셀은 갑자기 물어보았다.

"강아지입니다. 매우 몸집이 작은, 하지만 다크스훈트는 아니고……"

그때 필자에게는 마음에 집히는 바가 없었다. 나중에 필자는 에라 아주머니가 사실은 두 마리의 강아지, 즉 보스턴 종(種)의 암캐를 기르고 있었고, 그 중의 한 마리가 폐기였던 것이 생각났다. 그녀에게는 어린애가 없었으므로 그 개를 어린애처럼 귀여워하고 개도 그녀를 지극히 따랐다.

"그녀가 카나리아를 기르고 있는 것도 보입니다."

하고 에셀은 말을 계속했다.

카나리아까지 나오다니! 에라와 아버지의 사이가 멀어지기 전에, 아직 내가 어린애였을 무렵의 일이었다. 에라는 동물이라면 무엇이나 좋아했었다.

실신상태로 들어갈 때가 되었다. 필자는 의자에 고쳐 앉고, 우선 앨버트가 나타나고, 그 다음에 에셀의 도움을 빌린 '심령 마이크로폰'에 그가 데려올 수 있는 그 누구의 출현을 기다리고 있었다.

여늬 때와 같이 극히 짧은 시간에 심호흡을 하고, 에셀이 스스로 공심법을 쓰자 인격의 전면적인 분리 현상이 일어나기 시작했다. 앨버트가 그녀의 몸 안으로 들어간 것 같았다.

그는 또한 만나서 기쁘다는 말을 했다. 몇 달 동안이나 우리는 이야기를 하지 않았었다. 간단히 몇 마디를 주고 받은 뒤, 앨버트는 빠져 나갔고, 그 기계—영매—는 필자의 작고한 아버지가 되었다.

처음에는, 그가 무슨 말을 하는지 몹시 알아듣기가 힘들었다. 에셀에게서 나온 목소리는 분명치 않았다. 차츰 목소리가 알아들을 수 있는 상태로 되었다. 동시에 이제 그는 완전히 편하게 걸을 수 있게 됐다는 것을 필자에게 보여 주기 위해 일어서려고 했다.

필자는 영매를 안락의자에서 떠나게 하고 싶지 않았으므로, 필사적으로 말리려고 했다. 선채로 못하게 하느라고 진땀을 뺐던 것이다.

영매는 일어선 채로였고, 그것은 아버지가 관절염으로 몹시 다리를 절게 되기 전에 서 있던 모습과 꼭 같았던 것이다.

필자가 다시 한번 앉아 달라고 애원을 하자, 그는 필자의 청을 들어주었다. 영매의 앉음새는 필자 아버지의 특징을 그대로 나타내고 있었다. 손놀림, 눈을 감고는 있으나 얼굴 표정 등,

모든 것이 작고한 아버지와 꼭 같았다.

　에셀은 필자의 아버지를 알고 있었으나 그의 생전에 마지막으로 만난 것은 7년 전의 일로서, 그것도 필자의 결혼식 때 군중들 속에서였다.

　목소리는 흥분되어 있었고, 자못 반가워 하는 것 같았다. 그는 마음에 꼭 드는 아들인 나와 이야기를 나눌 수 있다는 것이 기뻐서 웃으며,

"난 빠져 나왔다. 빠져 나온 거야!"

하고 분명히 말했다. 또한 이렇게 말하는 것이었다.

"일어설 수 있단다!"

　그것은 알고 있었으나 매체(媒體)를 깜짝 놀라게 하지 않도록 그대로 앉아 있으라고 필자는 설득했다.

"꼬마가 커졌군."

라고 그가 말했다. 이것이야말로 돌아가신 아버지가 늘 입에 담던 말이었다. 우리들의 귀여운 꼬마, 다시 말해서 아버지의 손녀딸은, 불면 날아갈까, 쥐면 터질까 하고 무척 사랑을 받으며 자랐고 필자 부부가 작고한 아버지의 아파트를 방문했을 때, 늘 인사말처럼 하는 첫마디가 바로 이 꼬마에 관해서였다.

"춤도 출 수 있다."

　이 말도 곧잘 쓰던 말이었다. 노년에 아버지는 곧잘 넘어지시고는 오랫동안 자리에 누워 있곤 했으나, 좋아졌을 때에는 항상 이런 표현을 쓰곤 했다.

"나 이젠 건강하다."

　이것이 그의 입버릇처럼 하는 말이었다.

"아버지께서 돌아가실 때 모시고 있지 못했던 것을 죄송하게 생각하고 있습니다."

이렇게 필자는 말했다. 필자가 미국에 있는 그의 곁으로 돌아오기 전에 그는 뜻하지 않게 이 세상을 떠났다.

"난 너하고 같이 있었단다."

하고 그는 대답했다.

"독일……"

아버지는 필자가 아일랜드에 있을 때 작고했으나, 그의 병은 필자가 독일에서 강의하고 있는 사이에 시작되었고, 거의 때를 같이하여 의식이 혼수상태로 들어갔다. 다만 이 일을 내가 안 것은 훨씬 뒤의 일이었다. 그러므로 그의 필자에 관한 마지막 기억은 그가 발병당시, 독일에 있던 무렵의 나에게 연결이 되었을 것이리라.

이어서 그는 지금, 필자의 어머니와 함께 지내고 있다고 말했다.

"지금 어떤 일을 하고 계십니까?"

하고 필자는 조금 머뭇거리면서 물어보았다. 그러자, 생전 처음으로 그는 킥킥거리며 웃었다.

"네가 알 바가 아니다."

농담을 말할 때에 쓰는 말투는 예전과 다름이 없었다.

"지금은 누구하고 함께 계십니까?"

하고 물어보았다.

그는 내가 알고 있는, 그대로의 저 독특한 동작으로 손을 움직였다. 틀림없는 일이었다. 여기 있는 것은 틀림없는 필자의 아버지였다.
"네게는 적이 많이 있다……그렇지만, 우리들이 사실을 가르쳐서 도와주겠다……인디언도 너를 도와줄 것이다……저토록 많은 인디언들을 본 일이 없다."
마침내 그는 웃었다. 독특한 웃음소리였다.
우선 지금 살고 있는 상념계(想念界)에 익숙해지고 자기의 상념이나 행동을 억제할 수 있는 걸 배울 수 있을 때까지 여기저기를 돌아다니고 있다고 그는 설명했다.
"나는 건강하다."
이렇게 그가 말했다. 겸손한 말투였다. 아버지는 죽은 뒤의 삶이 있다는 가능성을 인정하지 않고, 젊었을 때에는 이 문제에 관한 말만 꺼내도 적극적으로 반박을 했었다.
"자기가 있는 곳이나 자기가 살아 있다는 것을 나는 알고 있다. 어머니는 지금 멀리 가 계시지만 나를 국민학교 어린이 다루듯 하고 있단다……배울게 많이 있지."
필자의 어머니는 아버지가 돌아가시기 12년 전에 세상을 떠나셨다. 필자는 그에게는 그렇다고 말하지 않고, 리타가 말한 것을 생각해서 '당신이 말씀하신 의사 선생님'에 대해 그에게 물어보았다.
"지금은 의사 같은 건 필요 없다."
하고 아버지는 대답했으나, 그 말도 그다운 말투였다. 아버지는 키슈 박사를 제외하고, 의업(醫業)을 전문으로 하는 사람들을 의심하고 있었다.
"무슨 도와드릴 일은……."

하고 필자가 물어보았다.
"나를 만나는 일이야."
"예, 저도요."
이렇게 말을 시작하자, 그는 필자의 말을 가로막았다.
"잠깐, 잠깐만 기다려……어머니처럼 나를 만나다오.……어머니가 나를 지도하는 게 아니라 내가 어머니를 지도하는 걸 봐다오……나는 학교를 다시 다니지 않으면 안된다."
'잠깐, 잠깐만'이라는 말은 그가 무슨 요점을 간추려서 말하고 싶은 때에 하는 말투였다. 이 무렵이 되자, 그의 목소리는 띄엄띄엄 들려오게 되었다.
"9월 23일……해보겠다……너를 만나겠다……."
우리는 약속을 했다. 후에 나는 그날이 앨버트의 생일이라는 것을 알았다.
그날에 일어난 일은 내가 두 사람의 영국의 영매를 만났을 때의 상황으로도 잘 알 수 있을 것이다.
이윽고 필자의 아버지는 다시 사라지기 시작했다. 바로 그 뒤에 앨버트가 들어왔다.
잠시 '저승'생활에 대해 이야기를 나눈 뒤, 앨버트는 영매를 실신상태에서 깨어나게 했다.
에셀은 다시금 자기의 육체를 되찾았으나, 두 세계를 잇는 중개인으로서의 역할을 마친 한시간 남짓 사이에 일어났던 일은 아무것도 기억하고 있지 못했다.

영매의 암호문

'저승'으로부터의 흥미있는 연결에 접할 수 있는 것은 인간 생활에 있어서 극히 하잘 것 없는 조그마한 일이다. 이런 하찮은 사실을, 이 일들을 통하여 접촉한 진실성을 강조하기 위해 필자는 감히 여기에 열거하는 바이다.

이를테면 데일러 뉴우스지에 원고를 썼던 워커와의 사후의 접촉에 대해 말하기로 한다. 그와 생전에는 친하지는 않았지만 필자는 그를 알고 있었다. 다만 그의 청년시절의 일은 전혀 아는 바가 없었다. 이 일은 영매인 에셀도 마찬가지였다.

그가 죽은 지 몇 개월 뒤에 우리는 그와 접촉을 하려고 했다.

강령은 전에 워커의 시중을 들어주었고, 때로는 친구가 되기도 했던 조니의 아파트인 고인의 집 옆에서 이루어졌다.

조니 조차도 한때는 그의 주인이었던 워커의 젊은 시절에 관해서는 별로 아는 게 없었다. 워커는 사생활에 대한 일과 특히 노년에 논설위원으로서의 명성을 얻고 화려한 생활을 보내기 이전의 자기에 관해 말하기를 꺼려했다.

워커로 여겨지는 영과 약 15분 간에 걸친 문답이 있은 뒤 필자는 어떤 종류의 신분증명을 요구했다. 에셀을 통해 필자에게 이야기를 한 인물이, 필자의 옛 친구가 아니지 않나 하는 의심 때문이 아니라, 그 당시 우리들 가운데의 아무도 모르고, 또한 나중에 사실 여부를 조사할 수 있는 것을 물어보고 싶었기 때문이었다.

그는 크레이 빌이라는 곳을 지적하고, 그곳에서 보냈던 생활은 즐거웠었다고 말했다. 조사를 해보니, 워커가 어린 시절에 살던 곳에 카라벨이라는 곳이 있고 그곳에서 그는 행복한 소년 시절을 보내고 있었다.

죽은 사람 혹은 멀리 떨어져 있는 사람과의 교신에서 진실성을 분명히 하는 테스트 중 하나로 같은 인물에 대해 전혀 관계가 없는 정보원에서 수집 정보가 맞는지 어떤지를 조사하는 방법이 있다.

1964년 9월 10일, 필자는 영국 심령가협회에서 일하는 막달렌 케리와 만났다. 맨 먼저, 이때는 이번 한 번만의 대면이어서 필자는 그녀 앞에서 앉았다.

"당신 아버님의 친척 중에 심장병으로 돌아가신 분이 있습니다."

하고 그녀가 말했다.

아마 필자의 할아버지였으리라. 또 한 사람의 런던의 영매인 아이비 자거스도 필자가 그녀에게 접촉을 부탁했을 때 할아버지의 영이 나타난 것을 이야기한 것은 재미있는 일이다.

어느 쪽의 영매나, 내가 만나러 온 일이나, 필자에 관한 일은 아무것도 몰랐으므로, 필자를 죽은 근친의 정보를 교환하고 있었다고는 생각할 수 없었다.

　1967년 9월 27일, 필자는 또다시 막달렌 케리를 찾아갔다. 아내도 필자도 그녀를 알고 있었으나 그녀는 기억하고 있지 않았고, 또한 기억하고 있을 수도 없었다. 그도 그럴 것이 그녀는 1주일 동안에 적어도 백 명이나 되는 사람과 만나는 것이다. 게다가 의뢰인이 일단 방에서 나가면 완전히 그 사람에 대해서는 잊어버리는 자기 훈련도 쌓고 있었다.

　대부분의 영매가 그렇게 하려고 애쓰고 있다. 매우 많은 수의 사람들과 그들에게 말한 것을 기억하고 있으면 그것이 무거운 짐이 되어 의뢰인들이 안고 있는 문제 때문에 자기 자신이 감당을 못하게 되고 만다.

　모든 일에 초연해지는 일이 영혼의 매개(媒介)를 실패하지 않고 오래 계속하기 위해서는 지극히 필요한 조건이 된다.

　미국의 심령가(心靈家) 마을에 있는 카아드를 쓰는 사람 중의 극히 적은 수의 사기꾼들만이 손님 가운데 속이기 쉬운 사람들을 외어 두거나 상대를 기억하려고 애를 쓴다. 하지만 그들은 우선 무엇보다도 진정한 영매가 아니라, 미국의 심령가 조직이 믿을 수 없을 만큼 관대한 덕분에 어떻게든 생존을 하는 것이다. 각 조직은, 명부(冥府)에 있는 사람에 대한 근거가 있는 반대론을 무시하는 경향이 있다.

　"영계에서 오신 당신의 아버지는 이곳에 계십니다."
하고 그녀가 곧 말했다.

　"또한 몹시 기뻐하고 계십니다. '저승'에 가셔서는 자기가 얼마나 잘못 생각했었는지 여러 가지 면에서 잘 깨닫고 계신 겁니다. 그는 지금 열심히 이 잘못을 보상하려 하고 있습니다. 그는 경제적인 뜻에서, 당신이 가장 좋은 상태에 있을 수 있도록 도와주려 하고 계십니다."

아버지가 가장 걱정하고 있는 일은, 노년에 그를 위하여 필자가 돈을 쓴 일이며, 항상 필자의 경제적인 면이었던 것이다. 그는 필자가 물질적으로 늘 부족함이 없도록 신경을 쓰고 자주 그 일을 입에 올리곤 했다.

케리 부인은 이윽고 필자의 돌아가신 어머니가 나타났다고 말하고, 그녀의 모습을 자세히 말했다. 또한 필자의 아내를 향하여 말했다.

"당신의 가족 중에 일찍 저승으로 가신 신사가 있습니다."

필자는 그녀에게 더 특징있는 것을 말해 달라고 부탁하려 했으나 그런 일은 이 영에게는 적당치 않은 것 같았다.

"마음대로 오게 하면 되는 겁니다."

하고 그는 단호하게 필자의 말을 가로막았다.

"전화로 하는 것 같은 질문을 해서는 안됩니다."

아내도 필자도 웃고, 그 뒤부터는 그녀가 진행시키는 대로 맡기고 말았다.

"그 사람은 업계에서는 유명했고, 모든 사람에게 사랑을 받고 존경도 받았었습니다."

하고 그녀가 말했다.

"당신과 인연이 있는 분 가운데, 두 번 결혼한 사람은 없습니까?"

아내는 고개를 끄덕였다. 그녀의 아버지는 유능한 건축기사로서 그녀의 어머니와는 두번째의 결혼이었다. 그는 갑작스럽게 죽었다.

"그는 당신에게 아버지와 같은 감정을 지니고 있습니다."
하고 그녀가 덧붙여 말했다.

필자가 미국 영매의 제일인자로 불리는 캐롤린 치프맨은 뉴욕시에 살고 있지만 남부 출신으로 투시 능력이 있었다.

1960년 11월 3일, 필자는 초심리학협회의 위촉으로 영매를 찾아다닐 때 그녀를 만나러 갔었다.

치프맨 부인은 필자를 알지 못했다. 그녀는 필자와 인연이 있는 몇 사람의 죽은 사람의 이름을 죽 늘어놓았다. 그녀는 필자의 죽은 어머니 아아사와 접촉을 하고 지금 이곳에 와서 내가 말하는 것을 듣고 있다고 말했다. 이윽고 그 접촉의 정당성에 대해 언급하고 필자의 호기심을 만족시키기 위해 이렇게 덧붙여 말했다.

"그녀를 축하하는 날이 끝난 지 불과 얼마 안 됩니다."
돌아가신 어머니의 생일은 바로 그 이틀 전이었다.

에딘버러의 근교에 사는 도널드슨 부인이라는 여성이 1964년 8월 3일에 참석했던 즉석 강령회 석상에서 흥미있는 메시지를 필자에게 전해 주었다.

그녀는 당시 필자의 아내나 필자에 대해서는 아무 것도 아는 바가 없었다. 우리 부부를 보고 그녀는 헨리 어머니, 메리, 이렇게 이름을 늘어놓았다. 어쩌면 이것은 가족들일 거라고 필자는 생각했다.

죽은 헨리 아저씨는 늘 필자의 할머니를 '어머니'라고 불렀었다. 오랫동안 부리던 그들의 요리사는 메리라는 이름이었으나, a에 힘을 주고 마아리라고 불렀던 것이다.

 그 다음에 그녀는 존이라는 이름을 말하고 어머니를 그리워하고 있다고 말했다. 그런데 여기서 흥미있는 일은 이 메시지는 우리 부부 이외의 누군가에게 보낸 것이라는 사실이었다.

 하지만 우리가 그 중개 역할을 할 수 있는 터였다. 필자는 곧 이 메시지의 발신인을 찾아내었다. 필자의 친구인 존이었다.

 그녀는 몇 년 전에 뜻하지 않게 갑자기 죽었다. 그런 탓으로 존은 필자를 통해 어머니에게 보내는 메시지를 보낸 것이다. 그녀의 아버지는 영(靈)의 교신을 처음부터 믿으려고 하지 않았다. 어머니는 진심으로 그런 것이 있다고 믿고 있었던 것은 아니지만 적어도 그 일에 귀를 기울이는 아량은 지니고 있었다.

 이 메시지에 적합한 다른 상황은 생각할 수 없었다. 어머니조차도, 필자의 친구라고 인정하는 존이라는 아가씨를, 필자는 달리 모르니까 말이다.

 때로는 영매란 자신으로서는 알지 못하나, 적당한 수신인에게는 뜻이 통하는 암호문을 해독할 수 있는 적합한 인물을 찾아 내지 않으면 안된다는 약점도 있다.

 유명한 캘리포오니아의 영매인 소피아 윌리엄즈의 누나인 고(故) 클라라 하워드의 경우는 적절한 인물을 잘 찾아냈었다. 메시지는 필자에게 관한 것이었고, 필자는 출석하고 있었다.

강령회는 1960년 7월 2일에 그녀의 뉴욕에 있는 아파트에서 있었다. 그녀는 필자의 죽은 근친들의 이름을 하나씩 정확하게 들고 죽은 할머니인 시트라우스〔본 이름은 스트란스키〕가 회색이 감도는 잿빛머리였다는 것까지 설명했다. 사실 그 말이 틀림없었으나, 할머니는 생전에 그와 같은 자기의 머리빛깔 때문에 고민하고 계셨었다.

그녀는 심령 밧테리에 다시 충전이라도 하듯, 잠깐 사이를 두더니 다시 말했다.

"매우 아름답지만 이 자리에는 적당하다고 할 수 없다."

이것을 독일어로 말할 것이다. 독일어가 나온 것은 이것이 처음이 아니라 그날 밤, 30년쯤 전에도, '그대는 아는가? 레먼의 꽃피는 나라를'이라는 독일어가 그녀의 입을 통해 들려 왔다.

앞의 말은, 할아버지가 할머니의 장례식에서 한 말이고, 나중의 독일어는 유명한 가극(歌劇) 〈마농〉에 나오는 시적인 대사였다. 〈마농〉은 필자의 어머니가 몹시 좋아하는 오페라로서, 어머니는 아리아의 특정한 부분을 자주 콧노래로 불렀었다.

아내의 사업을 지켜준 남편의 영혼

 1958년에 나는 아내와 함께 내가 연속 강연을 할 예정인 애리조나주의 페닉스로 자동차를 타고 갔다. 그런데 차를 운전하고 있는 사이에 친구가 우리 차 안에 같이 있다는 강한 인상을 느꼈다.
 그 친구 이름의 머리 글자를 W·B라고 해두기로 하자. 마음의 귀로 들은 전언을 아내에게 구술했다. W·B가 자꾸만 그가 죽은 후에 그 사업을 이어 받은 아내에게 회사의 주를 사고 싶어 하는 어떤 남자와 관계를 끊으라고 경고해 달라고 나를 촉구하고 있다.
 그런데 나는 그 부인의 사업에 대해서는 전혀 알지 못했고, 상대편 남자에 대해서도 아직 한 번도 소문을 들은 일이 없었다. 또 그 부인의 소재조차도 모르고 있었으므로 당장에는 편지를 낼 도리가 없었다.
 그러나 너무나도 정신적으로 강력하게 돌진해 오기 때문에, 할 수 없이 편지를 그녀가 이용하고 있는 사서함으로 보내 보았다. 2, 3일이 지난 후 동해안에 있는 어떤 도시에서 전화가 걸려 와 이런 이야기를 들려 주었다.
 그에 의하면 내 편지가 배달되기 전날 밤에 그녀는 W·B에 깨워져서 눈을 떴는데, 손을 뻗치면 그의 몸에 손이 닿을 수 있을 정도로 박진감 있게 베개맡에 서 있었다고 한다. 그리고 남편이 '저 사나이를 쫓아내라!'고 뚜렷하게 말하는 것을 들었다고 한다.
 그 다음날 아침, 지금 관계하고 있는 사람과 손을 끊으라는 내용의 내 편지가 배달되었다는 것이었다.
 그녀는 그 남자에게서 믿을 수 없는 사람이라고 의심할 만한 이유를 발견하지 못했고, 원조를 받아도 좋으리라는 생각이 들어 그의 제안을 진지하게 생각하고 있었다.
 그런데 경고를 듣고 주의 깊게 조사해 본 결과, 이 사나이에게 말려들었더라면 사업이 엉망진창이 되었으리라는 것을 알게 되었다고 한다.
 그녀는 감사의 뜻을 표하고 '자세한 내용은 편지로 다시 알려드리겠습니다'라는 말을 하고 전화를 끊었다.
 나는 지금도 그때의 기록을 철해서 보관하고 있다.

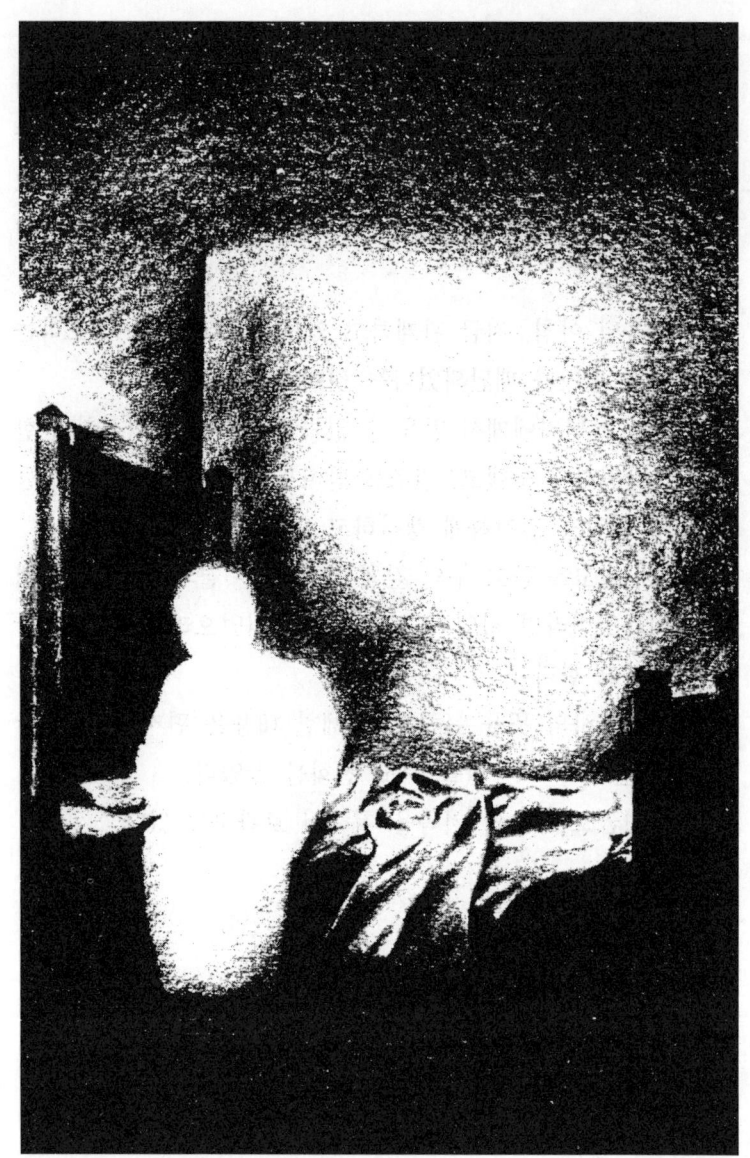

유령의 모습

제 7부

저승의 법칙

저승의 의사

 죽은 사람과의 교신은 가능할 뿐만 아니라 자세히 증명될 수 있다는 것은 독자 여러분들도 충분히 납득 했으리라 믿는다.
 이미 증명된 사실을, 이런 일은 있을 수 없다고 거부한다는 것은, 선입관에 사로잡혀 있는 완고한 불신일 뿐이다. 이것을 해소시키기 위해서 때로는 두뇌의 체조가 필요하기도 하다. 그들의 영혼불멸의 가능성을 거부하는 이론에 따르기 위해서 사실을 왜곡시키는 것은 결코 쉬운 일은 아니다.
 이러한 정신적인 곡예사들 중의 한 사람인 프라이부르크 대학의 교수인 저명한 독일인 초심리학자 한스 벤다 박사는, 기회가 있을 때마다 학생들에게 자기는 절대로 영혼불멸의 가능성을 인정할 수 없노라고 말했었다.
 이미 나타난 증거와 이제부터 나타나기로 되어 있는 대학으로부터 '색다른 생각을 하고 있다'는 비평을 받게 될 것을 두려워한 나머지 취하지 않을 수 없는 완고한 태도로서 현재 알려져 있는 과학적인 자료를 유물론적인 신비론의 좁은 테두리 안에 억지로 잡아넣으려고 안간힘을 쓰고 있다.

그의 주장에 따르면 유령이나 죽은 사람으로부터의 통신을 포함한 온갖 심령현상은 관찰자나 의뢰인이 이익을 위해 영매가 그 복제를 만드는 일종의 원격조작이 그 원인이 되어 있다는 것이다.

만일 진정한 교신이 '저승'에서부터 온 것이라고 해도, 영매는 오직 호기심을 가진 자들을 기쁘게 하려고 하고 있을 뿐이다.

한편, 심령에 관심을 가진 사람은 영매로부터, 영혼이 분명히 존재한다는 긍정적인 결과를 얻는 데에 기대를 갖고 심령가로 하여금 의뢰인들이 바라는 쪽으로 정보를 제공함으로써 그 심령현상이 일어난다고 생각한다.

다시 말해서 벤다 박사의 견해에 의하면, 탐구자들 편에서 긍정적인 태도를 보이는 것만으로도 그런 심령현상을 나타내는데 충분하며, 따라서 모든 심령현상은 단지 영매들의 조작일 따름이다. 또한 독립된 영계의 존재를 증명하는 것은 아니라는 이야기이다.

물론 이 말처럼 진실에서 멀리 떨어진 견해는 없다. 긍정적인 태도가 때로는 보다 좋은 분위기를 만드는 게 사실이지만, 대단히 어려운 강령현상을 반드시 성공시킨다고는 할 수 없다.

한편 부정적인 태도를 나타낸 의뢰인이 상당히 증명도가 높은 통신을 얻은 많은 사례로 기록되어 있는 터이다. 그러나 덮어놓고 글자 그대로 영혼이 존재한다는 증거를 아무 비판없이 받아들인다는 것도 너무 조잡한 느낌이 드는게 사실이다.

만일 ESP현상을 연구하는 진지한 학도가 이용할 수 있는 증거가 이 구상세계(具象世界)와는 다른 곳에 비구상세계가 있다는 것을 인정하지 않으면 안된다.

이런 사실을 벤다 박사는 인정하려고 들지 않는다. 인정한다면, 인간이 마음과 심령(心靈), 혼(魂)—말은 아무래도 좋지만, 그러한 것을 갖고 있는 가능성이 있음을 인정하는 것으로 받아들여질 것이기 때문이다.

'죽음'이라고 하는 특정된 영역의 규범과 법칙에 대한 관심은, 물론 지난 수백 년에 걸쳐 과학자나 철학자, 의학자, 일반 사람들의 마음을 점령해 온 터이다.

필자 개인이 잘 알고 있는 많은 관찰 자료와 실례를 통해, 필자는 이 문제에 대해 몇 가지 결론을 얻을 수가 있었다. 이는 영혼불멸의 증거를 아무 비판없이 그냥 받아들이자는 것은 아니며, 현대의 과학적인 연구법 기준에 의해 그 증거들을 평가하자는 것이다.

아마도 앞으로 오랜 세월이 지난 뒤에는, 무엇인가 다른 방법으로 알 수 있게 되리라고 생각되지만, 우선 당장은 이런 태도가 현실적인 것이라고 필자는 생각한다.

즉, 경험을 한 사람과 관찰자는 일치된 구체성을 얻기 위해 각자가 겪은 체험이나 결과를 서로가 알려 주고 있지 않다. 흔히 이야기하는, 미리 타협을 지었다든가, 후에 서로 이야기의 앞뒤가 맞도록 조작하지도 않았다는 것이다. 상황이 일치함의 확인은, 저마다 독립적으로 분리되어 전혀 관련이 없는 실례를 자세히 조사한 뒤에 필자가 정리했다.

몇년 전《보이지 않는 세계의 생명》이라는 제목의 안소니

볼저의 저서가 ESP 연구분야에 화제를 불러 일으켰다. 이 책이 하나의 조작에 지나지 않는다고 말한 사람도 있었고, 영계의 생명체에 대해서 처음으로 합리적으로 소개했다고 높이 평가한 사람도 있었다.

이 책에 이어서 《속편 보이지 않는 세계의 생명》도 나왔다. 두 책이 다같이 심령연구 서어클에서는 굉장한 논의의 대상이 되었다.

볼저는 영국의 영매로서, 자기는 로마 가톨릭의 고승(高僧) 로버어트 휴 벤슨의 대변자 역할을 했다고 주장하고 있다. 주로 자동기술(自動記述)을 통하여 이 죽은 고승〔전 캔터베리 대승정의 아들〕은 살아 있던 당시의 자기가 범한 잘못된 생각을 바로 잡으려고 했다.

그가 말하는 가운데에는 사후의 삶과 그것을 진실이라고 하는 주장에 대해 자기가 취한 부정적인 태도도 포함되어 있었다.

자기의 생각을 대변해 줄 수 있는 영매를 찾아낸 이 고승은, 자기가 죽었을 때의 장면과 '저승'에서의 생활의 여러 가지 양상에 대해서 이야기를 하고 있었다.

하지만 이들 법칙은, 우리가 살고 있는 '이승'과는 다르다.

볼저의 책을 읽고 필자가 우선 느낀 것은 어떤 종류의 의혹이었다. 그러나 필자는 의심하기를 그만두었다. 볼저가 쓰고 있는 내용의 대부분은, 스웨덴보그의 《천국과 지옥》 속에서도 찾아볼 수가 있기 때문이었다.

18세기의 언어와 스웨덴보그의 독특한 시적(詩的) 문제는 볼저가 그런 것과는 다른 저승의 이야기를 하고 있었지만 두 책에 쓰여진 기본적인 사실은 모두가 공통점을 갖고 있었다. '저승'에서의 생활에 대한 부수적인 이야기는 다른 심령서에서도 도처에서 찾아볼 수 있다.

필자가 연구한 실례의 대부분은 '저승'에 대한 기록적인 요소를 포함하고 있다. 즉 '당신이 죽으면 어떻게 되는가?'라는 사실이다.

죽을 때가 가까워지면, 앞서 이 세상을 떠난 근친자와 친구들이, 눈 앞에 닥쳐 온 이승에서 저승으로 옮겨 가는 일을 도와주기 위해 주위에 모여들게 된다.

빈사 상태에 놓인 사람은, 흔히 죽기 전에 그들을 보는 수가 있다. 죽음이 눈 앞에 닥쳐오게 되면, 의식과 무의식의 속박이 매우 느슨해지기 때문이다.

미국 심령학협회의 카리스 오시스 박사는, 여러 병원에서 위독한 환자를 관찰하며 보람찬 연구를 해온 사람이다.

그의 보고에 의하면, 죽어 가고 있는 사람만이 보거나 듣거나 할 수 있는 죽은 친구나 근친의 출현이라고 생각되는 현상이 병실에서는 흔히 볼 수 있다는 것이다.

전에는 이러한 현상을 '죽어 가고 있는 인간이 보는 환각'으로서 간단히 취급되었었다. 즉 삶의 최종단계에 이른 병자는 정신적인 능력이 결핍되기 때문에, 그 증언을 바로 받아들일 수 없다는 이야기였다.

지금 이같은 현상에 새로운 눈길을 돌리고 있는 심령연구가도 있다. 필자 개인의 견해로는, 죽어 가고 있는 사람이 죽은 근친이나 친구를 볼 수 있다는데 의심을 갖지 않는다. 육체가 삶과 죽음의 투쟁을 포기할 때, 육체와 인격의 마음, 기억을 가진 에테르체, 즉 육체와 그 속에 깃들어 있던 생명체를 연결시켜 주고 있던 '은실'이 끊어진다.

보다 많은 경험을 쌓은 영혼들의 도움을 받아서 '새로운' 생명체는 육체에서 빠져 나와 '저승'으로 안내된다.

병의 종류에 따라서는 할 수 없는 경우도 있지만, 보통 죽는 사람에게 이런 일이 일어날 때는 아직 의식이 남아 있다. 불행한 일이지만, 현대의 의사들은 이러한 위독환자에게는 고통을 덜어 준다고 마구 마취제를 사용한다. 마취제가 사용된 사자(死者)는, 그 병이나 치료의 영향이 사라질 때까지 '저승'의 병원에 해당되는 그런 곳에 데려 가져서 '저승의 의사'의 도움을 받을 필요가 있다. 그리하여 비로소 육체를 잃어버린 인간은 이제 바야흐로 그가 살게 된 세계에서의 항해를 계속할 수가 있다.

특수한 영능력자가 아니면, 이 여행을 관찰한다는 것은 매우 어렵다. '저승'은 우리들이 지금 살고 있는 '이승'인 현상우주(現象宇宙)를 만들고 있는 분자보다도 훨씬 빨리 움직이는 에너지 분자로 구성되어 현실세계와 같은 공간적인 넓이가 존재한다.

두 종류의 열차가 같은 궤도 위를 다른 속도로 달리는 것과 같은 이치로 충돌하는 일은 없다. 빠른 속도의 열차가 늦게 달리는 열차의 앞을 가로지를 염려는 없다.

필자가 알고 있는 모든 사례에서 죽은 사람은 그들이 살고 있는 세계가 '이승'에서 멀리 떨어져 있다고 이야기하고 있다. 그들이 영적인 인격의 발달 단계에 맞추어 저마다 다른 형의 사람들이 사는 각층의 평면, 즉 거주활동단에 대해서 설명을 해도, 이들 각층 평면을 시각적인 상상으로 파악하는 일은 처음에는 어렵다. 그러나 우리들이 갖고 있는 공간개념이나 3차원적 견해를 버리고, 상념의 세계에서는 온갖 상념도 손으로 만질 수 있는 실재의 것이라고 가정한다면, 그들 평면은 우리들 즉, 살아 있는 사람이 느끼는 감각에서의 완전한 고체평면이 아니라, 저마다의 다른 발달 단계에 놓여 있는 생명체의 덩어리로 이해될 수 있다.

저승은 어떻게 생겼는가?

저승인 비구상세계(非具象世界)에 있어서는 끼리끼리 모이게 마련이다. 이것은 물론 민족이나 종교·나이·재산에는 하등연관이 없으며, 인간이 지닌 본질적인 요소, 즉 영적 자아에 의한 것이다. 육체가 죽은 뒤에 남는 것은 전인격(全人格)은 아니다. 엄밀하게 이야기한다면 뒤에 남은 것은, 정동적 자아(情動的自我)인 것이다.

이와 관련이 없는 다른 사항은 곧 불필요한 것으로서 버려진다. 5년 전의 전화번호가 몇 번이었던가 하는 기억은 '가져갈' 만한 가치가 없기 때문이다. 그러나 굉장한 기쁨이나 결혼, 친구와의 우정, 즐거운 여행, 또는 이와는 반대로 커다란 비극이나 작은 비관, 이들은 모두 기억되어서 영적 자아의 일부로서 남게 된다.

보통 죽음, 즉 질병·노쇠증·쇠약 등, 크거나 작거나 간에 평범한 죽음의 경우에는, 저승으로의 이동은 당연히 빨라지게 마련이고, 방해받는 일도 없게 마련이다.

그 죽은 사람은 저승의 근친자(近親者)와 친구—전부가 아니라 영적으로 친밀한 사람들에게 둘러 싸여서 눈을 뜨게 되며 생명이 계속된다.

처음에는 이승인 땅 위에 살았을 때의 생활습관을 모델로 한 생활을 하게 된다. 이승에서 옮겨 온 자기와 다를 바 없으니까 계속되는 생명의 거의 대부분은, 전날의 기억과 습관 양식, 땅 위에서 육체적 생명을 지니고 있었던 기간 안에 축적된 정동(情動)자극으로부터 이루어진다.

차차 새로운 지식과 자기 자신에 대한 새로운 관념을 얻게 되어 그것들을 자기의 사고방식에 맞추게 됨으로써 자기 자신에게 앞으로 도움이 되지 않는 것은 떨쳐 버리게 된다.

즉, 자기 자신이 가장 좋았던 시절이라고 스스로 인정하는 상태로 돌아간다는 이야기이다. 이것은 '지배령(支配靈)'이 명령하는 상태가 아니며, 사실에 있어서 '저승'은 우리들이 알고 있는 것과 같은 일체의 강제에서 해방된 곳이다.

그곳에서는 법(法)은 힘보다도 오히려 도덕적인 압박으로 관리된다. 새로 도착을 해도 즉시 자기들의 가장 좋았던 시절로 돌아갈 수 없는 사람들도 있을지 모르겠고, 노년기의 자기가 더 좋다고 생각하는 영혼도 있으리라고 생각된다.

이렇게 되는 과정은 완전히 자발적인 것이며, 자기가 자기 자신을 조정할 수 있으므로 이런 온갖 소망은 이루어질 수 있다. 그 또는 그녀가 이승에 살았을 때의 자기의 모습을 유지할 수 있듯이, 물론 타인과 같이 될 수도 있다.

의복에 대한 문제는, 필자는 이 점에 대해서 질문하는 사람들을 매우 딱하게 생각하고 있다. 상념의 세계에 살고 있는 사람들에게 있어서 옷을 입는다는 것이 어떻게 가능할 수 있겠느냐 하는 생각을 가졌기 때문이다.

대답은 아주 간단하다. 모든 것이 아주 간단하다. 모든 것이 상념의 창조물로서 이루어져 있는 세계에 있어서는, 젊고 새로운 육체와 멋진 옷을 만들어 내는 데는 차이가 없다. 개인이 자기가 입고 싶다고 생각하는 옷을 생각해 낼 수 있는 한, 그는 그 옷을 입게 된다. 즉 타인의 눈에 어떻게 보이게 되느냐 하는 것뿐이라는 이야기이다.

그는 이승의 집에, 영매를 통해서거나 또는 직접 귀환여행을 하게 되는 경우, 육체 세계에 살고 있는 근친들을 생각해서, 옛날의 모습 그대로 나타날지도 모른다.

땅 위에서 평소 입고 있던 옷과 영계에 있어서의 그 복체(複體)가 어느 정도 비슷한가는, 먼저 입었던 옷의 모양을 시각화시킬 수 있는 본인의 능력에 달려 있는 것이다. 그런 옷을 걸친 자기의 모습을 시각적으로 재생시키는 일이 능력에만 달려 있다. 그런 옷을 걸친 자기의 모습을 시각적으로 재생시키는 일이 능숙하면 할수록, 자신의 영체를 정확하게 재생시킬 수 있을 것이다. 생각이 달라지거나, 먼저 모습으로 되돌아가고 싶지 않다고 생각하지 않는 한, 완전히 이승에서 살아 있었을 때와 똑같은 모습을 하고 있을 수 없다는 이야기이다.

상처를 입고 살해당하는 등, 영계로 갈 수가 없어서, 세상에서 유령이라고 말해지는, 땅 위 세계인 이승과 인연이 끊어지지 않은 영혼들은, 그 전의 자기 모습으로 되돌아가거나, 입고 싶은 옷을 입을 수 있는 이 같은 자유가 없다.

그들은 아직 '저승'의 주민이 아니며 두 개의 세계의 중간대에 사로잡혀 있거나, 좀더 나쁜 경우에는, 물에서 뛰쳐나온 물고기와 같은 상태에서 저승(具象世界)에 놓여 있는 것이다. 이와 같은 문제에 대해서 필자는 몇 권의 책을 쓴 바 있고, 영계로 들어오는 문턱 근처에서 헤매고 있는 이들 많은 불행한 사람들의 영혼을 좋은 영매의 힘을 빌어서, 어떻게 구제할 수 있는가에 대해서 해설한 바 있다.

저승에 도착한 새로운 영혼은 먼저 근친과 친구들에게 둘러싸여서 대기실이라고 할 수 있는 곳에 안내된다. 이곳에서 더 여행을 계속해도 좋은가? 병원에 입원해야 할 것인가? 한동안 관찰할 필요가 있는가 등을 조사받게 된다.

우리들이 알고 있는 것과 같은 시간은 저승인 비구상세계에는 없지만, 이승에서 말하는 2, 3주일 정도를 사후의 예진단계(豫診段階)에서 보내는 일은 흔하다.

육체의 죽음에 앞서서, 오랫동안 질병으로 고생하고 있었을 경우에는 특히 이것이 필요하다. 육체의 파멸은 에테르체, 즉 영적 자아의 상태를 손상시키지는 않지만, 오래 끈 질병은 인격정동부(人格情動部)에 주는 고통상태를 만들어 내기 때문에 이승의 경계선을 넘어오는 영혼에게 대단히 약해진 상태에서 문제를 안겨 준다.

그들 고통받는 영혼에 대한 판단의 기간은 절대 필요한 것이며, 그것은 사람이 아무것도 의식하지 않는 깊이 잠들어 있는 상태와 비슷하다. 그것은 꿈도 꾸지 않는 상태이며, 그를 둘러싸고 있는 일체의 어떤 것과도 관계가 없는 상태이다.

그런 과정이 지난 뒤에, 그는 앞으로 나가도록 허용되는데, 대개는 지정된 안내자의 도움을 받게 된다. 저승에서의 안내자는 꼭 먼저 이승을 떠난 근친이나 친구이어야 할 필요는 없으며, 새로운 환경에 그를 익숙하게 만들 임무가 주어진 영혼이면 어느 누구라도 좋다.

필자는 누가 이런 지시를 내리는 것인가 상당히 궁금하게 여겨 여러 가지로 알아보려고 꽤 애도 써 보았지만, 아직 누가 '저승'의 최고 책임자인가를 알아내지는 못했다. 그것은 항상 '주님들'로부터 지시를 받은 영혼들이 맡는 일이며, 이들 영혼들은 보통 영혼들보다 진보해 있든가 기능이 발달되어 있을 따름이다. 그러나 '주님들'은 이른바 초인이나 성인은 아니며, 전날에는 당신이나 필자와 같은 사람이었던 분들이라고 본다. 그러나 누가 '주님들'에게 지시를 내리는지는 필자로서는 분명히 밝힐 수가 없다.

좀더 적당한 말을 찾기까지는 필자는 이 조직을 저승에서의 '이층의 어린이들'이라든가, '감독청'이라고 부르기도 했다.

그 법칙이 매우 실효적이라는 것을 필자는 이해했다. 만일 자기의 이미지를 고치고 싶다고 생각하면, 이승의 학교에 해당되는 곳에서 공부를 하면 그렇게 될 수가 있다. 더욱이 생명은 영속하는 것이라는 관념을 갖지 않고 저승으로 넘어 온 대다수의 사람들은 새로운 사실체계(事實體系)를 배우고, 교회나 과학자들이 땅 위에서 그들에게 가르친 것과는 전혀 틀리는 개념에 적응하지 않으면 안된다.

영감각(靈感覺)에 있어서의 진보는 가능하며, 또한 그렇게 되기를 바라고 있는 것도 사실이다. 그러나 영혼의 발달정도가 낮은 사람이 다시 자기도 그렇게 되고 싶다는 생각 뿐 발달된 영혼들과 나란히 갈 수는 없다고 생각된다.

이와 같은 사람이 자기가 놓여져 있는 평면에서 나와 보다 높은 수준의 평면으로 들어가려고 애를 쓰게 되면, 결국은 숨이 막혀 버리게 된다. 한편 높은 수준에 있는 영혼은 낮은 곳을 마음대로 방문할 수가 있다.

이것은 쉽게 이해될 수 있는 일이다. 결국 에테르체(體)의 보다 빨리 움직이는 분자는 보다 진하고 움직임이 느린 구상체를 만드는 분자를 뚫고 지나갈 수가 있다는 이야기가 된다.

영체 속을 거닐고 싶다고 생각하는 영매는 일시적으로, 저승에 속하기 위해서는 자기의 육체 바깥으로 나오지 않으면 안된다.

진동을 하강시키는 것은 상승시키는 것보다는 쉬운 일이다.

본질적 능력이 낮은 자가 보다 높은 차원의 세계로 올라가는 유일한 방법은, 패를 짜서 노래를 부르는 것에 의하여 '진동을 인공적으로 만든다'든가, 호흡조절 훈련, 방해가 되는 백색광(白色光)의 제거, 완전한 상념의 집중과 같은 보조적인 방법을 강구하는 수밖에 없다. 그렇게 해 보아도 성공하기란 매우 드문 일이다.

일시적이지만, 하다가 끝내지 못한 일이 없다든가, 죽음에 의한 영혼의 분리에 대해 납득할 수 있는 힘이 없는 그런 경우에는 저승에 도착한 영혼은 이승에 곧 송신해야겠다는 생각이 나지 않는 경우도 있다.

이것은 물론, 방금 도착한 신기하고 놀라운 신세계에 압도되거나, 새로운 것을 배우고 보고 하느라고, 뒤에 남겨 놓고 온 이승과 접촉하겠다는 기분이 없어지기 때문이다.

차차 새로운 환경에 익숙해져서, 새로운 환경에서 살아가는 방법을 터득하게 되면, 눈길은 뒤에 남기고 온 세계로 향해지게 된다.

이 세계가 적성에 맞지 않거나 부정적인 영혼만은 자기들의 새로운 신분을 따분하게 생각하게 된다.

대다수의 영혼들은, 종교가 단순히 천국이라고만 부르고 있는 곳에 커다란 기쁨을 안고 들어온다.

이런 영혼들 가운데에는 승려나 목사도 포함되어 있다. 다만 이 천국에는 등에 거위의 날개를 달고, 금나팔을 불면서 이리 저리 날라다니는 그런 천사란 없다.

천국행과 지옥행의 문을 등지고 열 두명의 사도들에게 둘러싸여 관을 쓰고, 백발을 기른 성 베드로가 새로운 영혼들을 심판하는 일은 없다.

그와 마찬가지로 지옥은 많은 종교적인 설화를 고지식하게 믿는 사람들 눈앞에 그려져 있는 것과 같은 그런 곳은 아니다.

붉은 빛 팬티를 걸친 천덕스러운 녀석이 죄인을 삼지창으로 몰아세우지도 않고, 육체를 지니고 있었던 당시, 타인에게 대해서 범한 잘못 때문에 육체에게 고통을 주는 유황불이 부글부글 끓는 골짜기도 없다.

성적변태에 사로잡혀 있었던 중세의 중놈들이 만든 이런 환상 대신에, 하나 하나의 영혼들의 자기 자신의 과거를 돌이켜

봄으로써 생기는 천국이나 지옥이라면 얼마든지 존재한다. 지난 날을 회상하여 자기 자신의 마음으로 자기의 천국이나 지옥을 만들어 내는 것은 시실이기 때문이다.

저승으로 옮겨올 때, 뒤에 남겨 놓고 온 죄가 있다면, 이 죄가 자신에게 가하는 가책이 되어 자기만이, 다른 영혼들과는 아무런 관계가 없는 지옥이 생겨난다.

많은 죄업을 짊어진 사람들의 영혼이 자기만의 은밀한 지옥에 빠져서, 그곳에서 도망쳐 나오는 방법을 모른다면, 지옥이라고 하는 구체적인 장소가 존재한다는 환상이 생길지도 모른다.

그러나 그것은 개개인의 발달 정도의 영적인 발전의 결여에 의해 모여지고 서로 끌려서 한데 모인 저마다의 정도에 알맞은 군중들의 모임에 지나지 않는다. 이것이 '저승'이 지닌 일면이라고 볼 수 있다.

천국형 영혼의 집단과 지옥형 영혼의 집단을 나누는 선은 뚜렷하지 않다. 생전에 살았던 그대로의 자기 자신을 이끌고 저승으로 옮겨 간다. 따라서 이승에서 평화스럽게 살던 생명체라면 평화스럽고 아름다운 세계가 기다리고 있다는 뜻이 된다.

그러나 양심이 타인에게 대하여 그릇된 짓을 했다는 불안감에 사로잡혀 있다면, 이런 감정도, 상념 자체가 구상물인 세계에 있어서 직접 느낄 수 있는 실재물임을 알 수가 있다. 따라서 필자가 독자 여러분들에게 줄 수 있는 유일한 위안은 인간은 모름지기 영적 가치가 있는 생활을 보내야만 한다는 것이다.

그렇다고 해서 종교적이며, 신성하고 도덕적인 생활을 하라는 뜻은 아니다.

이웃집 부인이 너무나 예쁜데 견디다 못해 키스를 한 것이 저승으로 간 뒤에 그 사람을 지옥형의 장소로 보낼 정도의 이유는 되지 않는다. 그와 마찬가지로 매주 일요일마다 한 번도 빠지지 않고 교회에 나갔다고 해서 그것이 하나님 곁에 앉을 수 있는 자리를 보증해 주는 것도 아니다.

인간이 만들어낸 선악의 관념은, 영계에 있어서의 인간의 격을 결정짓는 자연의 법과 반드시 동등한 것은 아님을 알아야 한다.

그러나 이를테면 다른 사람의 생명을 뺏는 것은 언제나 죄가 된다. 전시중의 일이었고 그럴만한 정당한 원인이 있어서 살인을 했더라도 그런 짓을 하면 '저승'에 왔을 때 반드시 후회하게 된다. 이를테면 어떤 원인에서도 사람을 죽인다는 것은 땅 위에 사는 인간의 목적과 어긋난다는 것을 알 수 있다.

또한 '이승'과 '저승'의 경계를 넘기 전에 살해당한 자와 당연히 부딪치게 된다. 살해당한 편이 먼저 '저승'에 와 있으니까 당연히 영적인 지식도 앞서 있게 마련이다. 사람을 죽여도 좋다고, 누가 어떤 원인으로 그렇게 하라고 명령했다고 해도, 이것은 이미 필자가 다룰 수 있는 범위 바깥의 문제이다.

필자는 살인을 비난한다.

마땅히 혐오해야 할 일이라고 생각한다. 예외라는 것은 우선 없는 법이니까 예외를 둘 필요도 없는 일이다.

악인에게 협박당하여, 자기의 생명을 지키기 위하여 상대의 목숨을 빼앗았다면 형사적인 처벌은 면할지는 모른다. 그러나 용서되지는 않는다.

자연의 법은 당신에게 성인이 되라든가, 죽이기보다는 살해 당하라고 요구하고 있는 것은 아니다. 그러나 자연의 법은, 상대에게 대해서 상대의 무기를 돌리기 전에, 살인자인 상대로부터 도망치기 위하여 가능한 한 비폭력의 방법으로 최선을 다하라고 요구하고 있는 것이다.

사고사(事故死)는 법적으로 또는 도덕적인 면에서도 결과적으로 구원받게 마련이지만 '이승'에서의 잘못을 저질렀다는 죄의식은 아무리 그때의 실제 행위가 무죄였었다 해도 줄곧 따라붙게 마련인 것이다.

고도로 발달된 영적인 존재로서 우리들은 모든 행위를 신중하게 해야 할 책임과 의무를 지니고 있음을 알아야 한다. 너무나도 자주 부상을 입는다는 것은 무엇인가 사고방식이 그릇된 곳이 있기 때문이라고 할 수 있다.

자연의 법은 과실에 대해서도 속죄시킬 뿐만 아니라, 선행에 대해서도 보답을 해주게 마련이다.

이것은 상품수여위원이 월계관을 주는 그런 것을 뜻함은 아니다. 보수는 훨씬 직접적인 것이다.

온갖 비이기적 또는 영적으로 가치 있는 행위나 태도에 대해서는 누구나 옳은 일을 했다는 깊은 감명을 받는다. 이런 은밀한 느낌을 갖는 것 자체가 보수인 것이다. 그러나 '저승'의 상념은 실제물과 같은 뜻을 지닌 것이기에, 이와 같은 감명의 발현은 자동적으로 그 사람을 의식의 높은 수준으로 올려 준다.

이리하여 과거의 행위나 태도에 의하여 그 사람은 발전한다.
 여러분이 만일 원한다면 생명의 본질에 대해서 많은 것을 배웠으니까 육체가 없어진 뒤에도 '명예'를 보탤 수가 있다.
 향상하는 것과 마찬가지로 퇴보도 항상 가능한 것이다.
 법칙은 눈에는 보이지 않지만 작용하고 있고, 항상 존재한다고 생각하면 틀림이 없다. 그 법칙은 적용되는데 있어서 자동적이며 또한 신속한 것이기에, 당신 자신의 행동이 그 법칙을 작용하게 하는 것이다.
 궁극적으로 당신 자신을 조정하기에 따라서 저승에서의 운명은 결정된다.

저승에서의 생활은 어떻게 하는가?

 당신은 이제 저승에 도착했다. 당신은 먼저 와 있는 영혼들의 환영을 받고, 그들과 잠시 이야기를 주고 받았다. 당신은 새로운 거주지에 안내되어, 그곳이 땅 위에서의 당신이 살던 집과 매우 비슷함을 알게 될 것이다.
 그것은 당신이 '이승'에서의 육체생활을 보냈을 때의 경험에서 끌어 낸 상념에 의해 만들어진 것이니까 지극히 당연한 일이라고 생각할 수 있다.
 당신이 원한다면 옷을 만드는 것과 똑같은 방법으로 당신 자신이 살 집을 만들 수도 있고, 또는 당신보다 먼저 '저승'으로 온 사랑하는 이가 당신을 위해서 준비한 것일지도 모른다. 어쨌든 당신은 모든 것이 빈틈없이 잘 갖추어진 곳으로 안내된다.
 앞으로 당신의 영혼이 진화를 하게 됨에 따라서, 당신이 살고 있는 집안의 구상적 요소(具象的要素)의 필요성이 적어져 간다. 또한 집 안에는 신성(神性)의 간소한 디자인이 장소를 차지하게 될 것이다.

당신의 영혼이 걸치는 옷도 당신의 적당한 주거와 마찬가지로 새로운 세계를 인정하는데 잘 어울리게 비실용적이며 초유행적인 것이 될 것이다.

보통 '이승'에서 입는 것과 같은 옷 대신에 상념의 세계에서 만들어진 흰 바탕의 관의인 영의(靈衣)가 될 것이다. 그 곳은 충분히 기능적이며, 당신의 요구를 채워 주게 마련이다.

'저승'에는 도덕상의 공격은 없다. 다만 자기를 조정함에 있어 영적인 조정력의 부족이 있을 뿐이며, 그것이 진실로 당신을 향상시켜 주는 것이다.

'저승'에서의 새로운 생활에 적응하여 시간의 경과를 의식하지 않게 되면, 다음에는 무슨 일이 일어날 것인가 하고 당신은 궁금하게 생각하게 된다. 시간의 흐름이 없다는 것을 이해하는 것은 처음에는 상당히 어려운 일이다. 그 대신 당신은 자기 자신의 존재를 그때의 상태에 의해 측정하게 된다.

한마디로 이러 이러한 사람은 이러 이러한 상태에 놓여 있다는 그런 식으로 말이다. 이윽고 당신이 보다 차원 높은 생활평면으로 옮겨지면 당신이 바라고 자격이 있다고 인정이 되었을 경우—다른 시간과 다른 상태가 시작된다. 당신이 또다시 시간의 흐름을 느끼게 되는 것은, 살아 있는 사람과 접촉하기 위해 밀도가 짙은 지상세계로 돌아오게 될때 뿐이다.

시간에 대한 개념이 전부 달라지기 때문에, 어떤 영혼에게 있어서는 이들 교신 중에 문제가 생기는 경우도 있다. 그들이 접촉한 사랑하는 사람에게 앞으로 일어날 일에 대하여 미리 알려 주고 있을 경우에 시간을 설명하는데 난처해지는 경우가 있다는 이야기이다. '저승'인 비구상세계(非具象世界)에는 밤도 낮도 없기 때문이다.

이승의 세계의 태양과는 전혀 다른 빛이 저승에는 언제나 꽉 차 있다. 수면과 각성의 리듬이 필요한 영혼은 단지 그것을 원하는 것만으로 그런 상태를 일으키게 할 수가 있는 것이다. 사실 여러 가지 면에서 소망이 곧 사실로 되어서 나타난다.

이를테면 다른 누구와 함께 있고 싶다는 소망상념(所望想念)은 곧 당신을 그 누구 곁에 옮겨 가게 해 준다.

'저승'에서는 자기의 자연스럽게 울어 나오는 생각을 조절하는 일은 새로 이곳에 도착한 사람에게는 필요불가결한 것이 된다. 아니면 멋대로 하는 생각때문에 당장 골탕을 먹기 때문이다. 왜냐하면 이곳에서는 무엇이든지 생각만 하면 곧 실현이 되기 때문이다.

조만간에 당신은, 당신이 오게 된 '저승'에서 행해지고 있는 여러 가지 활동에 참여하게 될 것이다. '저승'에서는 아무런 금지요인(禁止要因)이 없기 때문에 누구든지 자기 자신의 야망을 실현시킬 수가 있다. 그 대부분의 야망은 지상생활에서 실현할 수 없었던 것인지도 모른다.

이승에서는 열심히 정직하게 노력했음에도 불구하고 성공하지 못해서, 아무도 귀를 기울여 주지 않았던 음악가가, 이제 갑자기 음악 애호가들을 위하여, 영계관현악단(靈界管絃樂團)을 지휘하고 있는 자기 자신을 발견하게 될 것이다.

만일 그 사람이 한 번이라도 창조한 것이 있다면, 온갖 것이 저승에서도 다시 나타나게 된다. 이 복제물(複製物)은 거의 완전에 가까우며, '이승'에서 창조한 것보다 더욱 훌륭하다. 이는 물질을 규제하는 법칙이나 인공의 실패가 없기 때문이다.

또한 당신의 인격의 일부에 오랫동안 마음속으로만 원했던, 편안하게 쉬고 싶다는 욕망을 갖고 있을 때 이곳에서는 당신이 원하는 곳으로 이끌려서 모든 것을 얻을 수 있게 된다.

또한 이승에 사는 사람들에게 저승으로 오기 전에 보다 수준이 높은 영적인 지식을 주기 위해서 이루어지는 많은 여러 가지 일이 있다는 것도 발견하게 될 것이다.

만약 당신 자신이 죽은 뒤에도 삶이 계속된다는 사실을 몰랐던 사람이라면 그런 지식을 알려줄 만한 가치가 있는 많은 사람들에게도 되도록 무지를 일깨워 주어야겠다고 당연히 생각하게 된다.

당신이 그들을 도와주면, 당신이 유익한, 즉 영적인 행위를 했다는 것뿐만 아니라 동시에 자동적으로 당신 자신이 보다 높은 '승급'을 하게 된다. 이와 같이 죽은 사람의 대부분은 살아 있는 사람들과 연결이 되어 있는 것이다.

그들은 안내자인 경우도 있으며 영매와 힘을 합하여, 또는 직접 살아 있는 사람들을 도와서 우주의 영적인 내용을 터득하도록 해서 우호적인 영향을 주고 있기도 하다. 이것은 죽은 사람이 적극적으로 살아 있는 사람들의 생활 속에 끼어든다는 뜻은 아니다.

말하자면 저마다의 영혼은 자기 자신을 구제하기 위해 스스로 일하지 않으면 안 되게 되어 있어서 타인에게 결정권을 맡

길 수는 없는 일이기 때문이다.

　한편 죽은 자는, 살아 있는 사람들이 그들의 소리를 듣고 싶어하고 자기들에게 보내지는 생각을 적극 받아들이려고 한다면 암시나 가벼운 주의는 줄 수 있고, 또 주기도 한다.

　마지막으로 재생에 대한 문제가 있는데, 이 세상의 대부분의 사람들과 심지어는 심령연구가들도 인간이 죽은 뒤에 재생을 하게 되느냐, 하지 않느냐를 결정적으로 못 박는다는 것은 매우 부담스럽고 어려운 일로서 모두들 이에 대해 논의하기를 회피한다. 그러나 이제 종교적, 철학적인 이념과는 별도로 재생의 조직이 존재한다는 사실을 뒷받침해 주는 충분한 과학적인 증거가 있다는 것이다.

　필자는 지금까지 이른바 흔히 말하는 신념, 즉 증명이나 증거의 대용품으로서 특정한 개념을 아무런 비판없이 받아들인 적인 없다.

　필요한 것은 이안 스티븐슨 박사가 제출한 다음과 같은 제목의 믿을 만한 보고서를 진지하게 연구하는 일이라고 생각한다. 그 보고서란 미국 심령학협회에서 발행한 〈재생을 시사하는 20가지 실례〉로서, 기회있을 때마다 육체 세계로 인간이 다시 돌아온다는 개념을 지지하는 주장이 얼마나 강한 것인가를 잘 알려 주고 있는 글이다.

　우주의 지도소(指導素)로서의 카르마를 인도인들은 오랫동안 지녀 왔다. 카르마란 인간이 경험하게 되는 재생(再生)을 지배하는 원인과 결과의 법칙이다. 개인의 영적 성원(靈的成願)과 행위, 태도에 의해 한 번의 재생이 이루어지고, 다음번 재생은 재생된 개인의 육체를 지니고 사는 동안에 영적으로 이룩한 일과 행위, 태도에 따라서 세번째 재생이 앞의 경우보다 그 위치가 높아지거나 또는 낮아지게 마련이다.

만일 한 번의 재생으로서 어떤 교훈을 배우지 못했다면, 다음 번 재생에서라는 그런 순서로 하나의 영혼에게 올바른 자세를 가르쳐 주는데 필요한 만큼의 재생이 거듭되는 것이라는 이야기이다. 카르마의 제도는 전부 합해서 열 두번의 의무로서 재생을 요구하며, 그동안 황도대(黃道帶) 12궁(宮)을 통과하게 된다는 것이다.

그런 후에, 개인은 선택의 자유가 주어지게 된다. 그는 열반, 즉 거룩하신 주께서 인도하는 고도로 발달된 존재의 세계에서 쉴 수도 있고, 다시 재생을 선택해도 좋다는 것이다.

이것은 물론 하나의 철학적인 조직개념일 뿐만 아니라, 실제의 방법을 뜻하는 것은 아니다.

이와 같은 사람이 몇 번이고 거듭 이 세상에 육체적인 인간으로 태어난다는 사실이 정말임을 뜻하는 이 설은 많은 과학자들의 관심을 끌고 있다. 또한 인도철학(印度哲學)도 사실을 바탕으로 한 것임은 자명한 일이다.

아인시타인 식으로 생각한다면, 어떤 법칙이 지배하지 않는 한, 자연계에는 아무 일도 일어나지 않을 것이며, 변하지도 않고 존속하는 것도 없다고 보아야 할 것이다.

저승을 지배하는 법칙은, 표면에 나타난 부분에 중점(重點)을 두는 이승인 구상세계를 지배하는 법칙과는 다르다는 것을 알아야 한다.

지상세계에서는 자기 자신의 마음에 한정되는 단순한 개인적인 문제로서 생각되는 영적인 지식이나 마음가짐이, 저승에서는 객관적인 문제이며, 그 결과 자기 자신보다도 타인에 의한 평가를 받게 된다.

영적인 발전이나 마음가짐만이, 법칙이 작용해 하나하나의 지위에 영향을 끼치는 가치판단의 눈에 보이는 움직임이 되어 나타난다는 이야기이다.

의식이 그것을 느끼는 한, 에너지 분자는 그 인물이 창조하는 마음에서 솟아나와서 그를 타인과 연결시키는 흐름 속으로 흘러 들어간다.

자연계에 있어서는 영적이든 구상적인 것이든 가릴 것 없이 우연이라든가 완전히 우발적인 것에 근거를 둔 것은 없으며, 일련의 법칙에 의하여 지배되는 것이라는 이야기이다.

때로는 잘못이 생긴다. 법칙이 인간에 의하여 그 완전한 적용을 방해받는 경우이다.

어떤 법칙을 보아도, 그것이 작용하기 위해서는 두 가지 요소가 필요하게 된다. 적용하는 쪽과 적용 당하는 쪽이다. 전자(前者)가 법칙인 것이다.

누구에 의하여, 언제라는 것을 알 수가 없고, 정해진 인간이 관여할 수 없는 조직적인 규칙을 뜻한다. 그러나 법칙은 언제까지나 존재하며 계속 존속하는 것이다.

한편 자연법칙은 인간의 의견이나 영혼과는 관계없이 계속 작용하는데, 후자는 법이 적용하는 상대자이며, 개인, 즉 육체 인간이건 영혼이건 인간임에는 틀림이 없다.

인간이며 영혼을 갖고 있기 때문에 그는 법칙에 대해 저마다의 형태로 반응하게 되는데 때로는 인간은 법칙을 어떻게든 방해하기도 한다. 그것이야말로 법칙이 현재 작용하고 있음을 증명하는 예외적인 사실이다.

이상이 분명히 모순된 출생 전의 기억에 관한 실례, 즉 재생현상(再生現象)이나 전세(前世)에 속하는 기억을 포함한 그 밖의 현상의 손때가 묻은 실제의 예에 대한 필자의 설명이다.

카르마의 법이 사람들 모두에게 적용이 된다면, 예외가 있어서는 안될 것으로 생각된다.

어쨌든 카르마의 법칙만이 재생하는 시스템을 설명해 준다. 재생시켜 줌으로써 얻는 것이 없다면, 자연은 어째서 이와 같은 시스템을 갖고 있을까.

만일 영의 능력과 개인능력의 진보가 또 다시 태어난 그 인간의 존재에 의해 더욱 더 발전할 수가 있는 것이라면, 카르마의 법칙 그 자체에 큰 의의가 있다고 할 수 있겠다.

그것은 결코 완벽한 것은 아니지만 출생하기 전의 기억에 관해서 이것을 포함한 그릇된 믿음과 약간의 실례가 있다.

아마도 이것도 일부러 잘못 전해진 것이라고 생각되어진다. 완전한 재생 시스템 가운데에서 분명히 파격에 속한다고 생각되는 것을 조금만 조사해 보아도 우리들은 재생한다는 사실을 인정하고 이해하는 방향으로 생각이 돌아가게 될 것이다.

아마도 이런 파격적인 사실들은 보다 높은 힘이 일부러 알려주는 것인지도 모른다. 정부의 중요 기밀이 국민의 반응을 알아보기 위해 고관 쪽에서 일부러 '누설하는'그런 경우와 비슷한

제7부 저승의 법칙 227

것같이 필자는 생각하고 있다.
 방법론적으로 말한다면, 땅 위에서 앞서 살았던 세상의 기억의 테이프 레코드는 재생에 의해 또 다른 녹음이 되어도 완전히는 지워지지 않았다는 것을 뜻한다.
 특정한 조건이 갖추어지면, 앞서 녹음한 것이 재독가능(再讀可能)해진다. 이 조건은 사람들 저마다에 따라서 달라지게 된다.
 어떤 경우에는 갑자기 전세의 기억이 꿈 속에 나타나기도 한다.
 어떤 광경이나 체험이 전세에서 얻은 경험이나 광경과 비슷하게 느껴지는 경우도 있으며, 무엇인가 관련이 있다는 느낌으로 다시 생각되는 수도 있다. 그러나 이 숨어 있던 지식을 상기시키는 의식의 맨 아래층에 있는 것에 불을 붙이는 메카니즘은 그것이 완전히 행해지는 것이 당연하다는 지배적인 법칙에게는 단순한 부분품에 지나지 않는다.
 사람이 다시금 땅 위로 돌아와 다른 존재가 되면, 이번에는 앞서와는 다른 결과를 얻어야겠다고 생각하면서 앞서 재생되었을 때와 똑같은 시행착오를 되풀이 하게 된다.
 육체가 죽고 나면, 그는 저승인 비구상세계로 되돌아온다. 그는 새로운 근친과 친구들의 마중을 받게 되며, 앞서 저승으로 돌아왔을 때의 일들은 아무것도 기억하고 있지 않다.
 여기서도 때로는 예외가 있는데, 앞서 존재했던 것을 기억해 내는 경우도 있고, 옛 친구와 다시 만나 그를 알아보는 경우도 있다. 그러나 대부분의 사람들은 전번에 영계에 왔던 일들을 기억하지 못한다.

　우주 법칙의 입장에서 본다면, 비구상세계인 저승이 진짜 세계이며, 구상세계인 '이승'은 일시적인 실존에 지나지 않는다.

　죽음은 항상 귀향이며, 탄생은 고향을 떠남을 뜻하고 있다. 비구상세계인 저승은 과연 어디에 있는 것일까. 위쪽인가, 아래쪽인가, 지구의 안쪽인가, 바깥쪽인가.

　구상세계와는 틀리는 속도를 움직이고 있으나 필자가 배운 바에 의하면, 방향적으로 보아 '위'라고 생각한다.

　인간의 영혼이 땅 속으로, 또는 아래쪽으로 사라졌다는 보고는 아직 한 번도 받아본 일이 없다. 송신하기 위해 돌아온 영혼들의 대부분이, 이 세상으로 돌아오는 어려움과 땅 위로 내려오는 긴 여행을 이야기하고 있다. 그러니까 우리들이 갖고 있는 여행이라는 개념에서 본다면, 저승은 굉장히 먼 곳에 있는 게 분명하다.

　정신요법을 필요로 하는 사람들에 의해 주장되고 있는 금성인(金星人)이나 화성인(火星人)이니 하는 이상한 개념이 있기는 하지만 지구인 외의 사람들이 '저승'에 살고 있다는 증거는 아직껏 없다.

　이쪽 세계로 내려올 때에 죽는 사람의 영혼은 때로는 지상상념이나 기억 속에 역행하지 않으면 안되는 경우가 있다. 만일 그들 기억이 끔찍한 죽음과 같은 고통에 가득찬 것이라면, 송신의 최초의 부분은 누구에게나 몹시 불유쾌한 것이 될 것은 분명하다.

　그들 영혼들은 모든 것을 거꾸로 거슬러 올라가 다시 경험을 하게 되는데, 그들 영혼들은 상념체(想念體)를 볼 뿐, 객관적인 실체는 보지 않는다는 것을 알고 있는데, 그들의 감각은 보통 인간형 형식에 반응하여, 한동안 괴로워하게 마련이다.

경험을 많이 쌓은 심령연구가만이 이런 종류의 교신(交信)에 관여할 수 있는 것은 바로 이 때문이다. 어설픈 호기심만을 가진 사람들은, 영혼과의 접촉은 서뿔리 안하는 것이 좋다고 생각된다.

제 8부
저승에서 영생을 위하여

인간의 이원성

자연발생적이거나 인공유발(人工誘發)을 분별할 것 없이 심령현상은 실재한다. 일부 초심리학자들이 유물론적인 관념을 갖고 윽박지른다 해도 누구이건 실제로 일어나고 있는 현상을 무시해 버릴 수는 없다.

이제는 더 이상 보고된 일이나 체험에 대해서는 그 진정성을 운운할 문제가 아님을 인정하지 않으면 안된다. 의심하고 있는 사람이 비집고 들어갈 빈 틈은 없는 것이다.

필자는 직접 알고 있는 사실만을 기록했고, 다른 연구자들도 이와 같은 경험들을 하고 있는 것이다.

심령연구를 주제로 한 문학도 진정한 많은 실례를 다루고 있는데, 그 중에는 인간의 육체가 죽은 뒤에도 영혼으로서의 삶이 계속된다는 전형적인 여러 가지 예들도 포함되어 있음을 알아야 한다.

심령과학에서 제기된 뚜렷한 증거만 있다면 유물론자들의 입장과는 양립될 수가 없다.

남은 문제는 아마도 종교적 개념을 다룰 때의 보편적인 대중들의 일반적인 태도로서, 저마다의 종교가 갖는 교리를 그대로 받아들이고 있는 사람은 거의 없다고 생각된다.

종교는 어딘가 외부에 존재하는 세계로서 저승을 이야기하고 있지만, 이와 같은 실제는 오직 신앙상의 문제로서만 인정하도록 규정짓고 있다.

종교는 이와 같은 세계가 실제로 존재한다는 사실이 객관적인 증거로서 파악되기를 원하고 있지 않다.

만일 종교가 그렇게 되기를 원한다면 종교의 실질로서 남는 것은 거의 아무것도 없게 된다.

아마도 종교가 지니고 있는 도덕성과 윤리관, 그리고 역사적인 전통은 남겠지만 기본적인 심오한 본체는 없어지게 될 것이다.

그러나 종교가 필요상 '저승'이 실제로 존재한다는 데 대한 증명, 불증명의 문제를 피한다고 해도, 과학에는 이와 같은 문제는 없다.

반대로 과학은 이 문제를, 전기능(全機能)을 다해서 탐구해야 할 의무를 지니고 있는 것이다. 불행하게도 경험주의적 과학의 대부분의 권위자들은 그 자신의 용어로서 이 문제를 처리할 수가 없다.

인간의 안과 바깥의 비구상의 세계를 지배하고 있는 자연과 그 법칙을 탐구하거나, 쉽게 얻을 수 있는 증거와 일치되는 일련의 법칙에 손을 대거나 하는 일은 전혀 하려고 하지 않고, 되풀이 해 구상과학(具象科學)에서 끌어낸 낡은 법칙을 강화

시킬 생각이나 하고, 사후생존(死後生存)과 내세실재(來世實在)의 문제를 그 속에 집어넣는 것에 몰두하고 있다.

이런 필터로 거르는 과정에서 대부분의 올바른 본질을 그물 바깥으로 내어 쫓기고, 그곳을 통해 남게 되는 것은 아주 적은 진실의 일부에 지나지 않는다.

얼마 많은 수는 아니지만, 다행히도 늘어나고 있는 심령연구에 관심을 갖는 과학자들이, 여기서 필자가 제안한 방법을 응용하여 상당히 좋은 결과를 얻고 있는게 사실이다.

온갖 편견과 선입관을 가진 방법론적 관념에서 해방된 증거를 활용할 수 있는 연구를 한다면 눈부신 발전에 도달하게 되리라고 본다.

한마디로 비구상세계의 법칙을 쫓고 구상세계의 법칙은 따르지 않는다는 것 등이 바로 그것이다. 그런 연구방법을 택한다는 것은 완고한 유물론자를 빼어 놓는다면 당연히 놀랄 만한 일은 아니지만 거의 완전에 가까운, 또는 구상세계와는 틀리는 일련의 법칙을 받아들이지 못하는 일부 연구자들은 방향을 잡지 못해 당황하고 있다.

심령현상의 많은 실례를 통하여 되풀이 되고 있는 어떤 종류의 형식이 있다. 실례를 형식별로 나누고 그 비슷한 성격의 것들을 비교해 보면, 이와 같은 현상을 실제로 존재하게 하고 움직이게 하는 법칙에 대해 어떤 결론을 얻게 된다.

먼저 보통의 물리학으로는, 이와 같은 사건의 가능성을 논하지 않는다. 만약 그렇게 한다면, 자동적으로 구상물(具象物)의 크기에 대한 문제와 부딪치게 마련이다.

일반적인 물리학은 특수한 심령현상 문제를 적용시킬 수가 없다. 지상의 항해술이 달이나 별을 둘러 싼 천체 항해(航海)에 응용할 수 없는 것과 같은 이치이다.

어떤 법칙이건 각각 그 유효권과 파급권이 있는 법으로서 '저승'에서 문제가 되는 것은, 관찰자의 입장에 서서 법칙이 미칠 수 있는 한계점이 되는 위치를 찾아내고, 그 법칙이 그곳에 집중되어, 그곳에서 집중시키는 곳을 찾아내는 일이다.

필자의 견해로서는 이 파급되는 한계점이 바로 인격의 이원성(二元性)인 것이다. 인간은 내면체와 외면체로 이루어져 있다. 내면체는 인격의 중심체에서 육체의 죽음으로 인한 외면체보다 오래 산다.

또한 내면체는 재생되는 과정에서 차례로 바꾸어지는데 각 인격이 나타내는 에너지 장은 영원히 계속 움직이고 있어서 사라지거나 하는 일이 없어 차례로 모습을 바꿔 간다.

필자는, 인격의 이원성은 이원적 법칙(二元的法則)에 의한다고 보고 있다. 바로 인간의 양체(兩體)를 지배하는 '이승'과 '저승'의 법칙인 것이다.

'이승'의 법칙이 외면체, 다시 말해서 육체나 우리 일반사람이 사는 '이승'에서의 실질적이며 물질적인 모든 것을 지배하듯이, 인간의 비구상체(非具象體)를 지배하는 것은 심령·정신·정서·감정·상념을 거친 그 표현체에만 적용되어, 그것이 뻗어 나간 맨 끝이 무덤의 저편인 바로 상념의 세계인 것이다.

아마 중세의 대우주와 소우주의 개념은 이 이원성을 암시했을 것이다. 대우주의 수준으로는 우리 인간은 모두 낱개의 일부이며, 낱개의 그 법칙에 종속되는 같은 존재이다.
 소우주의 수준으로는 우리는 다른 것과는 다른 각각의 낱개이며 마찬가지로 연약함과 약점을 지니고 있기도 하다.
 우리는 우리 인간이 알고 있는 우주의 구상법칙(具象法則)에 따라 관찰함으로써 배워 왔던 것이다.
 인간의 이원적 구조를 말함에 있어, 그 내면체와 외면체가 어떤 뜻에서나 평등하다고 말하려는 것은 아니며, 인간의 참다운 자아의 핵은 내면체에 있는 인격인 것이다.
 그것은 아무런 위험성도 없으며, 독립해서 외면체가 없어도 존재하는 법이다. 이에 대하여 외면체는 내면체에서 분리되는 순간에 급속히 무너지는 것이다.
 그것은 내면체를 싸고 있는 동안 적지 않게 연약성과 불완전한 점을 지니고 있다. 따라서 사람의 육체란, 그 본질을 알아본다면, 재생이나 카르마의 개념에 있어서의 생활체험을 얻기 위해 필요한 것이기는 하나, 중요한 점에서 내면체인 영혼에 비하면 훨씬 떨어진다.
 육체와 영혼이 인간의 '이승'에서의 생활로 하여 하나로 맺어져 있을 경우도, 인격 본체는 외면체인 육체에 깃들어 있는 게 아니라, 영혼 속에 존재하고 있는 것이다.
 뇌는 인간의 사고활동의 중심이 아니며, 뇌를 작용시키는 영혼이 바로 중심체인 것이다.
 현재 ESP기능을 조사하고 있는 러시아의 과학자들은, 인간이 지닌 이 기묘한 힘의 생리원(生理源)을 찾아내기 위해 노력하고 있다.

필자도 인간이 지니고 있는 이원성(二元性)은 자연의 의지라는 설을 믿고 있지만 한편 완전히 '비구상(非具象)'인 우주에는 우리가 알고 있는 뜻에서의 물질 따위는 아무것도 없다고 생각하고 있는 것도 사실이다. 하지만 존재하는 온갖 것에는 그것 나름대로의 실질은 있다고 생각한다.

비구상의 세계는 단지 구상의 세계인 물질세계보다는 극미한 실질로 이루어져 있는 세계이다.

ESP는 정신적, 정서적인 활동으로서 그것을 작용시키는 데 필요한 에너지는 구상적 특성을 갖고 있다.

그것은 고속(高速)으로 움직이는 전기적(電氣的)인 힘이 채워진 물질의 분자이기 때문이다.

따라서 물질체가 아닌 자아를 생리학적 조사에 의해 나타내는 것은 한마디로 허무맹랑한 이야기라고는 할 수도 없으며, 러시아 사람들이 발견한 것은 생각할 수 있는 실마리를 만들어 줄 수 있으리라고 본다.

이 분야에 대한 공평한 관찰자나 연구가로서, 사후생(死後生)이나 이른바 죽은 사람과의 교신을 지적하는 심령현상이 실재한다는 것을 인정한다면, 이런 견해에 의하여 얻어진 철학적 개념이 주요한 논점이 되리라고 생각한다.

만일 인간에게 영혼이라는 것이 있다면, 동물도 그러할 테고, 꽃조차도 이와 같은 놀라운 특질을 갖고 있을지도 모르기 때문이다.

이러한 생각을 지지하는 증거는 인간의 육체가 죽은 뒤에도 영혼이 생존한다는 것을 밝혀 주는 증거와 마찬가지로 강력한 것이지만, 동물과 꽃은 사람이 하는 말을 이야기하지 않기 때문에, 사람의 영혼만큼 뚜렷하게 자기 자신의 존재를 주장할 수 없을 뿐이 아닌가 한다.

정해진 죽음의 시간

 이야기를 더 진전시켜 볼까 한다. 신체기관을 갖춘 것, 안 갖춘 것을 가릴 것 없이, 또한 인간이 만들어낸 것까지 포함해서, 자연계의 모든 것이 비구상세계인 '저승'에 어떤 의미에서의 '자기 분신'을 갖고 있는 게 아닐까? 물론 갖고 있다. 즉 인간이 어떤 사물에 대해서 생각할 수가 있다면 그것은 존재하는 것이기 때문이다.
 사람이 자기가 알고 있던 세계를 재생(再生)시킬 경우, 그는 죽음이 그를 불러간 새로운 차원에서 그를 둘러싸는 세계의 복제를 창조한다.
 죽은 사람에게서 보내오는 영계통신의 대부분과 저승에 가본 일이 있고 돌아오지 않으면 안 되었던 아주 소수의 사람들은 한결같이 아름다운 시골의 광경, 색채, 한참 무르익은 자연의 풍경을 이야기하고 있는 것이다.
 저승에 있는 모든 것이 '이승'의 것과 똑같았으며, 다만 저승의 것이 훨씬 좋고, 이를테면 꽃의 경우를 보더라도 한창 핀 꽃과 같이 훨씬 발달해 있는 것 같다.

병원의 수술대 위에서, 또는 사고로 죽었다가 의사의 기술과 애쓴 보람이 있어서—자기보다는 아마 영계에서는 아직 올 것을 기대하지 않았던 때문이리라—이승으로 되돌아 오게 된 사람들이 가장 흥미있는 증언을 하고 있는 것이다.

현대 의학에서는 이런 증언들을 '충격 또는 신경마취에 의한 환각(幻覺)'이라는 딱지를 붙여서 일소(一笑)에 붙이고 말겠지만, 이런 죽음을 체험한 사람들에 의하여 이야기된, 보고 온 '저승'의 모습은 모두가 한결같이 똑같으며 세밀한 점까지 이치가 맞는 것이다.

이를테면 수술 도중에 심장이 멎어 버린 한 부인은 자기 자신이 공원과 같이 아름다운 풍경 속을 걷고 있는 것을 보았다. 꾸불꾸불한 길이 막힌 막다른 골목에서, 그녀는 흰 까운을 입은 몇 명의 사람들이 그녀에게 되돌아가라고 손을 흔들면서 큰 소리로,

"아직 올 때가 안 되었으니까 돌아가세요."

하고 소리치는 것을 들었다.

다음에 그녀가 알게 된 것은 자기가 자기의 육체로 돌아와 있다는 것이었다. 외과의가 심장 맛사지를 하고 있었고, 그녀는 이승으로 돌아온 것이었다.

죽어가다가 죽지 못한 사람들의 체험담 속에는 반드시 되돌아가라고 권유받은 이야기가 들어 있는 것이다.

이것과는 대조적으로 자살했을 경우에는 저승에 도착하면 반드시 엄격하게 다루어지고 있다. 마치 바람직하지 못한 인물이 적당한 여권도 없이 들어 온 것을 취급하는 것과 같이 다루

어지는 것이다.
 다같이 그들은 정지당하고, 자살이 어리석은 짓임을 깨우쳐 주는 적합강좌(適合講座)와 같은 것을 교육받게 된다. 또한 카르마의 법칙도 자살을 해서는 안될 것으로 규정짓고 있다.
 자살자는 다음 번 재생에서도 같은 짓을 되풀이 하게 된다.
 땅 위에서 일단 저지른 행위에서 도망칠 수도 없고 속일 수도 없는 것이다. 필자의 소견에 의하며, 이상과 같은 일로 미루어 보아서, 우리들 한 사람 한 사람의 '저승'에 도착하는 시간을 정한 매우 엄격한 법칙이 있는 게 아닌가 생각된다. 필자는 누가 그 시간표를 만드는지는 알 수가 없으나 저승행 열차를 타는 시간을 변경시킬 수 없다는 사실은 알고 있다.
 어떤 의미에서 이것은 즐거운 일이다.
 죽음에 대한 공포를 없애 주기 때문이다. 분명한 것은 정해진 시간의 1초 전에도, 뒤에도 죽을 수는 없다는 것이다. 이러한 생각을 변경시키려고 하는 것은 온갖 생명체를 지배하는 법칙에 대항하는 것과 같은 것이라고 생각한다. 이것도, 사람이 사후생(死後生)의 과학적인 증거를 받아들일 때에 인정하는 중요한 철학적 암시의 하나이다.
 인간은 모름지기 구상세계 저 너머에 걸쳐서 펼쳐져 있는 전생명대(前生命帶)에까지 생각을 넓히지 않으면 안된다. 인간이 육체를 쓰고 살고 있는 동안에 이룰 수 없는 일이란 뻔한 것이다. 그러나 사람이 죽음과 동시에 생기는 비교적 짧은 이별 뒤에, 또다시 친지들과 다시 만나게 되는 기쁨은, 피할 수 없는 숙명이라는 견해에 대한 보상 정도가 아님을 알아야 한다.

인간이 실제로 행하는 온갖 일에 대해서 동기를 준다 —이것도 죽음이 정해진 시간에 찾아온다는 사실에 의한 또 다른 철학적 암시에서 비롯되는 것이다. 연구나 직업생활에서 기쁨에 이르는 정서생활에 이르기까지 또 하나의 세계의 문제가 끼어들게 된다. 죽음이 최종역이 아니라면 죽기 전에 해온 일은 그만큼 이득이라는 계산이 성립된다. 인간이 지닌 도덕성, 여러 가지 생각이 갑자기 중대한 관심의 대상이 되는 것이다.

이들 위대한 진리가 자기 자신에게도 적용이 된다면, 스스로 다시 한번 조사하기 위하여 심령세계를 탐구해 보아야겠다고 생각하게 되는 사람도 있으리라 생각된다.

심령문제를 연구하는 동안 그때까지 유물사상(唯物思想)에만 꽉차 있던 머리가, '이승' 저 너머에 있는 인간의 내부에 '무엇인가' 있다는 것을 인정하는 일종의 막연한 종교성의 의식에 의하여 상당히 부드럽게 되어, 마침내는 인간의 영혼이 지배요인이 되어 있는 이원론자(二元論者)로 전향하게 되리라고 생각된다.

이런 문제 모두는 옆에 제쳐 놓고, 그것을 조사하는 것을 완전히 거부하여, 죽은 뒤에 기다리고 있는 새로운 현실을 맞아서 놀라는 편이 차라리 좋다고 말할 사람도 있을지 모르겠다.

그렇게 함으로써 그 사람들은 유일한 유물론적 우주의 '낡은 질서'에 정말 온갖 대답이 갖추어 있는 것일까 하는 스스로의 의문을 표명한데 그치고 마는 것이다.

이 책에 쓰여진 종류의 증거를 조사하는 것을 거부함으로써 그들은 자기들이 오히려 발달된 두 생각들을 하고 있는 줄 알고 있지만, 그들도 결국은 진실이 무엇인가를 배우게 되고야 마는 것이다.

그대가 저지른 행위는 그대만이 심판할 수가 있는 것이다. 범(犯)한 일은 당신만이 책임을 지게 된다. 일단 행위가 행해진 이상, 그 무거운 짐은 다른 그 누구도 대신 짊어져 줄 수는 없다는 이야기이다.

분명히 사람이 죽은 뒤에도 생명은 영혼의 형태로서 계속 존재한다는 증거에 대해서는 부가적(附加的)인 연구가 행해지지 않으면 안된다고 생각한다. 많은 분야의 학자들을 이 조사에 끌어들여 오지 않으면 안된다. 비록 이미 증거가 실존한다고 해도 새로운 조사가 있어야 되는 게 마땅한 일이기 때문이다. 이것이 바로 과학적인 방법인 것이며, 사후생존(死後生存)의 실례는 이미 증명되어졌다고 하더라도, 별도로 이 이상 같은 노력을 되풀이 할 필요가 없다고 주장하는 일부 심령연구가의 견해를 필자는 찬성하지 않는 터이다.

인간의 본질을 철저하게 밝히는 일에 비하면, 그다지 중요하지 않은 분야라 할지라도 많은 지식을 계속 구한다는 것은 항상 필요한 일인 것이다.

그러나 인간이 자기 자신 안에 불멸의 부분을 간직하고 있어서, 육체가 죽은 뒤에도 실제로 가장 생기에 넘치는 삶이 그를 기다리고 있다는 사실을 되풀이 하여 증명하는 자료를 수집하는 일은 인간에게 있어 다른 과학분야에 비하여 얼마나 중요한 일인가 하는 게 필자의 생각인 것이다.

제 9부
영계에서 온 아내의 편지

영혼과의 첫 담화

 지금까지 나는 영계의 영혼으로부터 직접 담화하는 체험을 가진 일은 없다. 그런데 나에게 최초로 개인적인 체험으로 직접담화현상이 예기치 못한 곳에서 일어났다.
 나의 일은 신문기자였으므로 어느 날 밤, 〈잔다크〉라는 영화 시사회에 초대되어 런던 영화관에 기사를 취재하러 간 일이 있다. 영화관 안은 만원이어서 자리마다 손님이 가득찼지만 이상하게 내가 앉아 있는 옆자리만은 비워 있어서 아무도 앉으려고 하지 않았다.
 우리 부부는 함께 영화를 보러 간 일은 별로 없었지만 어쩌다 가면 아내는 반드시 내 왼쪽에 앉곤 했었다. 아내가 앉아야 했을 자리만이 비워 있다는 우연의 일치가 좀 마음에 걸렸으나 나는 곧 화면의 변화와 잔다크의 영적이고 신비적인 경험에 넋을 잃고 말았다.
 잔다크가 영(靈)의 소리를 듣는 장면에 이르자, 갑자기 빈자리에 얹어 놓은 내 손에 무엇인가 닿는 것이 있어서 깜짝 놀라 쳐다보았다.

설령 누군가 내 손을 만져야 할 이유가 있더라도, 다른 자리에서는 손이 닿을 수 없는 거리에서 내 손은 놓여 있었다. 세 번씩이나 되풀이 해 내 손을 만졌으므로 나는 그때 아내의 영이 그곳에 나타나 내게 직접 닿는 일에 성공했다는 인상을 받았다.

그때 그 감촉은 내 얼굴 주위로 올라와 마침내 내 이마 위의 머리를 만지작거렸고, 그때는 머리를 가르는 그녀의 손이 가볍게 내 피부에 닿는 것을 분명히 느낄 수 있었다.

나는 부활제가 있은지 한참만에 최후의 그룹 강령회에 출석했다. 내 차례가 되자 영매인 에디스 클레덴트 부인은, 아내가 지금 살고 있는 켄싱턴 가정에서 곧 공개하지 말고 단독으로 강령회를 계획할 것, 그리고 그것은 직접 담화현상을 위한 강령회가 되리라는 메시지를 알려 왔다는 것을 전했다.

그녀는 현상(現象)을 나타내려면 음악에 의한 필요한 진동이 바람직하며, 그러기 위해서는 우리가 갖고 있는 녹음기를 가져 오라고 말했다. 그 녹음기를 가져올 때 처갓집에서 어떤 판을 가져 왔으면 좋겠다는 것이었다.

나는 그 판에 있는 노래를 한 번도 들은 적이 없었다. 알고 보니 장인, 장모도 잘 생각이 나지 않는다는 것이었다. 하지만 레코드판이 꽂힌 선반을 뒤져 보니 아내가 준 판이 나왔다.

또 한가지 증거가 되는 것은 아내의 영이, 친정집 부엌의 융단을 새로 샀다고 말한 것이다. 그것이 사실인지 아닌지 나는 짐작이 가지 않았다.

다음 일요일에 처갓집을 찾아갔는데 강령회가 있던 날 오후,

장모가 부엌 융단의 찢어진 곳에 발이 걸려 넘어졌으므로 새 융단을 다음날 사러 보냈다는 것이었다.

그 강령회에서 내가 전혀 모르던 일. 따라서 어떤 형식으로나, 내 마음 속에 존재하지 않는 것을 아내의 영은 알아맞춘 셈이다.

4월 이후, 나는 강령회의 연구를 비공개적으로 정했다. 그리고 6월의 매우 더운 날 오후 나는 유명한 영매인 에스텔 로버트 부인과 강령회를 주최하기 위해 이이셔로 떠났다.

이 강령회는 대낮에 커어튼을 치지 않고, 햇빛이 흘러들어오는 환한 방안에서 행한다는 것이어서 나는 매우 기뻤다.

로버트 부인은 곧 아내의 모습을 세밀히 보면서 말하기 시작했다. 그리고 아내의 영이 내가 이 방에 들어왔을 때 함께 들어왔다고 말했다. 여기서 비로소 그녀는 아내의 이름을 한 자 한 자 철자를 알아 맞췄다. 또한 내 이름을 불러서 말을 걸었다.

나는 몇 달 동안이나 이런 일이 있기를 참고 기다렸다. 하지만 이름의 교차증명이 얼마나 곤란한가를 알았으므로, 그것을 강제로 하게 하지는 않았었다.

그녀는 지금 영계에서 아내와 함께 있는, 우리와 극히 친한 몇 사람의 친구 중에 대해 말하기 시작했다. 이 사람들의 영은 지상에 아직 살아 있는 두 친구에게 애정어린 말을 보냈는데 놀랍게도 그녀는 그때 그 사람들 이름의 철자를 말했다.

지금 그녀는 우리 가정에 관해 자세한 것을 말했다. 내가 근래다우딩 경의 저서 《Lychgate》를 읽고 있다는 것을 말하고,

아내도 함께 나를 통하여 그 책을 읽고 있으며, 꼭같이 흥미를 느끼고 있다고 말했다.

로버트 부인은 아내의 영이 영계로 간 지 아직 얼마 안 되었는데도 굉장한 진보를 하고 있으며, 이는 주로 그녀의 예술가로서의 소질과 음악적인 능력에 원인이 있다고 말했다.

8월로 접어들자, 나는 아내의 영과 직접 담화하는 일을 비로소 성취할 수 있었다. 나는 앞서 말한 영매 엘시 하드위크 부인이 있는 곳으로 갔다. 그리고 영매의 지도령과 잠깐 동안 이야기를 나누고 있었는데 어느 틈에 아내의 영이 나타나 완전히 영매를 지배했다.

처음에 그녀는 내 옆으로 와서 극히 친한 태도로 내 손을 꼭 잡았다. 이윽고 잦아드는 듯한 투로 말했다.

"여보, 이것이 믿을 수 없는 일 같은지요? 그렇죠? 우리는 이런 일을 할 수 있으리라고는 지금까지 생각해 본 일도 없었어요. 그렇지요? 이와 같은 세계로 돌아와서 당신에게 직접 말을 할 수 있다니!"

그녀의 놀라움과 꿈이 아닌가 하고 의아해 하는 느낌은, 나 역시 놀라지 않을 수 없었다.

이윽고 나는 두 사람의 이야기를 필기해 놓고 싶으니까, 내 오른손을 놓아 달라고 부탁해야만 했다. 그녀의 영이 빙의된 영매인 엘시 부인의 손은 몹시 아쉬운 듯이 겨우 나의 오른손을 놓아 주었다.

내가 처음으로 가장 분명하게 물어 본 것은, 그녀가 지금 행복한 것이냐 하는 것이었다. 그러자 그녀는 환경이 허락하는

한도 내에서는 행복하게 생활하고 있다는 뜻을 터놓고 대답했지만,
"저는 이곳에 있어도 당신이 저의 곁으로 와 주시지 않는 한 정말 행복하다고는 말할 수 없습니다. 그렇게 아쉽게 헤어지고만 걸요."
이렇게 말하더니, 이어서 눈물어린 목소리로 말했다.
"헤어지고 싶지 않아요. 헤어지기 싫단 말이예요. 나는 당신 곁에 오기 위해 얼마나 노력했는지 몰라요."
하고 설득했다.
그 다음에 나는 영계에 있어서의 그녀의 일과 생활환경에 대해서, 아무 것이라도 좋으니까 내게 말해 줄 수 없겠느냐고 물었다.
"물론 말하겠어요, 여보."
라고 그녀가 말했다.
그녀는 자기가 영계에 와서도 음악공부를 계속하고 있다는 것과 다른 영혼들에게 피아노를 가르치고 있다고 말했다. 영계에는 현세에서 피아노 배우기를 간절히 원했으나 뜻을 이루지 못하고 죽은 탓으로 영계로 가자마자, 더욱 그 방향으로 진보하고 싶어하는 사람들이 많이 있다는 것이었다.
그런 사람들이 아내의 새로운 제자가 되겠다고 했다. 이런 말을 함으로써 그녀가 진짜 그녀라는 실증이 될 만한 보고를 했다.
그녀는 생전에 왕실음악학교에서 피아노과 교수로 있었다. 그때 그녀는 두세 곳의 수도원을 방문하고, 몇 사람의 승려에

게 음악을 가르친 일이 있었다. 지금 그 수도원의 승려 가운데 한 사람, 바로 이 사람이 약 25년 전에 아내를 좋아했던 것을 나도 알고 있다.

현재 영계에서 아내의 영을 만난 것은 매우 기쁜 일이었다고 한다. 영매에게 매여 있는 아내의 영은 그 수도원의 이름을 말했는데 그것은 옳았다.

다음에 그녀는 영매를 입을 통해 내가 지금 쓰고 있는 새 각본에 대하여 이야기를 시작했다. 그 글 속에 모처럼 이 각본을 써도 이것을 읽어 볼 아내가 없으니, 이 일에 아무 흥미도 느끼지 않는다고 원고지 빈 곳에 써 넣었다. 그녀는 그와 같은 점과 그 밖의 것에 대해 나와 의논했다.

그녀는 몹시 이 일을 반박했다. 그리고 지금도 그녀는 내가 쓰는 한 마디 한 마디를 읽을 수 있다고 말했다. 오직 다른 것은, 그녀가 생전에 하던 것처럼 내 저서에 대해 나와 직접 말할 수 없을 따름이라는 것뿐이다.

그런데 가장 눈에 띄는 사건이 이 강령회가 끝날 무렵에 생겼다. 내가 "안녕!"하고 말하자, 그녀는,
"그렇게 말하면 안돼요."
라고 다시 말했다. 영매의 손은 내 두 팔목을 잡고 아래위로 흔들었다. 그것은 아내의 특수한 몸짓으로 몹시 감격했을 때 하는 동작이었다.

이야기를 하는 동안 그녀가 말한 중에 흥미있는 일은 내가 그녀에게 묻고 싶다고 생각하고 전부터 많은 질문을 써 두었다는 것을 그녀가 알고 있던 일이었다. 그리고 그녀는,

"매우 좋은 생각이다. 까닭인즉, 그녀는 미리 그것을 읽을 수 있고 잠시 생각하지 않으면 대답할 수 없는 문제의 대답을 준비할 수 있으며 많이 말할 수 없는, 귀한 시간을 절약할 수 있기 때문이다."
라고 말했다. 그 뒤 나는 항상 이 실천방법을 이용하기로 했다.

강령 실험이 횟수를 거듭함에 따라 차츰 나를 번거롭게 만든 일은, 에테르계에 있는 떠돌이 영이 섞여들어서 본인의 영인 듯이 영매에게 나타날 위험이 있다는 것이다. 당시의 회화를 필기한 것 중에 발췌한 부분을 예로 들어 이 방면에서 생기는 여러 문제에 대해 이해하기 바란다.(Q는 질문, A는 답)

Q. 약간 마음에 걸리는 일이 있는데, 당신과 대화하고 있는 동안에 다른 사람이 끼어들어 위험성이 있다고 생각하는데…….

A. 그와 같은 일이 우리 영계에 있는 사람의 일인지요?

Q. 그렇습니다. 당신이 있는 곳에서 그런 일이 일어날 수 있습니까?

A. 네 일어날 수 있지요. 저와 당신 사이에서는 별로 일어나지 않지만, 저는 지금 그 까닭을 설명할 수 없어요. 하지만 그러나 오직 그렇다고만 믿고 계세요. 저의 입장은 그러니까요.

Q. 거의 늘 그렇소? 오직 그런 거겠지요?

A. 늘 속임을 당할 가능성은 있어요. 그러나 그런 일이 일어날

때에는 내가 아니까 다음에 당신께 그 일을 알려드리죠. 당신도 다른 영이 간섭해 왔을 경우에는 알게 될 것입니다. 그럴 경우에는 말을 더듬거리고 사실에 맞지 않는 것을 말합니다. 하지만 우리의 대화에는 그런 일이 생기리라는 걱정은 하실 필요가 없습니다.

Q. 그럼 나에 관한 한 안심해도 좋겠군요. 하지만 사랑하는 사람의 영혼과의 접촉을 간절히 바라고 있는 다른 많은 사람에 대해서는 어떻습니까? 영계 쪽에서 떠돌이 영의 간섭을 막을 수는 없습니까?

A. 늘 막을 수는 없었지요. 나중에 간섭이 있었다는 걸 알 수는 있지만, 항상 그 즉시 알 수 없지요. 다시 말해 두지만, 간섭해 오는 떠돌이 영은 악령은 아니지요. 오히려 영계에 의지할 수 있는 실마리를 아직 확고하게 잡지 못하고 현세의 사람에게도 밀접한 관계가 없는 외로운 영혼입니다. 그래서 다른 영혼의 이름을 사칭해서 당신들이 보내는 애정의 얼마만이라도 받고 싶어서 오는 거죠. 때로는 그들이 장난꾼이어서 장난을 걸어올 경우도 있습니다.

Q. 어떤 종류의 심령현상이 이런 위장된 영의 장난을 받기 쉽습니까? 지배령의 영언·직접담화·물질화 현상……이들 가운데에?

A. 지배령의 영혼현상의 경우, 가끔 다른 영의 간섭을 받으면서도 본인이 알지 못하는 경우가 있어요. 그러나 그럴 경우는, 잠시 이야기의 본질에서 벗어나야 하므로 당신은, 그렇구나 하고 알게 될 것입니다. 물질화 현상에는 떠돌이 영의

간섭은 없습니다. 직접담화에 간섭이 개입하는 일은 드물죠. 직접담화 현상에서 잘못이 개입될 경우는 육체 때문입니다. 영매 자신이 바라는 영혼이 나타나지 않으면, 마치 나타난 듯이 속임수를 쓰는 겁니다. 자동기술 현상에서는 떠돌이영의 간섭을 받는 일이 흔히 있지요.

Q. 점술판 같은 경우는 어떻습니까?
A. 그것은 가장 초보적인 방법입니다. 어느 경우나 떠돌이영의 간섭할 기회는 많아요. 하지만 이 경우에도 엉터리 글씨를 만들어 냈다면, 떠돌이영의 간섭이라고 당신도 알 수 있습니다. 그러면 곧 그것을 중단해야만 됩니다.

이 대답은, 영계에 있는 사랑하는 사람과 교신하기를 원하고 영계통신을 시작하는 많은 사람들을 혼란에 빠뜨리기 쉬운 문제에 아주 분명하고 정확한 판단이 섰으리라고 생각한다.

그러나 심령문제에 흥미를 갖는 사람이 항상 생각하는 문제로서 언젠가는 우리 모두가 영계로 가서 우리 가정이 불가사의한, '영의 나라'가 되리라는 것으로 화제를 옮겼다.

영의 나라의 상태는 어떠한가? 그들은 어떻게 생활하며 어떤 일을 하고 있을까? 지상의 우리 생활과 비교하면 어떻게 될까? 이에 관한 아내의 영과의 대화를 인용해 보기로 한다.

Q. 영계에서 당신들의 생활상태를 내게 말해도 괜찮겠습니까?
A. 물론이죠. 어째서 그런……?
Q. 그럼 말해 주시오. 영계에도 우리의 세계에서 보는 것과 꼭

같은 시골 경치가 있습니까?
A. 물론이지요. 언덕도 있고 골짜기도 있고, 강도 있고 바다도 있지요. 나무도 꽃도 풀도 있지만 더 아름답습니다. 저는 이 세계의 꽃향기와 빛이 얼마나 아름다운지 도저히 당신께 설명할 수 없어요.
Q. 여늬 때와 같이 당신들 영혼은 조용히 들을 건너 산책을 할 수도 있습니까?
A. 물론이지요. 그 경치의 대부분은 그리운 데본의 경치와 별로 다를 바가 없습니다.
Q. 그것 참 멋있는데! 데본의 이야기가 나왔으니 말이지만 내가 영계에 갔을 때 그 그리운 곳을 당신과 함께 다시 한번 찾아갈 수 없을까 생각했는데 그렇게 할 수 있을까요?
A. 할수 있죠. 같이 가요. 네? 우리들 영도 영계 이외의 세계를 방문해선 안된다는 법은 없어요. 지상의 그리운 곳을 어디든 함께 갈 수 있어요.
Q. 당신은 아직 그렇게 한 일이 없습니까?
A. 네 저는 당신이 오실 때까지 기다리고 있는 걸요.
Q. 저런, 아주 친절하시네. 나는 아직 영계의 사물이 이 세계의 것처럼 구체적으로 느낄 수 있다는 걸 분명히 이해할 수 없구려.
A. 잘 들어보세요. 여보, 당신은 우리 영혼이란 것이 가스 같은 잡을 수 없는 존재로 공간을 떠돌고 있는 이상한 존재라는 생각을 고칠 수 없는 모양이군요. 저는 그렇게 흔들거리는 존재가 아니예요.

Q. 그렇다면 내가 영계로 갔을 때 이 지상에 있었을 때처럼 당신의 몸을 껴안고 싶을 경우 그렇게 할 수 있다는 것이오.
A. 물론이죠. 바보 같으니![아내는 자주 친애하는 뜻을 표현할 때 이런 말을 썼었다.] 꼭 안아 주세요. 비교해서 말하자면 당신이야말로 그림자 같은 존재랍니다. 그러므로 저는 현실세계의 벽이건 무엇이건 뚫고 이 세계로 돌아와서 이곳을 걸어다닐 수 있답니다. 현실계의 물질은 단단해 보여도 결코 단단하지 않아요.
Q. 영계의 건물은 어떻소?
A. 지상의 건물과 꼭 같아요. 우리의 집, 교회, 학교……등이 모두 있어요.
Q. 전에 당신이 우리들의 집이 영계에 있고, 내가 오기를 기다린다고 했는데 나는 그것을 액면 그대로 믿을 수 없소.
A. 제 말이 틀림없어요. 이 영계에 실제로 우리 지상의 집과 꼭 같은 것을 갖고 있어요. 가구 하나 하나도 아주 꼭 같아요. 아주 낯익은 우리의 방도 그렇구요.
Q. 당신의 말은 실제로 영계에도 현실적으로 방이 있고, 가구가 있다는 거요?
A. 그래요. 아주 그대로라고 해도 좋아요. 벽에 걸려 있는 그림도, 사진과 벽난로 위의 장식품도…….
Q. 하지만 그런 것은 믿을 수 없소.
A. 아뇨. 영계라는 게 얼마나 현실적인가 하는 것을 이해하신다면 믿지 못하실 것도 없어요. 그것은 극히 자연스러운 일이죠. 우리가 영계로 가는 일을 '권유'한다고 말하는 것은

정말 그곳에 집이 있어서 돌아가기 때문이죠. 만약 우리가 자신이 살던 가정이 영계에 없다면 이곳에 왔을 때 갑자기 모르는 다른 곳에 온 것 같아서 아주 쩔쩔맨답니다.

Q. 그렇다면 당신은 그 방 안에 버티고 앉아 있는 거요?

A. 버티고 앉아 있다니 당치도 않아요. 전 바쁜 걸요.

Q. 그렇다면 조금도 쉬지 않는다는 것이오?

A. 언제든 자기가 쉬고 싶을 때 우리들 영은 쉴 수 있어요. 우리는 책을 끼고 강물이 흐르는 옆에 와서, 그곳에 앉아서 책을 읽을 수도 있습니다. 아름다운 '안식의 동산'에 가서 거닐 수도 있습니다. 하지만 우리는 육체적인 휴식이라는 게 필요 없어요. 아시겠어요?

Q. 하지만 어쨌든 잠은 자겠지?

A. 아니요. 저는 조금도 잠을 필요로 하지 않습니다. 이곳에 와서 처음부터 저는 잠을 잔 일이 없어요. 하지만 이곳에 온 영혼 가운데에는 오랜 동안 잠을 자고 있는 이도 있습니다. 그것은 그 사람들이 어떤 상태에서 왔느냐에 따라 각각 다르지요. 그것은 그 사람의 영계에 있어서의 생활은 지상 생활이 어떠했었느냐 하는 것으로 정해지지요. 어머, 당신은 오늘 굉장히 많이 필기하셨네요.

Q. 너무 많은가?

A. 아녜요. 그건 좋은 생각이라고 여겨요. 1분이라도 헛되게 보내셔선 안되니까요.

Q. 좀더 우리끼리의 문제를 말하고 싶은데, 끝으로 물어볼 말이 있어요. 영계로 간 뒤 그 영혼이 사랑하는 가족과 통신

하려고 시도하기까지의 기간에 대해서는 의견이 각각 다른
데 어떻게 생각하오.
A. 그건 영계로 옮겨올 때의 상태에 따라 따릅니다. 당신이 이
방에 들어오실 때 엇갈려서 이 방에서 나간 젊은 미망인을
보셨지요?
Q. 힐끗 본 것 같은데, 별로 눈여겨 보지 않았어요. 그건 왜
묻지요?
A. 그 분의 남편이 비행기 사고로 3주일 전에 죽었어요. 그 남
편의 영혼은 오늘 오후 부인에게 통신하여 왔습니다. 아주
똑똑히 말입니다. 이렇게 빠른 것은, 그 사람이 너무 갑자
기 영계로 간 탓입니다.
Q. 그런 것으로 차이가 생기나요?
A. 그래요. 제가 영계로 가서 아주 짧은 시일 내에 당신과 연
결이 될 수 있었던 것도 제 자신이 그토록 갑자기 갔기 때
문이지요.

이런 종류의 나의 세번째 직접담화는 10월이 지날 무렵에
생겼다. 강령(降靈)이 시작되자, 그녀〔아내의 영〕는 우선 내가
앓고 있다고 몹시 걱정하는 뜻을 나타냈다.
"그런 어리석은 일이 어데 있어? 난 이렇게 건강한데."
하고 나는 부정했다. 그런데 이틀이 지나자 나는 아주 심한 유
행성 감기에 걸려 자리에 눕고 말았다. 그리고 간신이 폐렴에
걸릴 것을 면했다.

이번의 직접 담화에서 내가 취급한 것은 유족들의 슬픔이 저
승으로 간 영과 접촉의 장벽을 이루고, 또한 영의 영적인 발전

을 방해한다는 문제였다. 그녀가 이 문제에 대해서 준 회답은 나를 위로해 주었듯이, 다른 많은 유족들을 위로해 주리라고 믿어지므로 다음 기회에 그것을 수록코저 한다.

Q. 내 곁을 떠난 뒤 너무 슬퍼하는 것이 좋지 않다고 말하지만, 슬퍼하지 않으려고 노력해도 좀처럼 잘 되지 않는군.
A. 하지만 만약 당신이 조금도 슬퍼하지 않는다면 부자연스럽지 않습니까? 시간은 최고의 명의(名醫)라는 속담도 있지만, 당신의 경우에는 그런 속담이 적합하지 않아요. 시간이 지나도 조금도 슬픔이 사라지지 않지요?
Q. 슬픔이 사라진 듯해도 소용이 없어요. 당신은 내 마음을 알고 있을 것이오. 그런데 내가 관심을 갖는 것은 그런 나의 내부 감정이 당신의 영혼을 개선시키는데 방해된다는 것이다.
A. 그런 말을 믿어선 안 돼요. 당신의 슬픔이 나의 혼을 개선하는데 방해하는 일은 없어요. 영매를 통해서 당신에게 통신하는 것을 한층 곤란하게 만든 것은 사실이지요. 특히 헤어진 직후, 당신의 슬픔이 도저히 뚫을 수 없는 장벽이 된 것만은 사실이예요. 하지만 그것은 저희에게는 장벽이 될 수 없었어요. 우리 둘은 함께가 아니고는 도저히 행복할 수 없다고 늘 얘기했어요. 그렇죠? 하지만 영혼의 발전라는 문제에 관하여 잘 들어주세요. 부탁입니다. 저의 발전도 당신의 발전도 당신이 지금하고 계시듯이 세계에 대해 명랑한 표정으로 당신의 하루 하루의 일을 충실히 하시는 한,

조금도 방해를 받거나 하지는 않아요. 하지만 만약 당신이 지쳐서 초조해하고 구석에 쳐박혀 계시거나 하면, 그야말로 우리 두 사람에게 곤란한 문제가 생깁니다.

Q. 이제야 겨우 마음이 놓였습니다. 사실 나는 나의 슬픔이 어떤 형태로 당신의 영혼의 발전를 방해하지나 않을까, 또 그것이 두 사람을 빠뜨리는 함정이 되지나 않을까 하고 걱정했었지요.

A. 당신의 슬픔을 강령회에까지 지니고 오셔서는 안 됩니다. 하지만 지금까지 당신은 어느 강령회에서나 당신의 감정을 완전히 지배하고, 지극히 강령에 동조한 정신파동을 일으켜 주셔서 매우 도움이 되었어요.

Q. 그렇다면 가장 소중한 것은 실제로 강령회에서 나의 마음의 상태라는 게 되겠군.

A. 그렇지요. 이따금 당신은 내부의 긴장을 억제하지 못하실 때가 있어요. 저만은 당신의 내부 감정이 얼마나 끓어오르는지 알고 있어요. 하지만 당신이 현세생활에서 해방되기까지는, 모든 정신적인 고통에서 벗어나기를 기대하는 건 불합리해요.

그녀는 짐이라는 이름을 가진 사람에게 내가 영체(靈體)로서 만난 일이 있었다는 것을 말하기 시작했다. 나는 짐이라는 사람을 알지 못한다. 절대로 만난 일이 없다고 주장했다. 하지만 그녀는 그 짐이라는 사람의 영이 '직접 담화현상을 일으키는 강령회에서 트럼펫을 가지고 나를 구해 주러 왔습니다'라고 말하는 것이었다.

그런데 몇 주일이 지나자, 나는 이 짐과 내가 맺어진 관계를 알 수 있었다. 그는 내가 앞서 말한 상징적인 꿈을 내게 불어넣어 준 부인의 남편이었다.

그녀의 말에 의하면 그녀[아내의 영]는 나는 주의를 끌기 위해 밤에 나타나서 랩소리[영이 찾아와 똑똑 하고 사물을 두드리는 소리]를 낸 일이 있었다고 하지만 나는 한 번도 그 소리를 들은 일이 없다. 나 자신에게 영매적인 소질이 없어서 직접 영계의 실증을 잡을 수 없는 것이 유감스럽다고 내가 말하자, 그녀는 냉랭한 투로 '가령 당신이 영청(靈聽)을 할 수 있어서 직접 영의 음성을 들으실지라도, 당신이라면 틀림없이 그것은 환각이었다고 생각하실 겁니다'하고 말했다.

또한 그녀는 곧 그녀의 영광(靈光)을 나에게 직접 보여주고 싶다고 말했다. 나는 별로 영광을 보기를 희망한 건 아니었으나, 그 몇 주일 뒤의 어느 날 밤, 집에서 심령실험을 하고 있는데 극히 분명하게 약 2분 동안 작은 계란만한 영광이 갑자기 방 안에 나타나서 공중에 춤추며, 침대와 양복장 주위를 떠다니는 것을 보았다.

이 영광은 그 강령회에 모여 있던 다섯 사람 모두가 객관적으로 볼 수 있었지만, 그 현상에 대한 물질적인 설명은 들을 수 없었다.

나는 아내 마졸리가 영계에 살아 있다는 확증을 얻기 위해 그녀의 영과 접촉하려는 노력을 계속함에 따라서, 나는 더 한층 '직접발성음현상(直接發聲音現象)'이 생기는 강령회를 열기를 간절히 원했다.

 아마 내가 너무 그대를 크게 가졌던 것 같다. 하여튼 나는 최초로 내가 시도한 '직접발성음현상'에는 실패했다. 그 강령회에서 우리는 어둠 속에 앉아 있었다. 두 개의 메가폰을 회의장에 들여와 바닥에 놓았다.

 광선은 모처럼 영계와 파장을 맞춘 에테르 파동을 파괴시킨다고 하여, 이런 종류의 심령실험에는 방안을 캄캄하게 할 필요가 있다고 했다.

 메가폰은 영계에서 들리는 소리를 확대시킬 목적으로 사용된다는 것이다. 영매에게 빙의되어 지배령이 개회 인사를 말하자, 이윽고 두 개의 메가폰이 바닥에서 공중으로 떠올라 천장 높이까지 오르더니 빙글빙글 돌았다.

 메가폰에는 야광물감을 칠했고 테이프로 그 둘레를 감았으므로, 도는 상태가 어둠 속에서도 뚜렷이 빛나 보였다. 이윽고 그 중 한 개의 메가폰이 내 옆 사람 앞에까지 이르자 공중에 떠 있는 채로 이야기를 시작했다. 그러나 그 음성은 너무도 쉰 목소리였고, 분명하지 않아서 무슨 뜻인지 알 수가 없었다.

 그 뒤에 들은 바에 의하면 메가폰에서 들려오는 영혼이 직접 발성하는 음성은 연습을 거듭함에 따라 서서히 개선되었다. 그도 그럴 것이 직접발성음현상에서, 영계의 영혼이 와서 이야기하는 것은 영매의 엑토프라즘을 물질화 하여 발성에 적합한 구강(口腔)·인후(咽喉)·혀 따위를 만들어서 그것을 마스크처럼 영혼이 사용함으로써 일시적으로 육체에 머무른 것 같은 상태를 나타내고, 그것을 통해 이야기를 하는 것이므로, 최초의 실험에서는 몹시 곤란을 느끼는 것이 당연하다.

이 '직접발성음현상'의 강령회에서는 나는 아무 통신도 받을 수 없었다. 하지만 두번째로 내가 참가했을 때에는 20분이 지나자, 메가폰이 나의 바로 앞으로 떠왔다.

억누른 듯한 속삭임 소리가 들렸는데 그것은 도저히 그녀의 목소리라고 인정할 수는 없었다. 하지만 마졸리라는 아내의 이름을 분명히 들을 수 있었다.

발성이 익숙하지 못해서 몹시 힘들며 말을 똑똑히 발음할 수 없는 게 못내 아쉽다고 했다. 이윽고 '이렇게 당신 가까이에 있어요. 아시겠어요!' 하고 말했다.

그러자 메가폰은 앞으로 움직이기 시작해서 내 얼굴에 거의 닿을 듯 하였다. 그곳에 아주 잠깐 2분동안 그녀는 정말 그녀 자신이 말하고 있다는 것을 증명하려고 노력하는 것처럼 생각되었다.

첫번째, 두번째 실험을 마친 다음, 나는 다음과 같은 결론에 도달했다. 순수한 '직접발성음현상'은 아마 가장 유력한 영계의 통신방법이겠지만, 아직도 개발중이므로 대부분 그 목적을 완전히 수행하기란 불가능하다.

실제로 경험이 풍부한 심령실험에 익숙한 사람 중에서, 어떤 요소가 '직접발성음현상'의 완전한 성공을 방해하는지, 아직 충분히 이해되지 못하고 있는 듯하다.

제2의 만남

나는 이런 종류의 영매의 입을 통한 '직접담화'나 '직접발성 음현상'에 참석하는 한편, 이따금 다른 종류의 영계통신의 회합에도 참석해서 연구를 진행시켰다.

그런 심령연구 회합 중에서는 초보적으로 생각되는 회합이었다. 그렇지만 그 회합에서 세 사람의 다른 지도령이 나와서 아내의 영이 어떤 영매도 사이에 넣지 않고 무엇인가 내게 통신하기를 바랄 때에 이용하기 좋은 '영계와의 통화방법'을 추천했다.

그 방법이란 덤블러와 알파벳 스믈 여섯 글자를 쓰는 방법이다.

내가 큰 소리로,

"혹시 내게 말하고 싶은 영이 있는게 아닙니까?"

하고 말하자, 덤블러가 흔들리며 한 자 한 자 알파벳을 가리키고, 마침내 아내의 이름을 엮었다.

다른 어떤 영계통신 방법에서도 그것이 진실인지 아닌지를 확인해 볼 필요를 느꼈다. 그래서 나는 이 경우에도 실제로 아내의 영이 와 있는데 다른 영이 아내의 인격을 가장해서 나타나는 게 아닌가 하는 것을 확인하기 위해 질문했다.

또한 여기에 정확히 답변을 했을 때 나는 다시 여러 가지 질문을 하고 그 답을 얻었다. 그렇게 하여 나는 좋은 성적을 얻을 수 있었다.

아내의 영은 최근에 영계로 간 몇 사람의 친구 이름을 자진해서 말하고 그들의 영혼이 지금 그녀와 함께 영계에서 생활하고 있다고 했다.

그때 나는 그녀의 영혼이 혹시 영계에서 우리의 근친에 속하지 않는 사람으로 나 자신이 예상할 수 없는 다른 사람을 만났느냐고 물어보고 싶은 생각이 순간 들었다. 그러자 아내의 영은 '세이모어 힉스'라는 이름을 엮었다.

세이모어 힉스란 우리 두 사람이 그의 연기에 감탄하던 배우였기 때문에, 그녀가 영계에서 이 배우를 만났다면, 그녀의 기쁨은 대단한 것이었으리라고 여겼다. 그녀는 또한, 세이모어는
"저 심령실험이 있었던 날 밤의 모임에 참석한 한 사람이었다."고 덧붙여 말했다.

문답을 계속하는 동안, 그녀는 런던의 수도원 이름을 말하고 그곳에서 그녀의 옛 친구 중 한 사람이 영계로 와 있다고 말했다. 또한 아내의 영이 가장 잘 조종할 수 있다고 생각되는 영매의 이름을 말하기도 하고, 지난 주에 내게 편지를 보낸 친구의 이름과 내가 심령치료를 할 경우에 작용하는 지배령의 이름을 들기도 했다.

또한 내가 아내의 생일선물로 보내준 그리운 추억이 깃들인

목걸이를 보관하는데 대한 주의를 주기도 하고, 그 밖에 이 영계통신의 여러 가지 정확한 증거가 될 만한 사항을 이야기 했다.

또한 그녀는 내 집에서 개최하는 강령회에 참석하는 회원의 이름과 내가 머지않아 이탈리아를 여행할 때 방문할 곳의 이름을 말하고 아직 내가 가보지 않아서 모르는 어느 거리의 이름도 함께 말했다.

실제로 이 실험방법은, 자기 자신의 잠재의식이 섞이는 게 약점인 것이다. 내가 믿는 바에 의하면, 질문하는 사람이 회답에 나타나는 사물을 알고 있다면, 그 상념이 덤블러의 운동에 지배적인 영향을 준다고 한다. 그 까닭은 나는 그 뒤 그 방법에 의한 실험에서 자기 스스로 어떻게 대답해야 좋을지 모르는 질문에, 화제를 한정하기로 했다. 그렇지 않으면 나는 친구와 함께 실험을 함에 있어 자기 자신은 덤블러가 어느 방향으로 움직여서 글씨를 엮어나가는가를 보지 않기로 하고 나 자신이 생각이 덤블러에 미치지 않도록 노력했다.

이 방법을 쓸 경우, 내가 했듯이 다행이 백 퍼센트의 성공을 거둘 수 있을지도 모른다. 그렇지만, 이 덤블러를 쓸 경우 떠돌이영이 본인의 영이라고 사칭하여 나타나기 쉬운 방법인 것이다.

내가 아는 바로 남편에게서 오는 통신으로 여겨지는 아내에게 보내는 메시지를 매주 되풀이 하여 엮었지만, 결국은 그 통신은 그녀가 결혼하기 전에 그녀의 남편과 같은 그녀를 얻으려고 전쟁한 어느 사나이의 영혼이 지금도 낮은 유계를 헤매면서 실연당한 복수를 하기 위해 그런 메시지를 보내오고 있음을 알았다.

복수하기 위해 보낸 메시지를 사용한 탓으로 그녀는 거의 파멸의 수렁속에 몰리게 되었다. 그렇지만 그녀는 남편의 영혼은 영계측에서 이와 같은 가면의 작가가 '남편의 영'을 사칭하여 통신하고 있는데 대해 아무 것도 모르고 있었다.

이런 일은 우리 자신이 영계에 갈 때까지는 우리를 계속 매혹시키는 많은 신비적인 현상의 하나라고 말할 수 있다.

만약 영계통신을 받아들이는 사람이 내가 했듯이, 통신할 때 당사자인 남편이 아니고서는 도저히 대답할 수 없는, 확인하는 질문을 하거나 충분한 주의를 기울인다면, 그와 같은 가면의 영혼에게 속는 일은 없었을 것이다.

이 경우에 주의하지 않으면 안될 것은 강령회가 있을 때마다 다른 질문으로 확인하는 일이 절대 중요하다.

이와 같은 영계통신을 하는 동안 여름이 지나고 가을이 왔다. 마침내 겨울이 다가와서 아내의 1주기도 얼마 남지 않았다. 지금까지와 마찬가지로 매달 내 집에서 하는 강령실험을 서서히, 그리고 확실히 진보되었다.

우리가 직접 발성음현상의 심령회에서 어떤 결과를 얻게 되기까지는 몇 년이 걸리는 일도 있다고 자주 들어 왔었다. 그런 탓으로 이 3개월 동안에 얻어진 사소한 진보에 대해서도 실망하지 않았다.

우리는 방 안에 심령의 영풍이 부는 것을 느낄 수가 있었고, 하얀 증기와 같은 구름〔분명히 엑토프라즘〕이 메가폰에서 이따금 올라가는게 보이기도 하고, 우리의 머리나 얼굴에 가벼운 감촉을 느끼기도 하고, 메가폰의 위쪽에서 천장 높이로 희미하게 색깔을 띈 빛이 바치는 걸 볼 수도 있었다. 또한 마침 크리스마스 바로 전에는 우리 일동은, 방 안 전체에 떠도는 강렬한 향기의 물결을 느끼고 이상하게 생각하기도 했다.

저 슬픈 아내의 죽은 날인 크리스마스날이 되기 바로 전의 일이 있었다. 나는 다행히 그 무렵 런던에 와 있던 알프렛 레이너라는 호주 사람을 영매로 하여 가족만의 강령회를 개최할 수 있었다. 또한 이것은 남성의 영매를 써서 좋은 결과를 얻은 최초의 경험이 되었다.

아내의 영은 몇 분 동안 그 영매를 통하여 나타나서 내 쪽에서 아무 것도 그 문제에 대해 이야기를 하지 않았는데도, 그리고 영매 자신이 내 이름에 대해 예비지식이 없는데도, 우리 가정에서 개최한 강령회에 관해 말하기 시작했다. 또한 그 이야기 속에서 한가지 흥미있는 문제가 그때 전개되었다.

그것은 직접발성음현상을 일으키기를 원할 경우, 아주 어둡게 만들어 놓지 않으면 안 되는가 하는 문제에 관해서였다. 호주에서는 실제로 직접발성음현상이 흔히 밝은 방 안에서 더구나 대낮에 그 일이 행해졌다고 한다.

영매 레이너의 수호령이 하는 말에 의하면, 아내는 늘 빛을 좋아했지만, 그녀는 강령회의 암실에 들어오는 것을 그다지 주저하지는 않았다. 더구나 그것은 영인 그녀에게는 암실도 그다지 어둡게 느껴지지 않는 모양이었지만, 그녀는 적어도 지금 하고 있듯이 자택에서 영을 부를 때만은 광선이 있는 속에서 해줬으면 좋겠다고 생각했다. 그러기 위해서는 물질적인 힘에 저항하기 위하여 그 뒤 암실로 우리들이 들어가 있지 않으면 안된다고 말했다. 그리고 그녀는 내가 그때 썼던 푸른 빛[광선:심령치료에 쓰는 색깔로, 붉은 색보다 높은 영적 파동을 끌어들일 수 있다.] 대신 붉은 빛을 써 주기 바라고 있었다.

다음 주부터 우리는 그녀의 희망대로 붉은 등을 키기로 했다. 그러자 몇 차례 개최한 자택에서의 심령실험에 나타난 각종 지도령이,

"방의 분위기가 매우 좋다. 이 방의 파장은 극히 높은 심령적인 가치가 있다."

고 말하게 되었다.

실험실의 빛의 문제가 끝나자 지도령은 그가 보았다는 후광(後光)의 색채가 교착(交錯)되는 문제에 관해 매우 열심히 말하기 시작했다. 그는 색채가 어떻게 영계를 지배하고 있는가에 대해 말했다.

또한 아내의 영이 후광과 나의 후광이 빛이 완전히 교착 융합하여 보기 드문 아름다움을 나타내고 있는 것을 본 순간, 그는 완전히 매혹당했었다고 말했다. 이렇듯 둘의 분위기가 완전히 교착 융합하여 아름다운 모습을 나타내는 것은 정신적으로나 영적으로 두 사람의 영혼이 최대한도로 완전히 조화된 것을 뜻한다고 말했다.

이 호주인의 영매가 인도하는 심령실험회에서 나는 내가 심령치료를 할때 협력해 주는 몇 사람의 치병령(治病靈)의 이름을 들었다. 그러나 한 사람은 헌터라는 이름의 영국인 의사의

영이었고, 또 한 사람은 피에르 모앗셋 노우라는 이름의 박사로서 내가 영적인 진단을 내릴 때 나를 돕고자 오며, 또 한 사람은 옛 북아메리카 인디언 의사로 레드 스트림이라는 이름의 영이었다.

내가 그토록 두려워했던 슬픈 주간인 크리스마스가 다가오자, 영매인 난 매캔지 부인으로부터, 그들 부처와[물론, 그의 지배령인 러닝 워터도 함께] 크리스마스를 함께 지내지 않겠느냐는 연락이 왔다.

우리는 난로를 에워싸고 크리스마스의 밤을, 바로 12개월 전, 사랑하는 이의 생명을 구하려고 필사적인 노력을 거듭했던 그 무렵의 일을 나는 생각하고 있었다.

매캔지 부인은 서서히 입신상태로 되었다.

나는 지도령인 러닝 워터씨와 단 둘이서 다른 영을 개입시키지 않고 비로소 친근감으로 대화를 나눌 수 있었다.

처음에는 일반적인, 개인적으로 관심 있는 문제를 조금 다루었으나, 이윽고 워터씨는 나를 축복해 주었다. 잠시 침묵이 계속되었기 때문에 그가 떠난 것으로 나는 생각했었다. 그러자 잠시 후 그의 목소리가 다시 들려 왔다. 그 음성은 몹시 부드럽고 정숙했다.

"자 이리 앉으세요. 사랑스러운 부인!"

어느 부인을 정중하게 안내하는 듯한 목소리였다. 나는 놀라움과 기쁨에 어쩔줄을 몰랐다. 이유인즉 그곳에 아내의 영이 나타나서 영매를 통해 잠시 마치 옆에 있는 의자에 앉아서 말하듯이 내게 자연스럽게 말하기 시작했기 때문이다.

그 이야기 가운데 그녀가 영계로 옮겨간 1주기의 기념할 만한 시간에, 내가 잠들어 있는 동안 워터씨가 나의 영을 영계로 데리고 가서 아내의 영과 함께 지낼 수 있다고 말했다. 그런데 그 일이 실제로 일어났다.

여느 때 같으면 나는 자리에 누워 한 시간쯤 잠든 후 잠이 깨곤 했다. 그런 다음에도 대개 한 시간 만큼씩 사이를 두고 잠이 깼다가는 다시 잠이 들곤 한다. 그런데 이번 크리스마스 밤은 오후 11시에 자리에 누웠으나, 이내 깊이 잠이 들어 버리고, 다음 날 아침 9시가 되도록 잠이 깨지 않았다.

후에 들은 바에 의하면, 나의 영혼은 10시간 동안이나 육체에서 벗어나 영계를 여행하여 아내와 함께 있었다고 한다. 매우 유감스러운 것은 잠이 깬 뒤 아무래도 그때의 영계에서의 상태를 기억해 낼 수 없는 일이었다.

또 한 가지 크리스마스 때의 체험으로 내게 가장 인상 깊었던 일이 있다. 그것은 실로 흥미있는 일이었으며, 매우 실증적(實證的)인 가치가 있는 것이었다.

장소는 런던의 어느 영매의 집으로, 영계에서 어린이들에게 베푼 파아티 광경이었다.

우리는 15명 가량 빌eld 맨 윗층에 있는 방에 모여 있었는데 방 가운데에 매우 큰 크리스마스 트리가 세워져 있었다. 그 나무는 거의 천장까지 닿았었고, 가지마다 수없이 아름다운 꼬마전구와 여러 가지 선물이 달려 있었다.

영매는 방의 한쪽 끝에 앉아 있었고, 참석자들은 벽을 따라 방을 에워싸듯이 앉아 있었다. 평소와 같이 기도를 올리고 회의가 시작되었다. 그런데 개최를 하자마자 즉각 영적 현상이 나타났다. 우리는 무엇보다 먼저 우리 얼굴 위에 아주 강한 영풍(靈風)이 불어오는 것을 느꼈다.

또한 영계에서의 아이들의 목소리가 들리면서 작은 말소리가 들렸다. 크리스마스 트리가 흔들리기 시작했다. 또한 어린이들은 나무 가지마다 매달린 선물을 잡아뜯기 시작하면서 거의 우리 바로 앞에 있는 크래커를 잡아당기기 시작했다.

어느 영아(靈兒)는 내가 있는 곳으로 자기가 크래커를 가지고 와서 함께 선물을 따자고 했다. 나는 그 영아[계집애]와 함께 그 한쪽 끝을 잡아당겼으나, 크래커의 다른 끝에 눈에 보이지 않는 누군가가 매달려 있는 듯한 반응이 왔기 때문에 이상한 느낌이 들었다. 이윽고 마루바닥 위에는 선물 포장지가 공중에서 퍼졌으므로, 찢어진 종이로 가득찼다.

누구의 귀에도 어떤 크리스마스 파아티에서나 볼 수 있는 어린이들의 기뻐서 흥분된 목소리가 매우 자연스럽게 높아지는 게 들렸다.

이윽고 크리스마스 트리 그 자체가 공중으로 들어올려지더니 방 저쪽까지 운반되었다. 다음에는 몇 사람의 영이 와서 메가폰을 통해 내게 이야기를 했다. 이윽고 나에게 있어서 잊지 못할 경험이 시작되었다. 지도령이 나의 아내가 와서 이 파아티의 시중을 들고 있다고 말하는 것이었다. 하지만 그녀는 너무 지쳐서 내게 말을 걸 수는 없으나 무슨 다른 방법으로 그녀가 이곳에 와 있다는 것을 알리려고 시도하고 있다는 것이었다.

나는 그녀가 그곳에 있다는 것을 안 것만으로도 몹시 기뻤다. 그래서 그 뒤의 진행되는 일에 흥미를 느끼고 귀를 기울였다. 그러자 회의가 끝나기 직전의 일이었다. 내가 앉아서 무릎 위의 내프킨 밑에 두 손을 넣은 순간, 내 두 손 위에 부드럽고 화사한 두 손이 내 손을 잡는 듯이 거의 30초 동안 겹치고 있었다.

이것은 후에 안 일이지만, 그때의 부드럽고 화사한 손은 그때 느낀 것처럼 분명히 아내의 손이었고, 육안으로는 그것을 볼 수 없었으나, 영의 손을 물질화 하는 일에 성공했다는 일이 확인되었다. 그녀의 영의 손이 내 손을 잡았을 때 나는 그녀 자신이 살아있을 때와 거의 같은 따뜻한 감촉을 느꼈는데 그 손은 손을 빼는 것이 아니라 그대로 녹아 버리듯이 사라지고 말았다.

이날 밤의 모임은 올리버 롯지 경(卿)의 영이 나타남으로써 막을 내렸다. 경은 몇 분 동안 나에게 이야기를 했다. 나는 내 목소리를 똑똑히 알아들을 수 있었다. 왜냐하면 나는 경과 생전에 서로 만나서 이야기한 일이 있었기 때문이다.

그날 밤의 체험을 그 뒤 관심있게 분석해 본 결과 그것은 내가 지금까지 얻은 어떤 실험보다도 가장 실증적인 가치가 있는 재료를 제공하는 것이라는 결론에 도달했다.

그곳에는 크리스마스 트리를 공중으로 들어올리는 설비는 아무것도 없었고, 나무에 매단 선물은 포장지가 찢기고 각기 다른 액센트로 이야기하는 어린이의 목소리가 동시에 영계에서 들렸다. 그리고 공간 저쪽에서 한 쌍의 손이 나타나 내 손 위에 얹혀진 것이었다.

제3의 증명

 1950년은 연초부터 엉뚱한 방향에서 영계의 존재를 증명하는 사실을 모으는데 눈부신 발전이 이루어진 해였다.
 첫번째 사건은 내가 전혀 모르는 다함이란 곳에 살고 있는 한 부인이 어느 날 밤, 자택의 강령회에서 한 번도 들어본 일도 없는 이름을 가진 부인의 영이 나타난 일이었다. 그 강령회에 모인 사람들은 아무도 이 부인의 이름을 알고 있지 못했다.
 이런 잘못이 어째서 생긴 것일까 하고 모두들 몹시 이상하게 여기면서 무엇 때문에 모르는 사람의 영이 찾아와서 이야기를 시키는지, 그 까닭을 알 수 없어서 당황했었다.
 그런데 그로부터 2개월 후 내가 다함에 사는 부인을 만날 기회에 알게 된 것은 그 강령회에 나타나서 이야기한 부인령(婦人靈)은 아내의 영이라는 게 분명해졌다.
 그 뒤 아내의 영이 내게 '실증(實證)을 추가하는 한 수단으로서 그런 방법을 썼읍니다'라고 고백했으므로 양쪽의 이야기로 미루어 보아 제3자에 의한 증명이 성립된 것이다.
 다음에 일어난 일은 우리가 다달이 있는 가정 강령회가 끝난 뒤 다과를 들며 의자를 앉아 있을 때, 영안(靈眼)이 열린 한 회원이 갑자기 '어떤 부인께서 방금 이 방을 지나갔습니다.'하며 말하고 자세히 그 부인의 모습을 말했었다. 그러나 나는 그것이 내가 아는 누구라고는 말할 수가 없었다.

어째서 이와 같은 아는 사람만이 모이는 집회에 낯선 사람의 영혼이 찾아왔을까 하고 어리둥절할 뿐이었다. 이윽고 아내의 영이 나타났으므로 나는 그녀에게 조금 전에 이 자리에 온 낯선 부인의 영은 도대체 누구의 영이냐고 물었는데 아내의 영은,

"그분은 모오드씨예요"
하고 말했다.

"모오드씨라니! 그런 이름을 가진 사람을 만나기로 되어 있습니다. 그 분의 남편은 아직 지상에 살아계셔서 당신은 그 남편과 협력하여 많은 일을 하시기로 되어 있어요."
라고 아내가 말했다. 나는 그 뒤 한동안 이 사건을 잊고 있었는데, 그 후 2주일 뒤에 내가 전혀 모르는 신사로부터 내 사무실로 전화가 걸려 왔다.

"나는 최근에 아내를 영계로 보내서, 당신과 매우 비슷한 경우에 있으므로 당신과 꼭 만나서 이야기하고 싶다."
고 말하는 것이었다.

"돌아가신 부인의 이름이 무엇입니까?"
하고 내가 말했다. 그러자 그는,

"모오드라고 합니다."
하고 대답했다. 이 신사는 나중에 우리의 강령회 그룹에 가입

해 나와 친한 친구가 되었다.
 나는 앞서 말한 두 가지 사건이 영계가 존재한다는 으뜸가는 증거이며, 영계에서 인간세계의 일을 간여한다는 실증을 100% 제공하는 것으로 생각하지 않을 수 없었다.
 아내의 영이 이 다함에 사는 다함에 사는 부인의 강령회에 갑자기 나타났을 때에는, 우리 남편끼리는 전혀 서로 모르는 관계에 있었고, 그녀가 나타난 강령회의 회원 중에는 아무도 나를 아는 사람이 없었다.
 내가 앉은 의자에 다가왔던 부인령의 남편인 신사는 전혀 우리편 강령회의 회원에게는 미지의 사람이었다. 더구나 이 두 사건은 다함과 런던이라는 멀리 떨어진 거리에서 서로 공통적으로 일어났던 것이다.
 몇달 뒤 다함의 영매가 런던에 와서 2,3일간 머물렀다. 나는 이 부인을 내 집에서 개최하는 강령회에 손님으로 초대했다.
 다음 날 밤, 그녀는 강령회가 끝나자 모인 사람 가운데 두세 사람과 함께 커피를 마시려 내 방으로 들어왔다. 그런데 그녀는 의자에 앉아 있는 동안 갑자기 영매상태로 들어갔다. 그것은 그녀의 생애에서 이런 일은 처음 경험했다.
 놀랍게도 아내의 영이 그녀에게 들렸으며 그 부인을 영매로 하여, 아내의 독특한 말투로 몇 분간 내게 이야기를 했다. 이렇게 그녀는 몇 달 전에 이미 내게 약속—얼마 후 우리 집에서 말할 것입니다. — 했던 것을 이행한 것이다.
 2월 초순의 어느 날 아침이었다. 내가 아침 식사를 하기 위해 식당으로 들어가서 우편함을 열었을 때, 틀림없이 아내 자신의 필적으로 쓰여졌다고 생각되는 한 통의 편지를 찾아냈다. 잠시 나는 마음을 진정시킨 다음에 봉투를 뜯어보았다. 그 속에서는 사리에 살고 있는 단 한번 만났을 뿐인 친구에게서 온 주서(註書)가 달린 편지가 나왔다.

그 주서에는 '어젯밤 내가 방의 긴 의자에 앉아 있는데 갑자기 영매상태가 되었고, 손이 스스로 움직여서 4페이지나 되는 편지를 썼는데, 그 주소와 성명이 당신 앞으로 되어 있기에 보냅니다'하는 뜻이 쓰여 있었다.

이 주서를 쓴 부인은 현실세계에서는 한 번도 아내를 만난 일이 없었고 아내의 필적도 본 일도 없을 뿐만 아니라 아무것도 아내에 대해서는 모르고 있었다.

아내는 생전에 좀 독특하게 글씨를 썼는데 이 편지는 그 필적이 몹시 비슷할 뿐 아니라 문체 또한 아내가 아니면 아무도 그렇게 쓸 수 없으리라고 생각되는 특징 있는 투로 쓰여져 있었다.

이 부인은 그때까지 영매가 되어 본 일이 없었고, 그전에 한 번도 자동기술의 경험이 없었다.

다음에 열린 우리의 가정 강령회에서 영안(靈眼)을 가진 두 사람의 참석자에게 아내의 영이 나타난 모습이 보였었다.

그 때 보인 아내의 모습은 우리가 결혼식을 올린 교회의 포치에서 결혼식 때의 새하dis 예복을 입고 꽃다발을 들고 있는 모습이었다고 한다.

오랜 기간을 두고 가끔 우리는 개인 강령회에 초청자로서 물리적인 능력을 갖고 있는 영매를 초대하기로 했다. 까닭인 즉 메가폰으로 통화하는 물리적 심령현상의 강령회에서는 영시능력보다도 물리적인 힘을 일으키는 방향으로 정신을 집중시킬 필요가 있다고 생각했기 때문이다.〔물리적 영매란 직접발성음 현상이나 물질화현상을 일으키는 힘이 있는 영매를 말한다〕.

그런데, 우리에게 난 매켄지라든가 헬렌 스탠딩이라고는 유명하고 극히 고급인 영매가 와 줘서, 매우 좋은 성적을 올린 강령회를 몇 번인가 가질 수 있었던 것은 매우 다행한 일이었다. 헬렌 스탠딩이 영매가 된 강령회에서 아내의 영은 이 영매의 입을 통해 내게 직접 이야기하고 우리 집에서 내게 직접 말하겠다는 약속을 다시 이룬 것이다.

다음 기회에 내가 직접 담화 현상을 겪은 것은 영계의 아들에 대한 크리스마스 파아티가 열렸던 집에서 일어난 현상이었다. 우리는 아홉 사람이 한 그룹을 이루고 있었는데 회의가 시작되자마자 곧 두 개의 메가폰이 공중으로 떠올라 방 안을 돌기 시작했다.

지배령인 '어린이의 영'이 메가폰을 통해 내게 말을 건넸다. 그 뜻은 아내의 영이 이곳에 와서 음악 연주를 도와주고 있는데 나중에 내게 이야기 하겠다고 한다는 것이었다.

그 순간 레디오에서 음악을 연주하고 있었으나 갑자기 내 옆에 있는 피아노가 저절로 연주를 시작했다. 나는 이 현상을 순수한 심령현상인가 아닌가를 시험해 볼 수 있는 가장 좋은 기회라 생각하고 한쪽 손으로 피아노를 만져 보았다. 그러자 피아노는 뚜껑이 닫힌채 연주를 계속했다.

이런 상태로 연주는 3~4분 계속되었다. 강령회가 끝난 뒤,

나는 피아노를 열고 점검을 해보았는데 보통상태였고, 아무 곳에도 장치 따위는 되어 있지 않았다.

그날 밤이 이슥해지자, 아내의 영이 메가폰에 나타났다. 분명히 이번에는 그녀의 영이라는게 어떤 실증적인 사건으로 확인이 되었기 때문에 나는 만족했다. 하지만 아내는 아직도 직접발성음현상으로 통화하는데 익숙하지 못해서 지도령이 자신이 쓰는 메가폰을, 그녀가 쓰는 메가폰 밑에 끼워서 그녀의 메가폰의 무게를 들어 올리고 그것을 내 얼굴 높이에까지 갖고 왔다.

이윽고 그녀는 이야기를 시작했다. 그 목소리는 첫번째 때보다 조금 똑똑히 들렸으나, 그것도 아직 이야기하는데 몹시 힘이 드는 모양으로 속삭임 소리보다 조금 클 정도로 밖에는 들리지 않았다.

그녀는 직접발성음현상을 일으킬 수 있는 에너지가 지속되는 한도 내에서 무엇인가가 확증될 만한 것을 보여 주려고 노력하고 있다는 것을 똑똑히 알 수 있었다.

그녀는 내가 지난 밤, 도서실에서 빌려온 책에 대해서 이야기를 시작했다.〔이 책에 대해서 나는 아무에게도 말하지 않았다.〕

또한 그 책 이름을 말하면서, "당신과 함께 그 책을 읽었으면 합니다"하고 말했다. 아내의 영의 말에 의하면, 그녀는 어느 날 점식식사 때 나와 함께 있었는데 그때 '《유계(幽界)의 경계선에서》라는 책의 저자인 아더 핀들레이씨를 만났었죠'하는 것이었다.

이윽고 그녀의 메가폰을 방으로 가로 질러서, 나의 속기인 (速記人)인 그레이스 미망인의 무릎 위를 메가폰으로 가볍게 두드리고 이 강령회가 진행되는 동안에 여러 모로 남편을 도와 주고 기쁘게 해 준 것을 '고맙게 생각합니다'라고 말하는 것 같은 눈치를 보이고 사라졌다.

다음 주에는 나를 전혀 모르는 영매에 의해 강령회가 열렸다. 이 강령회의 목적은 어느 물질화 현상의 강령회에서 아내의 영이라면서 나타나 내게 이야기한 일이 있었는데 그가 정말 아내인지 의심스러웠으므로, 그에 대한 확증 잡으려는데 있었다. 로오라라는 지도령 나왔으나 나의 의혹은 옳았다.

로오라는,

"그 강령회는 있어야 할 것이 있는 상태가 아니었다"

고 잘라 말했다. 로오라는 이런 통신을 전해 왔다.

"부인의 영이 이렇게 말하고 있습니다. 당신의 심령치료 능력은 매주 진보를 더하고 있어요. 잠깐만 — 예, 뭐라고 말하고 있다고요? 오!(놀란 말투로)부인께서 말하기를 어제밤 당신이 동물의 병을 심령치료하러 갔을 때, 부인이 함께 계셨답니다. 당신께서 동물을 치료해 주셨습니까?"

"예 그래요"

나는 대답했다. 로오라는 말을 이었다.

"고양이라고 부인이 말하십니다. 크고 누런빛 고양이라고요."

틀림없이 그대로였기 때문에, 이것은 극히 실증적인 현상이 아닐 수 없었다.

이 달 말께에 나는 엘시 하드워크 부인을 영매로 해서 다시 한번 아내의 영과 오랜 시간에 걸쳐 직접 담화할 수 있었다. 그 자리에서도 나는 다른 강령회에서의 직접발성음현상에 나타난 아내라고 말하는 영이 아무래도 전적으로 믿어지지 않았다.

어떤 경우에는 아내처럼 느껴질 때도 있었으나 수상쩍게 생각되었던 일을 확인해 보았다. 그러자 하드워크 부인의 지도령인 스타빔은 다음과 같이 설명했다.

"이런 경우에 우리는 '속았다' 또는 '속였다'라는 말을 쓰게 됩니다 나는 그 강령회는 매우 혼란했었다고 말하고 싶습니다. 다른 강령회에서 이따금 가짜같이 생각되었다는 건, 부인의 영파가 다른 영파에 의해 영매가 자신의 에너지로 보충하고 있었습니다. 부인의 영은 그 자리에 와 있었지만, 직접 당신께 말할 수는 없었습니다. 상태가 좋지 못해서 더 이상 부인께선 에너지를 높일 수 없었고, 영매는 스스로의 힘으로 그것을 보충하기 시작하기 시작한 겁니다.—아마 무의식중이긴 했겠습니다만."

나는 그런 일이 있을 수 있다면, 현상의 신비성을 더욱 흐리게 하지 않을 수 없다는 점을 지적했다. 그러나 스타빔은 다음과 같이 대답했다.

"당신은 이런 종류의 직접담화현상이 자기 집에서 열린 강령회에서 일어나기까지는 결코 믿으실 수 없을 것입니다. 알지도 못하는 영매의 집 어둠 속에서 연출되는 현상은 확신을 줄 자료가 없을 겁니다."

그때 아내의 영이 영매의 입을 통해,
"스타빔씨가 말씀하신 것에 한마디 더 말씀드리고 싶습니다만…."
하고 말했다.
"지난 번 강령회에서는 컨디션이 매우 좋지 않았어요.—컨디션이란 분위기의 상태—또는 모인 사람들의 분위기 말입니다. 그 회에 당신이 부인 둘을 데리고 오셨었죠. 그 분들이 모임의 영파를 가려지게 했던 겁니다. 그 두 분은 다른 분들에게는 좋은 성적이 나왔는데 자기에게는 아무도 영계통신을 보내오지 않으므로 화를 내고 있었던 겁니다. 겉으로는 어떻든 간에 속으로 화를 끓였던 겁니다."
그녀가 '가려졌다'는 말을 조금 전에 썼었는데 어떤 뜻인가 하고 물었다. 그녀의 설명에 의하면 어떤 간섭이 영계편에도 생겼지만 영매는 영파가 약해졌음을 느꼈으므로 영매 스스로가 조금 '보탬질'을 했다고 말했다. 그래서 나는,
"그래 가지고는 믿을 수 없지 않겠는가"
하고 말했다. 또한 지난 번 경우에는 내게 말하는 것이 당신이 아니라는 걸 분명히 알았노라고 말했다. 그러자, 내가 보다 육체적으로 예민해 짐에 따라, 가짜와 진짜를 가려내기가 쉬워질 것이라고 말했다.
영계에서 우리에게 보내는 통신 가운데에는 사소한 일이 너무 많다는 것에 대해 아내의 영은 사소한 사건이 보다 중대한 사건에 관한 통신보다도 더 한층 실증적일 수 있다고 아주 논리적으로 지적했다.

중대한 사건이란, 누군가의 마음 속에 깊이 새겨져 있으므로 영매 자신이 모르는 일을 말해도, 그것은 누군가의 마음 속에 있는 상념에 의한 정신감응이라고 말할 수 있다.

그러나 사소한 사건은, 그것을 누가 지적해서 생각나게 하기까지는 마음 속에서 잊혀진 것이기 때문에, 텔레파시로 영매가 그것을 알고 말하는 것이라고 해석할 필요는 없다. 그런데 마침 이 문제에 관해 적절한 사건이 하나 생겼다.

아내의 영이 말하기를, 전날 밤 우리들과 전에 함께 살던 햄프스테씨 집에 나의 영과 산보하러 가서 마당을 걸었다고 하면서 그때 새가 목욕을 하도록 만든 욕조가, 역시 이지러진 모습인채 예전 그대로 남아 있었다고 했다.

이 이야기는 매우 좋은 실증이라고 말하지 않을 수 없다. 실은 우리 부부가 20년 전에 그 집으로 이사갔을 때 내가 새를 위한 조잡한 욕조를 만들어 주었다.

그것이 몹시 이지러져서 아내는 아주 재미있어 했다. 그런데 그 뒤 그 욕조에 대해서는 단 한번도 이야기한 일이 없었으며 나도 까맣게 잊고 있었다.

그로부터 1,2주일이 지났다. 나는 지금까지 내가 모르는 남성 영매가 하는 강령회에 무슨 실증적인 것을 얻을지도 모른다는 생각에서 가 보았다. 아내의 영은 지금까지 남성 영매의 경우에는 대개 실패로 끝났으므로 이번에도 큰 기대를 걸지 않았다. 그런데 이 영매에게는 중국인 영이 지배령으로 나타나서 내가 심령치료에 대하여, 그리고 치료받는 환자가 얼마나 좋아졌는지를 자세히 말했는데 완전히 사실과 부합되었다. 또한 지배령은 다음과 같이 말했다.

"당신은 영계의 의료인이 영적 치료의 염사(念射)를 당신을 통해 환자에게 방사할 경우, 어떻게 영의 방사방향을 조정하는가를 알고 싶어하는군요. 그것은 이렇게 합니다. 영의 방사는 당신의 척추 밑부분으로 보내집니다. 그러면 그 염사는 척추를 위로 올라가 목 부분에서 팔로 내려가고, 당신의 손 끝으로 환자에게 영의 방사가 이루어집니다."

치료를 위한 나의 지도령의 이름이 몇 사람 확인되었다. 그리고 현재 내 마음 속에 절실한 관계를 가진 이 문제에 관해 유익한 주의를 여러 면에서 받았다.

내가 강령회를 열 경우 자주 와 준 여성 영매가 한 사람 있었는데 그녀는 직업 영매라기보다는 오히려 나의 친구였다. 그런데 그녀에게는 남편의 영이 지도령으로서 작용했다. 텔레파시일런지도 모른다는 의혹이나 논쟁을 피하기 위해 이 지도령은 상징적인 형태로 실증이 되는 것을 전했다. 그 상징적인 수수께끼는 한동안은 풀 수 없었지만 곧 뚜렷한 실증이 되었다.

아무튼 이 영매[아링검 부인]를 통해서 아내의 영이 내게 보낸 통신은 사소한 일을 정확하게 말한 것으로, 이는 이미 지적한대로 극히 실증적으로서 가치가 있는 것이었다.

어느 토요일 밤, 나는 아링검 부인의 집을 방문하고 차를 마신 뒤 조용히 이야기를 나누고 있는 사이에 아내의 영이 부인을 통해 나타났다.

조금 전에 열차 안에서 그녀[아내의 영]는 나와 함께 있었다고 했다. 내 옆자리에는 좀 뚱뚱한 사나이가 앉아 있었는데,

그 사나이의 버릇없는 행동에 나는 짜증이 났었다.

그녀는 또 내가 최근에 빌딩 안에서 일어난 일로 속을 썩이고 있다고 덧붙여 말했다.

그녀는 방수천과 부서진 천장에 대해 말하기도 했다.〔전 주 일내내 우리 사무실이 있는 빌딩 한 곳에서 수리가 행해져서 낡은 천장을 뜯어 계단에는 방수천이나 흙먼지가 가득 찼었다.〕

어느 날 밤 아내는 내가 사무실 벽에 걸려 있는 그림의 치수를 재는 걸 보고 있었다고 했다.〔내 사무실에 있는 그림이 들어 있던 액자의 유리가 깨졌으므로 이틀 전 밤에 나는 액자의 유리를 다시 끼우기 위해 그 치수를 쟀다.〕

그녀는 내 집에 나〔잠자는 동안의 남편의 영〕와 함께 왔을 때 그곳에 그녀는 사진 몇 장이 늘 쓸쓸하게 꽃에 싸여 큰 책상 위에 장식되어 있었다고 말했다. 그것까지는 맞았으나 다음 이야기는 그 자리에서 인정할 수 없었다. 그녀는 그 큰 책상이 마호가니 제품이고 안쪽은 녹색이라고 했다. 그럴 리가 없다고 나는 생각했다.〔허지만 나중에 조사해 보니 책상 안쪽은 녹색 융단이 붙어 있었다.〕

또한 내 집에 있는 식탁의 겉은 윤기가 나는 칠을 했고, 둘레를 네모로 녹색으로 칠했다고 한다.

그런데 그녀가 말하기를,

"어쩌면…… 당신은 부엌용 비누와 세탁용 비누를 혼동하셨네요. 당신은 좀처럼 거품이 일지 않는 바위처럼 단단한 비누를 샀군요."

라고 말했다.〔듣고 보니 웃지 않을 수 없었다. 전날 나는 잡화상에 가서 부엌용 비누를 달라고 했더니, 돌덩이 같은 것을 주기에 산 일이 있다.〕

그녀는 내가 비누를 사러 갔을 때 함께 갔으므로,
"그게 아니예요, 그게 아니예요."
이렇게 말하려고 무던히 애를 썼으나 소용이 없었다고 한다.

다음에 그녀는 내가 미국 정부로부터 최근에 중요한 위임을 받았다고 말했다.〔나는 영계의 사람들에게 '시간'의 요소가 아무 의미도 없다는 것을 잊고 있었다.〕 아무리 생각해 봐도 최근에 미국을 위해 아무 일도 위임받은 일이 없다고 반박했다.

"있습니다. 부인께선 당신에게 다시 한번 잘 생각해 보라고 말합니다. 부인은 잘못된 말씀은 하지 않는다고 말하고 계십니다."

라고 영매는 이렇게 말했다.〔나는 그때 별안간 생각이 났다. 거의 1년 전에 영국의 건축에 대한 평론을 기사로 썼었다.〕

나는 알지 못했으나 그 기사가 의회에서 낭독됐었다고 하여, 강령회에서 매주 화제에 오르기도 했다. 그로부터 몇주일 뒤 이 사실을 알았다.

그녀는 보다 개인적인 일로 화제를 돌렸다. 그녀는 영매에게 우리 부부가 체스의 숲에서 즐거운 일요일에 산책하던 일을 생각해 달라고 말했다. 체스? 아무래도 나는 생각이 나지 않았다.

"체스함인가요?"
"아니, 체스예요."
─내게는 체싱턴으로 들렸다.〔이것은 사리의 체싱턴을 뜻했다.

그 숲에서 그녀와 함께 아주 즐거운 산책을 했던 일이 있다.]
 이윽고 그 강령회도 끝날 무렵, 아내는[지금까지 많은 영매들을 통해 전하려다 이루지 못한] 그녀의 희망을 이 기회에 되풀이 했다.
 그것은 너무 자주 그녀의 유골이 묻힌 묘지를 찾아서는 안된다는 것이었다. 까닭인즉 그녀는 나에게 그녀가 묘지에 산다는 상념을 갖지 말아 달라는 의미였다. 자기의 기념비는 내 침실에 놓은 그녀의 사진 주위에 장식된 꽃이라는 걸 강조했다.
 영매의 마지막 말은 다음과 같았다.
 "부인은 아무도 간호하는 사람이 없이 당신이 병석에 혼자 누워 계신 것을 매우 걱정하고 계십니다."
 내게는 조금도 그럴 일이 없고 육체적으로 매우 건강하다고 잘라서 말했다. 그러나 그로부터 일주일도 못되어 유행성 감기와 기관지염에 걸려서 누워 버렸다.
 이 작은 강령회를 분석해 보면, 실증으로서의 각 항목은 모두 100% 정확하며 영매에게는 미리 알 수 없는 개인적인 사건으로 이루어졌다.
 또한 나 자신이 마음속에서 조차 망각되어 버린 너무도 사소한 일이 아내의 영에게 지적당해 생각해 내는 형편이었다. 그런 탓으로 이것은 흔히 무가치하다고 웃어넘길 사소한 일의 실증적 가치에 대한 극히 좋은 예라고 말할 수 있다.

영혼이 쓴 편지

내가 지금까지 겪은 자동기술현상의 유일한 경험은 사리에 있는 부인에게서 몇 주일 전에 나에게 보내 온 자동기술로 된 편지뿐이었다. 그런데 이 방법은 몹시 흥미를 끌게 했으므로 나는 보다 충분히 연구하려고 결심했다. 이 방향에서도 나는 행운아였다. 까닭인 즉 훌륭한 영시 능력과 아울러 자동기술에 능한 영매인 헬렌 스탠딩 여사를 알게 되었으니 말이다.

이 방법에는 두가지 위험이 있다고 한다. 하나는 영시능력자로서 그녀의 인격이었는데 그 이유인즉 '영안으로 보이기' 때문에 알지 못하는 사이에 그 통신에 그녀 자신의 각색이 끼어든다는 것이었다.

다른 결점은 자동기술현상은 영계의 장난꾸러기의 간섭을 받기 쉬운 방법이라는 것이다. 첫번째의 문제점은, 지배령이 영매를 어느 정도까지 감독할 수 있느냐 없느냐 하는 것에 좌우되었다.

두번째의 문제로서는 스탠딩 부인을 초대하여 조화된 분위기를 유지하고 높은 영적 수준에 해당되는 강령회에서는 비교적 그와 같은 일은 일어나기 어렵다고 생각해도 좋다.

첫번째 자동기술현상은 1950년 3월초에 일어났는데 우리는 북 런던에 있는 그녀 자신의 아담하고 밝은 방에서, 책상 위에 많은 종이를 놓고, 우리는 그 앞의 의자에 앉아 있었다.

짧은 기도가 끝나자마자 스탠딩 부인은 연필을 잡고 오른 손끝에 끼웠다. 몇 초 만에 연필은 자동적으로 움직이기 시작했다. 연필은 보통 쓰는 것보다 훨씬 빠른 속도로 종이 위를 움직였다. 종이를 가로질러 두 줄만이 지그재그의 선으로 그려지자, 잠시 멈춘 다음, 다시 동작을 계속했다.

이번에는 어떤 글씨의 형태를 그리기 시작했다. 그리고 진행하여 실제의 이름을 여러 번 되풀이 하여 마잘리, 마잘리, 마잘리라고 썼다.

자동기술은 계속되었다.

―이것을 어떻게 생각하십니까? 레지널드씨, 이것은 새로운 매개(媒介)입니다.

이렇게 썼다. 나의 음성이 직접담화 때나, 영시현상 때에 그랬던 것처럼 그녀에게 용기를 주리라는 생각에 '이것은 훌륭한 시작이다'는 말을 중간에 넣었다. 그러자 즉각 반응을 보여 왔다. 그리고 다음과 같은 말이 기록되었다.

―예, 부디 나를 도와주세요.

나는 다시 그녀에게 말했다. 그러자 나의 말이 그녀에게 힘을 주고 연필을 쉽게 움직이게 한 듯, 연필은 속력을 더해 글씨를 썼다.

—저는 흥분되었고 행복해요. 제가 이곳에 종일 있었던 걸 당신은 기억하세요? 늘 저를 여러분이 바라보시는 걸요. 그럼 실험을 계속 하지요.

나는 그녀에게 힘을 더해 주기 위해 다시 이야기를 했다. 이윽고 자동기술은 계속되었다.

—저는 이 방법이 좋다고 생각해요. 여보, 당신은 정말 참을성이 많으셔요. 그리고 친절하시고요. 늘 같은 말만 드리지만, 여보, 몸 조심하세요. 저는 꽤나 당신을 걱정한답니다. 당신이 심령치료를 하실 때에는 러닝 워터씨가 당신을 돕고 있었어요. 여보, 잘 들으세요. 당신은 저에게 물어보실 문제가 있죠.

오늘 밤은, 아내의 영이 말하고 싶어하는 걸 마음껏 써 주었으면 좋겠다고 대답했다. 이에 대해서는 아무 응답도 없었다. 이어서 자동기술로 쓰여진 말은 다음과 같았다.

—태양은 이곳에서도 비치고 있었다. 이건 좀 무거워요. 그럼 전 잠깐 기다리겠어요.

자동기술은 갑자기 속도를 늦추더니 작동을 멈췄다. 그러자 스탠딩 부인이,

—참 이상한데! 다른 영이 내 손에 실렸습니다. 이건 당신 부인의 손이 아닙니다. 어느 남자의 손이예요.

그 때 다시 연필은 움직이기 시작했다.

아주 천천히 쓰는 것이다.

—승리는 우리의 것이다. 죽음은 마지막이 아닙니다.

또한 프랑스말로 'Vive Ia mort. FIa—mmerin'이라고 했다.

자동기술은 1분 동안 다시 멎었다. 스탠딩 부인은 아내의 영이 돌아왔음을 느낀다고 말했다. 그녀는 다시 이렇게 썼다.

―그 신사는 프랑스 분입니다. 오셨길래 잠깐 시켰습니다. 당신도 아시는 분이예요.

지난날 공식 방문하는 길에 런던 시내를 위풍도 당당하게 행진했을 때의 프랑스 대통령의 모습을 생각해 냈다. 그녀는 이어서 또 다시 썼다.

―그 분이 잠깐 흥미를 느끼고 옆에 서 계셨어요. 우리가 원한다면 아무도 개입시키지 않고, 나 혼자서 통신할 수도 있지요. 하지만 그건 잠시일 뿐, 그리 자주 할 수도 있다고 생각하면 안됩니다. 영이란 지상으로 통신을 보내려고 가능한 일은 모두 해보는 겁니다. 여보, 당신도 이야기 좀 하세요.

나는 다시금, 내 목소리를 그녀에게 들려주기로 하고, 영계 여행에 대해 물어보았다. 그리고 나의 영이 밤마다 영계로 간다는 게 사실인지, 당신이 대답할 수 있느냐고 물었다. 그러자 그녀는 자동기술로 쓰고 물어 왔다.

―물론이지요. 제가 와서 당신을 데리고 가는 데요, 그럴 때 당신은 아무 것도 생각나지 않으세요?

나는 어쩌다가 생각나는 것에 지나지 않았다는 것을 인정할 수밖에 없었다. 그녀가 썼다.

―그 화원이 생각나세요?

―아, 그 화원을 산책한 일은 가장 분명한 회상으로 남아 있지.

내가 이렇게 대답하자,

—생각하고 계셔야만 돼요. 전 그 식물과 꽃 모습 같은 걸 당신 마음 속에 특별히 인상 깊게 남게 하려고 애를 쓴 걸요. 그 밖에는?
하고 그녀가 물었다.

  나는 그때 두 사람 사이에만 있었던 은밀한 문제를 두 가지 물었는데 정확한 실증적인 회답을 얻을 수 있었다. 이윽고 이야기는 다시 나의 영계여행의 문제로 옮겨졌다.

  나의 영혼은 분명히 각성의식 상태로 영계로 가는지를 물어보았다. 그에 대한 질문은 다음과 같았다.

아내 : (자동기술로 이하 같음) 아뇨. 처음에는 여기서 제가 당신의 영의 의식을 깨워야 합니다. 아시겠죠?
나 : 내 영혼의 의식을 깨우려면 시간이 많이 걸리오?
아내 : 아뇨. 당신은 점점 그 일에 익숙해지셨지요.
나 : 그렇다면 밤마다 영계로 간다고 생각하니까 즐겁소.
아내 : 네, 하지만 당신과 밤마다 헤어지는 게 서운해요.
나 : 밤마다 당신을 만나러 내가 이리로 오는 것이 당신에게 도움이 되오.
아내 : 크게 도움이 되죠. 하지만 아직도 미진한 걸요.
나 : 한밤중에 영계를 찾아가면 우리의 옛친구를 만나게 되겠소?
아내 : 언제든지 만나죠. 얘기를 계속해 주세요. 그렇게 하시는 게 저는 편해요. 매우 즐겁거든요. 아주 보통 사람과 꼭같죠. 당신이 많이 얘기해 주실수록 저는 편하게

쓸 수 있어요. 이제 종이를 넘겨 주셔야죠.

아내의 영은 새 종이에 쓰게 되자, 최근에 내가 골더 그린의 그녀의 무덤에 간 일에 대하여 썼다.

―여보 우린 여기서 죽음에 대해서는 절대 말해서는 안돼요. 그것은 최대의 악취미라고 생각됩니다. 우습죠? 왜냐구요? 우린 그곳에는 없으니까요. 대개는 병적인 사람만이 그런 곳에 갑니다.

―병적인 사람이라니? 현실계의 사람이오? 영계의 사람을 말하는 것이오?

―양쪽 모두 입니다.

―하지만 여보, 지상에 당신이 있었을 때는 이 '휴식의 동산'을 늘 사랑하지 않았소?

―그것은 매우 평화스럽기 때문이죠. 그것 뿐이에요. 골더 그린, 그곳에는 구해 줘야 할 영혼들이 많아요. 많은 영혼이 현실세계에서 곧바로 영계로 가지만, 모든 영혼이 영계로 직행하는 것은 아닙니다. 어떤 사람의 영혼은 마지막 순간까지 육체에 남아 있습니다. 이 문제에 관해 저는 많이 배웠어요. 영계에는 도움을 주는 것만을 오직 기쁨으로 삼고 있는 영이 많이 있어요. 우리들 영이 이야기할 경우 당신들이 어떤 원인으로 '죽어서 영계로 왔는가' 하는 이야기는 결코 하지 않았어요. 당신들이 어떤 성질을 지니고 '태어났는가' 하는 말만을 이야기 합니다.

툭 털어 놓은 이야기에 우리들은 웃었다. 이윽고 우리는 더욱 친밀한 어떤 문제에 대하여 잠깐 문답을 교환했다.
　또한 내가 영계로 갔을 경우, 아내가 영계에서 먼저 수양을 쌓고, 영적으로 진보하여, 그를 따라갈 수 있는지 없는지에 대해 물어 보았다. 그녀가 대답했다.
　―만약 필요하다면, 전 하나님 나라가 찾아올 때까지 기다리고 있겠어요.
　이어서 다음과 같은 흥미있는 말이 계속되었다. 그것은 이 몇 개월 동안 나 혼자만 있을 때에는 나의 손가락에 끼고 있는 그녀의 사랑을 상징한 결혼반지를 빙글빙글 돌리는 습관이 있던 사실에 관계된 실증이 나타나기 때문이었다.

아내 : (자동기술로) 여보, 제 반지를 당신 손가락에 더 꼭 맞게 고치세요. 그러시다가는 잃어버릴지도 모르니까요. 전 걱정이 되는군요.
나 : 그런 일은 없어요. 나는 이것을 내 새끼손가락에 맞게 고쳤소. 그래서 지금은 꼭 맞아요.
아내 : 그럼 어째서 그걸 빙글빙글 돌리나요?
나 : 당신은 그것을 보고 있었군. 그렇지? 나는 그걸 계속 빙글빙글 돌리고 있었지? 그것은 반은 무의식적이었소. 하지만 그것은 당신의 소중한 어떤 촉각을 내게 주리라고 생각한 끝에 한 일이오.
아내 : 어느 날 나는 그걸 당신에게서 돌려받으려고 생각한 일이 있어요. 그리고 그 진주도 말이오 그렇지만 그것은 당신이 영계로 옮겨 와서, 내게 오실 때의 이야기라구요.

이렇게 쓴 뒤 그녀는 결혼반지나 약혼반지, 옷 따위는 현실계의 것과 꼭 같은 것을 영계에서도 갖고 있다고 썼다. 그리고는 그녀가 평소 가장 아끼던 드레스의 특징을 자세히 썼다.

다음의 자동기술에 의한 영계통신은 그로부터 2주일 뒤에 있었다. 연필이 거의 동시에 움직여서 글씨를 써 내려 갔다.

'마즐리, 마즐리, 마즐리' 이렇게 세 번 쓰고, '이것은 나예요' '네 네, 그래요. 여보세요, 당신! 여보세요, 당신!' 하고 계속했다.

이것은 전형적인, 그녀가 통화를 시작할 때의 형식이었다. 왜냐하면 그녀는 전화로 내게 말할 때에는 언제나 '여보세요, 당신!'이라고 불렀고 편지의 서두에도 'Hello Dear!'라고 썼었다.

이것은 그녀라는 것을 증명하는 말로서, 이 서두를 되풀이하는 중에, 기분이 무르익고 확실한 필치로 한층 더 세밀한 문장이 엮어졌다.

아내 : 이번에는 어떤 설명을 위해서입니다. 저로서는 두번째로 시도하는 겁니다. 그렇죠?

나 : 그렇소. 이것이 당신으로서는 두번째의 자동기술이 되지.

아내 : 처음에는 약간의 도움을 받지 않을 수 없었어요. 하지만 지금은 제 자신의 힘이 조금 늘었어요. 저는 처음에는 혼자서 쓸 수 없어서, 어느 영에게 내 이름을 말하고 써 달라고 했답니다. 그리고 그것을 읽는 걸 들어보니 철자가 잘못되었음을 알게 되었어요.

나 : 잘못의 원인은 충분히 알았소. 아무튼 당신이 영계의 경계를 넘어서 왔다는 것은 정말 훌륭해.

아내 : 실제로 저도 잘했다고 생각해요. 정말이예요. 하지만 이 방법은 영계에서는 잘 알려져 있고 가장 자주 있는 일이죠. 여러 가지 방법이 많이 있어요. 저는 올바른 조건만 주어진다면 곧 익숙해져요. 이 일에는 완전히 숙달되었으니까요.

그때 아내의 영은 최근에 내가 참석한 런던의 어느 집에서 열린 물질화 현상의 강령회에 대해 쓰기 시작했다.

아내 : 전 그 일에는 만족할 수 없었어요.

나 : 나 역시 그렇소. 뭔가 옳지 못한 일이 있었다고 나는 믿지.

아내 : 더 자세히 저는 말할 수 있어요. 방법이 괴상했고, 또한 저 자신을 그런 물질로 뒤집어 씌운다는 건 기분이 언짢아요.

나 : 그런 물질이라니, 엑토프리즘 말이군. 미안했소. 다시는 그런 짓은 하지 않겠소. 다시는 그 집에 가지 않을 생각이오. 그 조건이 나는 마음이 들지 않소.

〔차츰 방안이 어두워지고 연필로 쓰는 글씨를 읽기 어렵게 되었다. 순간 나는 일어나서 전등을 켰다.〕 그러자 다음과 같이 쓰여져 있었다.

아내 : 제발 이 일을 훼방하지 마세요.

나 : 아무도 훼방하는 이는 없소, 여보.

아내 : 당신이 일어서서 저 쪽으로 가시곤 했잖아요.

나 : 난 전등을 켜기 위해 문께로 갔을 뿐이오. 그것이 마음에 거슬렸오?

아내 : 네, 약간. 당신이 계신 쪽은 어두워졌겠지만, 이쪽은 아주 환해요. 당신들보다 매우 똑똑히 보여요.

나 : 나 역시 그럴 거라고 생각하오.

아내 : 알란에게 어머님은 모든 게 순조롭게 되신다고 전하세요.

　　〔알란은 옛친구의 아들이며, 알란의 모친은 아내보다 3개월 가량 먼저 영계로 옮겨 갔다.〕

나 : 오! 알란이 그 소식을 들으면 매우 기뻐할 거예요. 그는 가끔 내게 당신을 통해 어머니에 대한 무슨 소식이 없었느냐고 물어보던데.

아내 : 저희는 가끔 함께 있을 경우가 있어요. 우리는 영계의 존재에 대해서 함께 연구를 해요.

나 : 무슨 뜻이요.

아내 : 여기서 설명할 수 없어요. 이 문제에 대해서는 또 다른 기회에 자세히 이야기하려고 해요. 저는 지금 영매의 눈을 통해 당신 손가락에 낀 내 반지를 볼 수 있어요. 우리가 읽으려고 생각하면, 그것도 같은 방법으로 읽을 수 있어요.

나 : 난 당신이 그런 것을 모두 영 자체로 직접 볼 수 있다고

생각했었지.

아내 : 우린 그것을 직접 볼 수 있어요. 하지만 다른 방법으로도 볼 수 있어요. 전 헤어지는 게 도저히 못 견딜 때가 있어요. 헤어지기 싫은 건 저도 마찬가지예요. 당신만이 아닙니다.

나 : 당신이 그렇게 쓸쓸해 하다니. 그런 생각은 하고 싶지 않은데.

아내 : 외롭게 느껴질 때는 언제나 곧 만날 수 있다고 자신에게 타이르며 스스로 위로를 받죠. 이번에 만나면 얼마나 기쁠까 하고 생각한답니다. 여기에 있는 꽃을 보세요. 모두 아름답죠. 온갖 종류의 꽃모양. 꽃은 치료의 목격으로 병자 가까이에 둡니다. 꽃은 훌륭한 치료력을 갖고 있어요.

보다 친밀한 두 사람만의 문제에 관여한, 이 자동기술은 오후 5시 반에서 7시 15분까지 계속되었다. 세번째의 이런 종류의 모임은 1개월 뒤에 있었다.

또한 그 모임에서도 가장 실증적인 사건이 먼저 일어났다. 영매가 책상 앞에 앉아서 막 연필을 잡으려다 말고 갑자기,

"부인의 모습이 이곳에 영안으로 아주 똑똑히 보입니다. 일본 옷을 입고 일본식 우산을 들고……"

라고 소리쳤다. 또한,

"이 의상을 입고 찍은 사진이 댁에 있다는 인상을 받았습니다."

하고 덧붙여 말했다. 이것은 바로 맞았다.
  이 사진은 학교의 가극에서, 그녀가 일본 기생역을 맡았을때 찍은 것이다.
  자동기술은 매우 유쾌한 기분으로 시작되었다.

아내 : 저는 매우 행복해요. 아주 기뻐요. 이렇게 쓰게 되는 게 아주 습관이 됐죠. 아주 멋진 습관이예요. 정말 저는 기뻐서 어쩔줄 몰라요. 당신과 헤어진 일조차도 정말 헛된 일이 아니었다고 생각해요. 언젠가 우리는 영원히 맺어지고, 일체가 된다는 확실한 지식을 얻었어요. 앞으로 더 뚜렷한 실증을 당신에게 드릴 수 있을 것 같아요. 연필을 깎아 주셔서 고마워요.

나 : (웃으며)오! 시작하기 조금 전에 연필을 깎고 있던 걸 보고 있었나, 저런!

아내 : 네, 그리고 당신을 그때 만진 건 저였어요.〔자동서기를 시작하기 바로 전에 나는 난로 근처에서 약간 굽힌 자세로 연필을 깎고 있었다. 그때 나는 내 다리에 분명히 와 닿는 손이 있음을 느꼈다. 그래서 누가 지나칠 때 스쳐 갔나 하고 뒤돌아 보았으나 그곳에는 아무도 없었다.〕

나 : 그게 당신이었군. 그토록 분명히 만져지는 것을 느껴지는 일은 처음인 걸.

아내 : 전 정말 기뻤어요. 틀림없이 당신은 내가 만진 것을 느꼈으니 말예요. 전 그렇듯 당신 가까이에서 당신의 다

리를 만진걸요. 당신이 이렇듯 짙은 심령적 분위기에
젖어 계실 때에는 보다 영적으로 저에게 매우 가까워지
셨습니다. 그 시기를 기다려서 제가 온 거예요. 당신도
그렇게 정신적으로 저에게 매우 가까워지셨어요. 저는
다른 많은 사람들보다 더 한층 분명히 이 영매의 말을
들을 수 있습니다. 이것은 무슨 화학적 친화력이라는
것에 관계가 있기 때문이겠죠. 우리들 영이 사람들이
이야기하는 걸 들어보면, 동물원의 앵무새 소리가 늘
진동을 계속하는 라디오의 스피커 소리를 듣듯이 현실
과 동떨어진 느낌이 들어요. 오늘은 시간을 허비하고
싶지 않으므로, 영계에 있는 우리 집과 정원에 대해서
말하겠어요. 영계에서도 어떤 종류의 새를 기릅니다.
새들은 아름다운 소리로 지저귑니다.

나 : 오늘의 당신 문장은 참 아름답군.

아내 : 이 문답은 영계에서도 다른 영들에게 매우 도움이 되
죠. 우리는 이 편지를 모두 기록하고 있어요.

나 : 마치 내가 하듯이 말인가?

아내 : 그렇지요. 당신은 얼마든지 필기하실 수 있죠. 여보 '죽
음'이란 건 없어요. 우리는 온 세계에 이 일을 알려야만
해요. 그것이 우리의 의무인 걸요.

나 : 그것이 바로 내가 지금 하려는 일이오. 그래서 잠시 당신
에게 묻고 싶은 문제가 있소. 당신은 영계에 대한 걸 전
혀 모른 채 그리로 갔는데 그 때문에 혹시 당신은 영계의
생활에 완전히 적응하기까지 오랜 동안 영계에 방황해야

만 하지 않았소?

아내 : 아네요. 전 다른 사람들처럼 오래 방황할 필요는 없었어요. 전 얼마동안은 영계로 갔다는걸 알지 못했어요. 정신을 차리고 보니 모든 게 부옇게 안개처럼 보였기 때문에 제가 아직 병원에서 무슨 마취를 당해 치료중인가 하고 생각했었죠. 허지만 지금은 제 자신의 주위의 형편을 하나하나 자세히 알 수 있죠.

나 : 당신의 친척이 아무도 영계에 없는데 혼자서만 영계로 갔다고 생각하니 난 견딜 수 없었소.

아내 : 전 말하자면 '당신'이라는 단 하나의 안전하고 튼튼한 밧줄을 발견하고 지상으로 온 거예요. 전 당신이 계신 곳으로 돌아올 수 있다는 걸 알았을 때, 또한 나중에는 이야기도 나눌 수 있다는 걸 알았을 때 얼마나 기뻤는지 몰라요.

나 : 어떤 사람은 영계로 옮겨 가서 지상에 통신하러 나온다는 건 일시적으로 당신을 '지상에 묶어 두는'상태로서 속박이 된다는 생각을 품고 있는데 그것이 사실이오?

아내 : 그렇지 않아요. 그 일은 저의 감성을 가라 앉히는데 도움이 돼요. 다만 진정 지상에 묶인 영혼은 지금도 육체에 깃들인 불쌍한 영혼뿐이예요. 육체를 이탈한 뒤 영이 경험할 수 있는 '자유'라는 것이 얼마나 좋은 건지 지상의 당신들은 이해하지 못할 거예요.

나 : 이렇듯 나를 만나러 돌아오는 게 당신의 영계에서의 진보를 방해하지는 않소?

아내 : 아녜요. 저는 '상념'이 전해지는 속도로 돌아올 수 있어
요. 그리고 우리의 능력을 크게 만들 수 있다고 생각돼
요.
나 : 영계에서의 당신의 일에 대해서 좀더 내게 말해 줄 수 있
소?
아내 : 음악은 지금도 가장 중요한 저의 일이 되고 있습니다.
병을 고치는 일도 중요해서 당신과 같이 가서 병을 고
치는 일을 돕고 있죠.
나 : 나는 그 일을 알게 되었소. 당신이 영계에서 주위의 상태
를 분별할 수 있을 때 당신이 아는 누군가의 영이 당신을
만나러 오거나 하지 않소?
아내 : 네 만나러 왔었죠. 제 친구는 모두 저를 환영해서 위대
한 작곡가들이 일하고 있는 곳으로 저를 데려 가 주었
어요. 그곳은 정말 천국이었어요. 그곳에 가 본 뒤로는
저는 영계에 있는 게 즐거워졌어요. 저는 이곳에 있어
도, 마음이 내킬 때 피아노를 칠 수 있다는 걸 알았죠.
정말 기뻐요.
나 : 현실계인 이곳에 있는 나에게는 당신이 피아노를 칠 수
있는 확고한 세계에 살고 있다는 게 충분히 납득이 되지
않소.
아내 : 이곳은 정말 완전한 세계인 것 같아요. 당신의 지상생
활과 마찬가지로 완벽한 세계인 걸요. 피아노도 각기
아름다운 모양의 것이 있어요. 제 것은 모두 은빛이예
요. 제가 연주하는 것을 들어 주세요. 쇼팽은 아직 연

주하고 있어요. 영계의 음악회에 가기 위해 제가 성장하고 있는 모습을 상상할 수 있겠지요?

나 : 도저히 나로선 상상할 수 없는 걸.

아내 : 왕실 음악 아카데미의 친구들와 같이 음악회에 가는 거죠.

나 : 정말 흥미있는 이야기군. 헌데 당신에게 물어 볼 문제가 또 하나 있는데, 지난 주 당신은 내가 잠자는 사이에 '지상권'을 당신의 영과 함께 산책했다고 말했지. 나로서는 반대로 내 영이 '영계로 간 듯한 인상을 받았는데…'

아내 : 아주 드물게 그런 일도 있어요. 대개는 여기서 당신을 만나지요.

나 : 현세에 내려와서 우리는 도대체 무슨 일을 하오?

아내 : 우리는 병자가 잠을 자는 사이에 그를 치료해 주기 위한 목적으로 환자의 방을 찾아갑니다. 정말 환자에게 도움이 될 수 있어요. 우리는 환자의 에테르체(體)에 대해 작용합니다.

나 : 우리의 영혼이 밤 사이에 나가 있는 동안 무슨 일을 하고 있소? 시간을 낭비하는 일은 없소?

아내 : 전혀 낭비하거나 하지는 않아요. 우리는 들이나 숲속을 산책하죠. 당신이 이리로 오신 어느 날의 있을 생각해 주세요. 함께 거닐면서 저는 살며시 당신의 손을 잡았죠. 이루 말할 수 없이 기뻐요. 영계의 건축은 정말 웅장하고 아름다워요. 곳곳에 고대 그리이스의 유적도 있어요. 뛰어난 건축기술이지요. 당신은 영계에서 고대

그리이스의 건축미의 복사판을 보실 겁니다. 어느 장소
에는 건축가가 자유스럽게 그 상상력을 현실화 하여 하
늘을 찌를 듯한 고층 건물이 솟아 있습니다.

나 : 그것은 어떤 종류의 건축물에 한한 것이고, 보통 집은 이
지상의 집과 마찬가지로 보통 높이라고 생각해도 되겠
지?

아내 : 예, 그렇죠. 당신의 말씀대로예요. 그것은 예배를 보기
위한 사원이나 교회 또는 학교나 강당 따위지요.

나 : 당신이 알고 있듯이 나는 잠이 깨면 밤에 영계를 찾아간
일에 대해 거의 아무 것도 생각나지 않소. 하지만 어느
날 밤 나는 어떤 학교의 강당에 갔던 일을 생각하오. 그
곳에는 의자가 줄지어 있었는데 그곳에서 당신을 보았소.
헌데 당신을 보자마자 곧 잠이 깼지. 그건 너무나 아쉬운
일이었소.

아내 : 예, 그것은 당신께서 제가 사는 세계에 오신 경우 중의
하나였죠. 에테르계에서는 우리가 함께 오래 있을 수
없는게 안타까워요.

나 : 당신이 사는 세계에 갈 경우 당신이 에테르체라 하고, 유
계라고 하지 않는 것은 많은 사람들이 말하는 것보다 더
정확한 표현이라고 생각하는데……

아내 : 저는 이곳을 에테르체라고 말하지만, 이곳에 살고 있는
다른 사람도 모두 그렇게 말합니다. 당신이 얼마나 저
를 만나려고 초조해 하시는지 잘 알아요. 저 역시 마찬
가지예요.

나 : 그래요. 나는 밤마다 당신을 만나러 갈 수 있다는 것을 알 았으니까. 자리에 눕자마자 곧 잠들고 말아요.

아내 : 예, 그러는 편이 당신에게 가장 좋아요. 당신의 지친 몸을 쉬게 하는데 으뜸이죠. 제가 두 팔로 당신을 안아 제 집으로 데려갈 때는 당신이 마치 다른 존재로 생각됩니다.

나 : 내 몸이 당신에게는 꽤 무거운 짐이겠지?

아내 : 천만에요. 에테르체에는 무게 같은 건 없어요. 내가 말하는, 진정한 당신, 당신의 혼 말예요.

나 : 하지만 내가 이해하는 한 에테르체도 어느 정도의 무게를 지니고 있는 것으로 아는데?

아내 : 그것은 극히 가벼운 중량이예요.

이윽고 끝으로 작별인사 몇 마디를 나누고 이 강령회는 끝났다. 영계의 소식을 아는 면에서, 이 강령회는 특히 흥미있는 것이었다고 생각된다.

그로부터 한 달이 지난 5월 중순이었다. 같은 영매에 의해 두번째의 자동기술을 하기로 했다. 연필은 처음부터 슬슬 움직여서 이름을 쓰고,

─저는 여기 와 있어요. 여기 제가 왔어요.

이렇게 두 번 쓰고, 같은 곳을 연필 알로 빙글 빙글 돌리는 것이었다.

아내 : 여보 다시 와 주셔서 고마워요. 그런데 어쩐지 당신이

전보다, 쌀쌀해지신 것 같아요.
나 : 그것은 요새 내가 조금 피곤한 탓일 거요.
아내 : 몸조심하세요. 전 이제 당신의 마음속을 알아 내는 게 전보다 훨씬 익숙해졌어요. 마음 속을 알아 내는 연습은 매우 재미있죠. 저도 이제는 이 세계에 완전히 적응되었어요.
나 : 당신의 환경 말이오?
아내 : 예, 이곳의 상태에 대해서죠.

이윽고, 나는 무슨 행동을 함에 있어, 필요한 조언을 그녀에게서 듣고, 두 사람만의 친밀한 일을 15분 가량 이야기한 뒤, 다시 보다 이 세상에 알릴 만한 문제로 돌아갔다.

나 : 우리는 언제나 우리가 영계로 갈 경우 가족적인 인척관계라는 게 없어진다는 말을 들었는데, 나는 그렇게 생각하지 않소. 나는 당신을 항상 내 아내로 생각하고 싶소.
아내 : 그 일에 대해서는 당신의 생각이 잘못되지 않았어요.
나 : 그렇다면 내 생각과 반대로 말하는 심령연구가는 모두 잘못 되었나?
아내 : 그들이 잘못 생각한 겁니다. 단 한 가지 이것만은 분명히 말할 수 있어요. 우리처럼 아주 완전히 조화된 부분만은 결국 마지막에 하나로 맺어진다는 것은 언제나 틀림없는 일입니다. 그런 실례를 이곳에서 몇 번이나 보았어요. 그럼 다음은?

나 : 낮에 내가 하는 일을 당신은 얼마나 알고 있소? 나는 짐작이 안 가는데……

아내 : 당신에 관한 일이라면 대개 알고 있지만 어느 정도 정확한지는 확신할 수 없어요. 당신이 똑똑히 보일 때도 있지만, 이따금 당신을 분명히 느끼지 못할 때도 있어요. 그러나 당신이 원고를 써서 세상에 널리 펴는 것으로서 세상에 공헌하는 게 됩니다. 그 일에 저는 크게 기대를 걸고 있어요. 그런데 당신은 너무 바쁘게 일하고 계셔요. 또한 사람들의 병을 고치기에도 바쁘고요.

나 : 그 일을 계속할 만한 체력은 충분히 있소.

아내 : 당신은 좀 쉬셔야 해요.

나 : 의사가 자기 건강이 안 좋다고 환자 진찰을 그만두나?

아내 : 만약 당신이 건강치 못하다면, 남에게 건강을 주기 위해, 어찌 자신의 건강을 바칠 수 있겠어요. 당신은 현세의 의사와는 달라요. 당신의 치료를 받는 환자는 영적으로 치료를 받는 것이니까 극히 다행이라고 생각해야 돼요. 또한 당신이 환자 곁에 안 계신 동안은 제가 곁에서 계속 간호를 해 주지요.

  이윽고 우리는 한동안 서로의 은밀한 사건에 대해 응답하다가 또 다시 일반 문제로 옮겼다.

아내 : 당신은 정말 참을성이 많으셔요. 이렇게 오래 이곳에

앉아 계시지만, 대부분의 사람들은 그토록 참을성 있게 심령현상을 연구하지 못하지요. 유령의 경계를 넘는 신비를 완전히 해명할 수는 없다는 걸 저는 잘 알고 있어요. 우리는 오직 이 세상에 남아있는 사람들의 앞에 서 있을 따름이지요. 언젠가는 모든 사람이 유계의 경계선을 그렇듯 쉽게 넘을 수 있다는 걸 알 때가 올 겁니다.

나 : 나는 영계에 있는 과학자들과 이야기를 나누어 보고 싶은 것이 간절한 소망인데…….

아내 : 그것은 재미있는 일이죠. 그렇지만 지난 번 강령회에 나타난 분이 올리버 롯지 경이었다는 것을 당신에게 말씀해 드리려고 생각하던 참이예요.

나 : 나는 그의 특색 있는 음성을 듣고 알고 있었어요.

아내 : 그 분은 예전과 마찬가지로 이 일에 몰두하고, 열심히 연구를 계속하고 있어요. 그리고 이 방법에도 매우 흥미를 갖고 있어요. 저는 이 영매의 잠재의식에 있는 것을 꺼내 올 수 있어요. 이 영매의 마음은 저와 당신의 양쪽의 상념을 발신과 함께 수신하여 알 수 있지요.

나 : 그렇다면 영매의 마음 속에 있는 것이 이따금 상념의 발신인의 메시지를 각색하거나, 왜곡시키거나 할 위험성은 없을까?

아내 : 그런 일도 때로는 일어나지요. 하지만 저와 통화를 하실 경우, 저는 영매의 마음에서 각색하는 것을 압도할 만한 강력한 인상을 주기 때문에 걱정이 없습니다. 아시겠어요?

나 : 이제 알겠소.

아내 : 저 역시 얼마나 사실을 알려고 애썼는지 몰라요. 하지만 서둘러서는 안돼요. 아직도 당신을 위해서 많은 것을 알려드려야 하니까요. 저와의 사이는 영원히 조금도 변치 않는다는 걸 기억해 주세요. 저는 얼마든지 참고 당신을 기다리겠어요. 저는 분명히 알고 있어요.

나 : 우리가 다시 함께 될 수 있는 시기가 온다는 것을 안다는 뜻이오?

아내 : 그렇죠. 하지만 그때까지는 당신은 우선 많은 일을 하셔야 해요. 음악은 영계에서는 오로지 황홀하기만 하지요. 음악이 색체로서 나타나 보인답니다. 이 방면에서 당신이 해 주셔야 할 일이 많이 있어요.

나 : 지금 내게는 당신에게 지지 않을 정도의 많은 것을 그려야 할 일이 있는 것 같군.

아내 : 당신에게는 그 일을 하는 것이 좋겠죠. 너무 서러워하지 마세요. 이 번의 이 편지는 가장 긴 레코오드지요. 가엾은 분, 팔이 아프시지요.

이것으로 자동기술을 끝났다. 마지막 말은 영매에 관하여 말한 것으로 영매의 팔은 연필을 놓았을 때 굳어 버린듯 했고, 얼마동안은 다른 일을 하려고 해도 할 수 없는 상태였다.

그로부터 몇 달이 지난 뒤 또 다른 성질의 통신이긴 했지만 자동기술 현상의 범위에 드는 것으로 또 하나의 흥미 깊은 체험이 생겼다.

내가 신문사 일을 하고 있는 동안. 유명한 기자이며 여성편집장인 필리스 크레더크 부인을 만나게 되었다. 1949년 그녀의 저서《기억에의 문》은 크게 화제를 모았다.

그 내용은 저자가 영청(靈聽)으로 들을 수 있던 것을 필기했다는 것이다.

이 책은 그녀의《애틀란티스》소설의 3부작 중의 첫번째 것으로서, 2부는 내가 그녀를 만났을 때 발표했다.

내가 그녀를 만났을 때의 첫인상은 건전한 균형이 잡힌 인격을 지닌 근대적이고 정력적인 느낌의 부인이었다. 실제로 그녀는 상식을 벗어나는 일에는 비웃음으로 대하는 타입의 부인이었다. 그런데 이와 같은 성질과 성격을 지닌 부인에게 어느 날 밤 갑자기 그녀의 생활과 신념을 근본적으로 뒤엎을 만한 놀라운 일이 일어났다.

그녀는 자택의 긴의자에 남편과 한 사람의 손님과 함께 앉아 있었다. 그녀는 어떤 친구에게 편지를 쓰고 난 뒤에 무심히 있었다. 그런데 갑자기 그녀는 영매상태가 되었다.

또한 자동적으로 무엇을 쓰기 시작했다. 남편은 아무런 간섭도 하지 않고 그녀가 무의식상태로 쓰게 놔 두었다.

그 자동서기 현상은 40분 가량 계속되었다. 남편은 종이에 글씨가 가득차면 새 종이를 대주었고, 그러면 그녀는 종이를 받아 잽싸게 다시 펜을 움직였다.

의식을 회복한 후로는 그 사이에 무슨 일이 일어났는지 기억이 없었다. 그리고 그녀가 무의식상태 속에서 그 글씨를 썼다는 말을 듣자, 그녀는 기겁을 하며 놀랐다.

쓴 것을 읽어 보니, 애틀란티스 대륙의 건축·습관·식물·동물의 종류에 관해 극히 자세한 보고가 기재되어 있었다. 그 자리에 있던 세 사람이 모두 이 방면에 대해 아무 지식도 없었다. 그녀는 신문기자의 일만으로도 벅차서 이 괴상한 새로운 사명 즉, 이미 바다 속에 가라앉은 애틀란티스의 거리에 대한 것을 자세히 서술하는 일에 손을 멈출 시간이 없다고 말하고, 이 방면에 새로운 실험을 하기를 좋아하지 않았다. 하지만 그녀는 스스로 자동기술을 그만 둘 수 없게 되었다.

후에 열린 강령회에 한 지도령이 나타났다. 그는 애틀란티스 대륙에서는 수천 년 전에 살던 고승(高僧)의 영이었으나, 그녀를 택하여 애틀란티스에 관한 저술을 완성시키려 했고, 이 위임받은 사명은 꼭 완성시켜야만 된다고 그녀에게 전했다.

또한 이 고승이 필기시키려는 문장은 그녀의 영청(靈聽)으로 들리므로 들리는 대로 곧 타이프로 치면 된다고 그 지도령은 약속했다.

이 약속은 구체적으로 이루어졌다. 실제로 그녀가 타이프 앞에 앉아서 치자 그녀는 능숙한 타이피스트가 아니었다. 그러나 그녀는 1시간 50분 동안에 7천 5백 단어를 칠 수 있었다. 이것이 가장 능숙한 타이피스트일지라도 도저히 칠 수 없는 속도였다. 이 속도는 그 후에도 이 같은 특수한 일을 할 경우 계속되었다.

이와 같은 입증적인 가치가 있는 체험을 하고 있음에도 그녀는 보다 정확한 연구를 계속하고 가능한 한 많은 확증을 잡지 않고는 그 영청현상(靈聽現象)의 본거지가 옳은 영계에서 오는 것임을 인정하려 들지 않았다.
　따라서 그녀는 그 뒤 자기가 영청에 의해 필기한 자료를 건축공학 전문가인 유명한 과학자에게 제출했다. 이 과학자는 애틀란티스의 건축이라고 자동 타이핑된 것을 하나하나 점검하고 그들이 과학적인 지식과 일치되는가 체크를 했다.
　만약 이 많은 자료 가운데 단 하나라도 잘못이 발견될 경우, 크레더크 부인은 이 문제를 포기할 생각이었다. 하지만 그 자료는 세부적으로 정확했다.
　이 책의 목적은 애틀란티스의 멸망과 오늘날 지상의 위기가 비슷하다는 점을 보여주기 위함이었고, 애틀란티스의 도시가 지진과 해수(海水)의 침입으로 자취를 감춘 것처럼, 오늘날 지상의 문화가 수폭(水爆)이나 그 밖의 파괴력으로 괴멸될지도 모른다는 것을 알려 주기 위해서 씌여졌다. 그 뒤 지도령은 그녀에게 그 저작물의 목적을 알려 주었다고 한다.
　나는 내가 연구한 것을 종합해 본 결과 자동기술현상에서는 영에게서 전해지는 자료에 그 일에 종사하는 개인의 인격이 반드시 어떤 각색을 하는 게 틀림없다는 지론을 오늘날까지 고집해왔었다. 하지만 나는 크레더크 부인이 건전하고 아무 이상이 없는 저널리스트라는 것과 그녀의 문장의 스타일을 알게 되고는 이 특수한 경우에는 부인의 인격 어느 부분도 전혀 영향을 주고 있지 않다는 것을 알게 되었으므로 확신이 생겼다.
　어째서 애틀란티스에 관한 저작이 실제의 역사적 기록의 발표 형식을 따르지 않고, 소설의 형식을 취해서 자동서기된 것인지 그 까닭을 물었다. 그녀도 그것이 의심스러워서 지도령에게 물어보았다고 한다. 그랬더니 그 답은 극히 논리적으로서 만약에 이 저술이 단지 건축공학의 논문과 식물학의 데이터와 연대를 따라 일어난 사건의 학술적이 기록이라면 넓은 독자층을 얻을 수 없을 것이라고 말했다고 한다.

〈제6권에서 계속〉

충격!
베스트 셀러
1위

전국을 누비며 여자화투기술자로서 명성을 떨친 서 미리엄—
누가 이 여자에게 돌을 던질 것인가? 도박의 시초는 묻지 누구의 유혹에 빠졌든 육욕에 눈이 멀었거나 그 이유는 캐묻지 말자.
언 미모의 여자도박사 25시!

머물고 싶었던 날들

서 미리엄/장편현장소설

신국판/정가 8,500원
전국 유명서점 판매중

**육체의 노예가 될 수 밖에 없었던 한 여자의
원색적인 사랑, 그녀는 그렇게 살아가고 있었다.**

세계적인 심령능력가 30인의 대표작 (전20권)

심령과학 슈퍼시리즈

낱권판매중

1 심령과학
宮澤虎雄 저 / 안동민 역

영혼에 의해 일어나는 여러가지 현상들을 한마디로 심령현상이라고 하며, 이런 심령현상과 영계의 여러가지 현상을 연구 정리하여 응용하는 학문이 심령과학이다.

2 영혼과 4차원 세계
존 맥콜린 저 / 안동민 역

4차원의 세계, 즉 영원불멸의 세계인 영계를 오늘의 현실속에 투영시켜 그 본체를 선명하게 설명해 놓은 결정서!

3 악령의 세계 (상)
高橋信次 저 / 안동민 역

저승의 영들과 상통하는 우리의 마음이 어찌하여 악령에 지배되어 자신을 상실하는가 하는 문제를 다룬, 실생활과 밀접한 관계를 지닌 새로운 심령신서!

4 악령의 세계 (하)
高橋信次 저 / 안동민 역

우리의 마음은 저승의 영들과 서로 상통하고 있으므로 생각이 옳지 않으면 소위 악령이 그 사람의 마음을 지배해 버린다. 이 책을 읽기전에 자기의 마음이 지금까지 어떻게 움직이고 있었는가를 반성해보라.

5 사후의 생명
한스 홀쩌 저 / 안동민 역

영혼과 접촉하는 법, 죽음의 세계의 법칙 등, 사후의 인간생명의 진로와 그 의미를 섬세하게 파헤친 사후세계의 연구서로서 당신을 저승세계로 안내해 준다.

6 유체이탈
실봔 멀두운 저 / 김봉주역

육체와 유체의 상호작용과 분리, 유체의 실존재와 그 구조, 나아가 유체이탈에 필요한 정신자세와 그 방법 등을 저자 자신의 체험을 바탕으로 자세하게 파헤친 심령서!

7 저승에서 온 아내의 편지
R.M.레스터 저 / 안동민 역

영국의 한 저널리스트가 영계통신을 통해 저승으로 가버린 사랑하는 아내와 재회를 나눈 실화. 영혼이 육체에서 빠져 나와서 영계의 아내와 함께 대화하는 장면은 이 책 가운데에서 가장 감동적인 대목이다.

8 제령(除靈)
안동민 저

국내외에서 실제로 있었던 제령에 의한 온갖 병든 영혼 치료의 실례를 모아 놓은 책! 이 책을 펼치는 순간 자기의 지난 생활을 돌아 보고 무엇인가 느껴지는 점이 있을 것이다.

9 육감의 세계 (상)
해롤드 셔어먼 저 / 안동민 역

상식을 초월하여 존재하는 초감각적 지각인 제6감을 저자 특유의 예리한 필치로 알기 쉽게 적절한 언어를 구사하여 탐구해간 필생의 역작!

> 인간은 죽으면 어떻게 되는가? 죽은 후의 세계는 어떤 세계인가? 죽은 영혼과 산자와의 관계는? 인간의 미래는 어떻게 알 수 있는가?

10 육감의 세계 ㈅ 해롤드 셔어먼 저 / 안동민 역	저자 해롤드 셔어먼은 마음의 파장을 상대방에 맞춤으로서 상대방의 신체나 마음의 변화를 정확하게 알아낼 수 있는 능력을 가지고 있다. 그 증거를 바탕으로 이 책이 쓰여졌다.
11 기적과 예언 스튜어트 로브 저 / 안동민 역	기적이란 과연 무엇이며, 그것은 어떻게 발생하는 것일까? 또한 예언은 진정 신뢰할 수 있는 것인가에 대해 해답과 신비체험의 일대 파노라마!
12 나는 영계를 보고왔다 스웨덴 보그 저 / 하재기 역	어떤 종교나 성전도 결론을 내리지 못하고 있는 인간의 미래와 생(生)과 사(死), 영(靈)과 육(肉)에 대한 탐구서!
13 死者는 살아있다 올리버 롯지 저 / 하재기 역	인간의 인격은 육체가 죽은 후에도 살아남으며, 그 인격과 의사를 나누는 일도 불가능하지는 않다—이것이 저자가 30년에 걸쳐서 연구해 온 결과 내린 결론이다. 저자와 죽은 아들과 나눈 영계통신!
14 심령진단 안동민 저	불치병이나 난치병으로 고통을 받고 있는 사람들이 우리 주위에는 수없이 많다. 왜 그들은 그같은 고통을 받고 있는가? 영혼의 실제와 그 실례를 총결산한 영과 육의 진단서!
15 심령치료 안동민 저	질병과 불행으로부터의 탈출을 돕고, 스스로의 행복의 상승기류를 탈 수 있도록 영혼의 제어나 그 원리를 수록. 병고와 불행에서 스스로의 힘으로 빠져 나올 수 있는 용기를 얻게 된다.
16 저승을 다녀온 사람들 안동민 편저	당신은 '사람이 죽으면 저승인 사후의 세계'로 간다고 생각하십니까? 여기 사후의 세계를 다녀온 사람들의 생생한 증언이 있다. 과연 사후의 세계는 존재하는가?
17 자살자가 본 사후세계 中岡俊哉 저 / 안동민 역	사람은 죽는 순간에 무엇을 느끼고, 죽은 뒤에는 어디로 가는가? 자살한 사람에게 있어서 저승은 과연 지옥인가? 낙원인가? 죽음은 끝이 아니라, 단지 시작일 뿐이다.
18 당신의 전생은 누구인가 A.로버트 스미즈저 / 안동민 역	심령과학은 동양보다는 오히려 서양쪽에서 더 활발히 연구되고 있다. 미국의 최면요법가인 오펜하임 등 12명의 전생을 본 사람들의 증언은 주목을 끌기에 충분하다.

무엇이 말기암의 그들을 살려낸 것일까?

암과 싸워 이긴 사람들이 만든 책!

암 스스로 고쳐라

마세 겐이찌/저 황규동/역

너무나 고통스러워 몇번이고 주저앉고 싶었던 나날들, 서서히 다가오는 죽음 앞에서 차라리 빨리 죽을 수 있는 것이 열망스러웠던 나날들…… 하지만 그들은 다시 일어섰다. 아내와 아이들의 따뜻한 사랑과 피눈물나는 의지로 암과 싸워 이긴 것이다.

암과 투병중인 분들이시여! 절대로 포기하지 마세요. 기적은 열려 있는 것이 아닙니다.

정가 12,000원

세음출판사

【특별부록】
(1) 암은 드디어 정복되는가 (황규동)
(2) 암을 이기기 위한 10가지 카·포인트 (황성주/의학박사)
(3) 나는 이렇게 암을 극복했다 (정창덕/세일대 교수)

저자약력

윤달 홍상시 출생, 별호는 靑山, 慾齋이며 문명은 지서웅이다.
21세기 디지털 해서 기초입문, 해서, 국서, 태서, 디지털, 임
문 동서지 묵고 수행했었다. 입성품관학, 청령, 도향, 주향, 진
시행 등 일고 수상, 중앙의 권정된 조사를 개설하였다. 동시에
문체 및 아시아의 다양한 서체를 다루며 중국과 근현대 정중원
구성하였다. 중국의 다양한 방식, 기나다 트로로 펼쳐진 멘문
저서: 「인장의 장식」 「곤례 필요서」

개정판 | 2021년 5월 15일

발행처 | 서웅미디어
등록 | 제17-0851호
서울시 은평구 녹변로 28길 69-4

지은이 | 지승기
기획·편집 | 이상진
발행인 | 이관림
교 정 | 이상진

표지디자인 | Juya기획
본문편집 | 은중기획

Tel | (02) 2253 - 5292
Fax | (02) 2253 - 5295

이 책은 저작권법에 의해 보호를 받으므로
무단복제, 전재를 금합니다.

ⓒ seoeum
값 20,000원